한국어로 내려온
New Bible

새로운
성 경

제78권

5부 | 총10부

하얀마음

하나님 말씀 중에서

1. 사랑의 하나님

- 세상을 창조하신 하나님은 모두를 사랑하신다. 인간만 특별히 더 사랑하지 않고, 우주 만물을 다 똑같이 사랑하신다. 그러니 하나님이 창조하신 천지 만물과 화친하고, 미물까지도 소중히 대하라.

- 하나님은 특정 종파나 민족만을 더 사랑하지 않으신다. 자기 자신만 구원받겠다는 욕심을 버리고, 자기 종파만 구원받는다는 편협한 교리에서 벗어나야 한다. 종파를 초월해서, 모두를 사랑하라.

- 원수까지 사랑하라 했으니, 이 세상에 사랑하지 못할 자가 누가 있겠는가? 종파가 다르다고 해서 부모 형제와 원수처럼 지내는 자는 인간의 근본을 모르는 자다. 가장 가까운 가족부터 사랑할 때 남도 진심으로 사랑할 수 있다.

- 한 사람을 원수같이 생각하던 마음에서 사랑하는 마음으로 돌리면, 자기 자신의 마음이 가장 기쁘고 행복하다. 하나님께서는 인간의 마음속에 무거움이 없이 기쁘고 행복한 삶을 살기를 바라신다.

- 이웃을 "내 몸처럼" 사랑하라 했으니, 마지막 한 장 남은 천국의 티켓도 이웃에게 양보하라. 자기 중심적인 신앙에서 벗어나서 남을 위해 살아야 한다.

- 독초도, 약초도, 이단도 사탄도 천사도 다 필요하기에 존재한다. 독초일지라도 극소량을 사용해서 생명을 살릴 수 있고, 약초라 하더라도 남용하면 생명을 잃을 수 있다.

- 세상 모든 것을 명약으로 활용하는 것은 인간의 지혜에 달렸다. 어떤 것이든 어떤 사람이든 적재적소에 꼭 필요한 명약으로 승화시키라.

- 사탄도 이단도 천사도 모두 하나님의 주관하에 존재한다. 진정한 하나님의 백성은 사탄과 마귀까지도 감화시켜서 천사로 거듭나게 한다.

2. 기도

- 하나님은 인간의 생각까지 모두를 다 알고 계신다. 우리의 소원도 이미 알고 계시기에, 소원의 기도를 할 필요가 없다. 우리가 받을 자격이 되면 내려 주신다.

- 죄를 짓고 아무리 회개를 해도 용서받지 못한다. 도둑질한 자는 용서해 달라고 기도하고, 도둑맞은 자는 도둑을 잡게 해 달라고 기도하면, 공의의 하나님은 누구의 편에 서시겠는가?

- 자기가 잘못한 것은 그 사람에게 직접 갚고 용서를 구하라. 그가 용서하면 하나님도 용서하신다. 땅에서 매면 하늘에서도 매이고, 땅에서 풀리면 하늘에서도 풀리는 이치다.

- "회당에서 기도하지 말고 골방에서 기도하라" 했다. 눈에 보이는 골방이 아니라, 골방과 같이 고요한 마음이다. 잡념을 버리고 하나님을 향해 마음을 집중하며, 사랑하고 용서하는 아름다운 생각만 나오도록 하라.

- "두드리면 열릴 것이다." 하는 것은 육의 소원을 위해 두드리라는 것이 아니라, 진리의 깨달음을 얻기 위해 두드리라는 것이다.

- 기도하는 방법: 생활 속에서 수시로 기도하는 삶을 살아야 한다.

- "저의 죄를 용서하여 주옵소서." 하는 회개의 기도를 하라.
- 범사에 "하나님! 감사합니다." 하라. 현재 가진 것에 감사하며, 과욕하지 말라. 자기 노력 이상의 것을 더 갖고자 기도하는 것은 도둑놈심보다. 공의의 하나님은 각자 노력한 만큼 주신다.
- "하나님 뜻대로 살아가겠나이다." 하며 마음의 각오를 다지라.

- 기도는 하나님의 말씀을 받아서 "행하는 것"이다. 하나님이 계심을 굳건히 믿고, 하늘을 향하여 한 점 부끄럼 없이 사는 삶 자체가 가장 위대한 기도이며, 삶이 곧 예배다.

3. 지도자

- 똑같이 사랑한다는 말을 해도, 순수하게 하는 말은 천사의 말이지만, 사기 쳐서 재산을 가로채려고 하는 말은 사탄의 말이다.

- 종교 지도자가 아무리 훌륭한 설교를 해도, 신도의 재물을 거둬서 더 큰 교회를 짓고 자기의 부귀영화를 바라며 설교하면 사탄의 가르침이 된다.

- "저희 교회는 만원사례요, 믿음은 다 같으니 이웃의 개척 교회에 가서 예배를 드리시오." 하며, 이웃 교회의 부흥을 먼저 생각하여 제 신도를 보내는 종교 지도자가 있다면 그를 따르라. 그가 하나님의 사랑을 실천하는 자다.

- "부자가 천국에 들어가는 것은 낙타가 바늘구멍을 통과하는 것보다 더 힘들다" 하였거늘, 지금의 교회에서는 부자가 되기만을 기도하고 소원하니, 이는 곧 천국을 포기하고 지옥 행 열차의 티켓을 사는 것과 같다.

- 예수는 빈손이었다. 종교 지도자가 예수보다 더 호화롭고 편안하게 살아간다면 잘못된 것이다. 부귀영화와 명예를 바라는 자는 절대로 갈 수 없는 좁고 협착한 길이 종교 지도자의 길이다.

- 종교 지도자는 유리로 비춰 봐 한 점의 부끄러움이 없이 살아야 한다. 의식주도 직접 일해서 해결하고, 예수의 가르침과 행함을 그대로 따라야 한다.

- 종말은 없다. 지금의 잘못 가는 종교 집단에게만 종말이 있다. 보이지 않는 하나님은 보이는 육의 종말은 관여하지 않으신다. 환경 파괴로 인간이 스스로 멸망을 자초하는 것이다. 종파끼리 싸우기 전에, 무너진 인성을 바로잡고 지구의 몸살을 해결하는 데 뜻을 모으는 게 급선무다.

4. 성전이란

- 이 세상 자체가 하나님께서 만드신 성전이다. 자연보다 더 아름다운 성전이 있는가? 보이는 건물이 성전이 아니라, 성스러운 마음가짐이 성전이다.

- 반석 위에 교회를 지으라 했다. 지상의 단단한 돌은 인간이 쪼갤 수 있으나, 마음속의 굳은 결의는 세상 무엇으로도 쪼갤 수 없다. 바르고 굳건한 믿음으로 성경의 가르침을 실천하는 것이 마음의 반석 위에 교회를 짓는 것이다.

- 손으로 지은 건물의 교회에 모여서 복음을 전하는 것이 아니라, 교회를 개인과 가정에 심어 주어야 한다. 무너지고 부서지는 건물을 짓지 말고, 마음속에 영원히 불변하는 참진리의 교회를 지으라.

5. 십계명

- 십계명은 인간이 죽어서 반드시 통과해야만 하는 열 개의 관문이다.

- 부모를 공경하지 아니한 자는 "네 부모를 공경하라." 하는 제5계명의 관문이 열리지 않으니 구원받을 수 없다.
- 살인, 간음, 거짓, 우상 등의 나머지 계명도 마찬가지다.

- 십계명은 하나님의 친필이다. 모기소리만 한 하나님의 음성이라도 들어 보겠다고 여기저기 찾아 헤매지 말고, 십계명부터 암송하고 지키라.

- 십계명은 영혼을 구원하는 양식이며, 십계명을 지키는 것이 구원을 받는 길이다. 인간이기에 지키고자 노력하고 또 노력한다면 지킬 수 있다.

- 십계명을 지키고 천사처럼 아름답게 살아가는 그 마음 하나면 세상에 이루어지지 않는 것이 없다.

6. 보물

- 하나님은 재물이 아니라 우리의 마음을 받으신다. 사랑을 실천하며 천사처럼 변하는 마음이 하나님께 바치는 보물이다.

- 보이지 않는 하나님께 재물을 바치려 하지 말고, 너희를 길러 준 부모에게 용돈 드리고, 찾아뵙고, 효성을 다하라. 그것이 하나님께 효도하는 것이다.

- 하늘에는 선과 악의 창고가 있다. 자기 창고에 선이 많으면 천국으로 구원을 받고, 악이 많으면 심판받아 지옥으로 간다. 그것이 바로 "선한 일을 행한 자는 생명의 부활로, 악한 일을 행한 자는 심판의 부활로" 나오는 것이다.

- "선악과를 따먹지 말라"는 것은 양심을 지키라는 것이다. 선과 악을 구분할 수 있는 양심을 최초에 인간에게 주셨다. 선한 열매는 취하고, 악한 열매는 버리며, 양심에 비추어 부끄럼 없는 삶을 살아가라.

- 가장 작은 거짓말을 하지 않고, 가장 작은 죄를 짓지 않으며, 가장 작은 선행을 하고, 가장 작은 악행을 멀리하는 것이 율법의 일점 일획도 빠뜨리지 말고 다 지키는 삶을 사는 것이다.

7. 우상

- 박물관에 있는 불상은 하나의 예술품이다. 그 조각품에 대고 제 소원을 빌 때 우상숭배가 된다. 십자가라 하여도 그 앞에서 소원을 빈다면 우상숭배하는 것이며, 하나님께 소원을 빈다면 하나님을 우상으로 전락시키는 것이다.

- 지금 기복신앙에 젖어 있는 모든 사람이 우상 앞에 절을 하고 있다. 조각품을 우상이라며 파괴하지 말고, 네 마음속에 있는 욕심의 우상을 무너트리라.

- 생수를 약초가 먹으면 약을 만들고 독사가 먹으면 독을 만든다. 같은 성경을 봐도 선한 지도자는 신도를 천사로 만드는 데 활용한다. 그러나 욕심이 가득한 지도자는 재물을 거두어들여 제가 부귀영화를 누리는 데 악용한다. 그가 바로 성경을 우상숭배의 도구로 전락시키는 거짓 선지자다.

- 성경을 한 획도 빼거나 더하지 말라는 것은, 그 가르침을 빠트리지 말고 온전히 지키라는 것이다. 성경 속에서 자기에게 유리한 구절만 보는 것은, 자기에게 불리한 구절들을 빼 버리는 것이다. 믿음이 제일이요, 행함은 구원과는 관계없다는 것은 자신에게 유리한 쪽으로 성경을 악용하는 것이다.

- 진정한 종교 지도자는 종파에 관계없이 어떤 종파든 어떤 책이든 접하고 보고 깨우쳐 견문을 넓히도록 인도한다. 참진리를 모르고 자신이 없는 자가 남을 이단이라며 배척하고, 신도들의 눈과 귀를 가린다.

8. 예수

- 예수의 재림은 없다. 예수가 다시 온다 해도, 과연 누가 그를 예수라고 믿겠는가? 예수와 같은 삶의 행함이 곧 예수의 재림이다. 각자 모두가 "재림 예수"가 되는, 차원 높은 믿음으로 가야 한다.

- 예수는 "주여 주여 하지 말고, 아버지의 뜻대로 행하라"고 했다. 예수가 전한 하나님의 뜻이 곧 "길이요, 진리요, 생명"이며, 그 가르침이 예수의 보혈처럼 소중한 것이다. 예수를 믿는 것은, 예수의 가르침을 믿고 따르는 것이다.

- 예수는 낮은 자로서 만백성을 섬기고자 했다. 만나는 모든 사람을 다 하나님이라 생각하라. 돈을 벌수록 겸손하고, 높은 지위를 얻을수록 낮아지라.

▪ 예수는 종파를 만들지 않았다. 인간이 만든 종교와 인간의 교리를 따르지 말고, 예수를 통해 전한 하나님의 참진리를 연구하고 따르라.

▪ 예수가 2천 년 전에 만백성을 위해 죽었으니, 지금 이 땅에는 예수의 가르침대로 사는 천사만 존재해야 한다. 예수가 죽어 가면서 바란 것은 만백성이 천사가 되어 예수의 자리를 채워 주는 것이지, 지금과 같이 재물을 바치면서 중언부언 제 소원만을 비는 백성들을 바란 것이 아니다.

9. 구원

▪ 천사가 사는 천국에는 천사만 갈 수 있으니, 천사 같은 마음을 길러야 한다.

- "천국 열쇠를 네게 주리니 땅에서 무엇이든지 매면 하늘에서도 매일 것이라" 했다. 땅에서 천사같이 사는 자가 하늘에서도 천사가 되어 천국에 들어간다. 모든 사람에게 천사같다는 말을 듣는 삶을 살아야 한다.

▪ 천사의 곱고 아름다운 마음은 부모를 공경하고 어른을 어른으로 대접하는 데에서 출발한다. 효도하는 자는 형제와 화목하게 지내기에 가정이 화목해지고, 이웃과 화목해지고, 국가가 화목해지고, 온 인류가 화목해진다.

- 그러므로 지상의 아름다운 소왕국은 가정에서부터 이루어야 한다.

▪ 선택된 14만 명만 구원받는 것이 아니라, 천사처럼 변하고자 하는 14만 명을 기초로 온 인류가 천사처럼 거듭나는 영적인 개혁이 시작되는 것이다.

▪ 천 년에 걸쳐서 하늘에서 이루어진 것같이 이 세상을 낙원으로 만들어, 만백성이 지상의 천국에서 살다가 죽어서 그대로 하늘의 천국으로 들어가는, 영원한 지상 낙원을 건설하는 것이 하나님의 계획이다.

- **이것이 구약과 신약에 이어 "새로운 성경"으로 역사하시는 하나님의 창조의 완성이다.**

▪ 지금의 믿음으로 구원받을 수 있다면 그 길을 가라. 그러나 자신이 없다면 하나님께서 직접 내리신 160권의 "새로운 성경"을 읽고 구원의 길을 보라!

하나님 머리말씀

이 새로운 성경을 읽는 너희 모두는
이 율법에 따라 행하면 영원히 구원받을 것이니라.

너희 인간이 수년, 수십 년, 평생
성서를 공부하고 기도하는 것은
하늘나라 나의 곁으로 오고 싶은 소망일진대,

몇천 년 전의 너희 인성과 생각이
지금의 너희와는 판이하게 다르니,

꺾여 가고 병들어 가는 너희를 고칠 수 있는 길은,
오늘 내가 선지자에게 내리는 새로운 성경과 같이
너희가 변화되는 것뿐이니라.

나의 예수가 태어난 것처럼
내가 아들 선지자를 선택하여
나의 새로운 성경을 온 세계에 전하고자 하니,

묵은 것은 버리고 새로운 것은 취하여,
너희 모두는
'여호와 하나님! 저의 죄를 용서하여 주옵소서.'
하는 기도문으로 기도하고, 죄를 뉘우치라.

이 새로운 성경은
수천 년간 내려온 성서를 요약한 것이니,
너희는 이 책을 정독하여 쉽게 깨달음을 얻고,
이대로 실천하여 하늘에 오르라.

대역자 머리말

■ 하나님의 율법을 지키는 선지자로 선택을 받도다.

저는 남들처럼 그저 열심히 살아온 평범한 사람이었습니다. 그러나 50대 중반에 사업에 실패하여 많은 부채에 시달렸으며, 건강도 악화되어 눈이 잘 안 보이고, 걷기도 어렵고, 두통이 심해서 잠을 이룰 수 없는 고통의 나날을 보냈습니다. 그때 제가 선택할 수 있는 것은 육의 삶을 끝내는 길뿐이었습니다.

죽기 직전에 그동안에 죄를 지은 이들에게 용서를 빌고 인생을 끝내기로 작정하였습니다. 어려서부터 지은 죄를 빌고 빌다 보니 끝이 없었고, 죽음으로도 그 많은 죄를 용서받을 길이 없다는 생각에 하염없이 눈물이 흘렀습니다. 그 순간 '재래식 화장실의 구더기는 죄를 짓지 않는데, 나는 인간으로서 구더기만도 못한 삶을 살았구나.' 하는 생각이 들면서 괴로움에 몸부림칠 때, 갑자기 하나님의 음성이 들렸습니다.

"나는 여호와 하나님이니라. 너는 십계명을 암송하고 내가 내려 주는 메시지를 받아 책으로 만들어 만백성을 구하라." 하시며, 제 눈을 손으로 문지르게 하시고, 아픈 머리와 다리를 손으로 두드리게 하셨습니다. 그러고 나니 눈도 잘 보이고 걸을 수 있었으며 머리의 통증도 말끔히 낫게 되었습니다. 그때부터 십계명을 암송하고 나면 들려주시는 말씀을 기록하였고, 1999년 8월부터 2004년 7월까지 권당 288쪽, 총 160권을 받아서 "새로운 성경"이라는 책으로 펴내게 되었습니다.

그러한 저에게 죽기보다도 힘든 길이 시작되었습니다. 모든 교인들이 저에게 사탄이요, 이단이요, 악마요, 마지막 시대에 온 거짓 선지자라 하면서 공격하였고, 저를 짐승을 보듯이 대하는가 하면, 편협한 종교 지도자들의 선동으로 신도들이 이 책을 직접 읽어보고 평가할 기회마저 막아 버렸습니다. 그래서 하나님의 말씀을 세상에 내는 데 많은 어려움을 겪으며, 피를 토하는 심정으로 책을 전하고 있습니다.

그러나 아무리 인간의 힘으로 막으려 해도, 하나님의 뜻이 세상에 전해지는 위대한 역사는 계속될 것입니다. 책으로 전해지는 "하나님의 말씀"은 세상 끝날까지 항상 우리와 함께하실 것입니다. 사람은 죽어도, 책에 기록된 말씀은 영원히 남으니까요.

■ 따뜻한 실천

하나님께서는 어려운 사람들에게 삶의 터전을 마련해 주고, 미래를 열어 주는 것을 기뻐하십니다. 어려운 이웃이 스스로 자립할 수 있도록 이끌어 주는 것이 진정으로 이웃을 돕는 것이라고 말씀하셨습니다. 그래서 일자리가 없는 제자들에게 작은 사업장을 만들어 주는 "달란트 사업"을 하고 있습니다. 식당, 반찬 가게 등을 차려 주고, 기존의 어려운 사업장이 자립할 수 있도록 돕고 있습니다(커피숍, 미용실, 의상실 등).

하나님께서는 교회에 나와서 모든 시간과 재물을 쏟기를 원하지 않으시고, 그 시간과 재물을 교육에 투자하여 스스로 미래를 열어 가기를 원하십니다. 그래서 제때 공부하지 못한 제자들에게 학업을 이어 가도록 하였습니다. 중화요리 주방장을 하며 초등학교 검정고시부터 공부하여 2012년에 방통대를 졸업한 36세 남성, 만학도들의 2년제 중학교에 입학해서 2007년에 명지대학을 졸업한 38세 여성, 중학교 검정고시를 시작으로 숭의여자대학을 졸업한 47세 여성 등이 있습니다. 그밖에도 많은 제자들에게 나이를 초월하여 배우고 깨우쳐서 사회 속의 당당한 일원이 되도록 인도하고 있습니다.

학자금 대출로 힘겨워하는 젊은이들을 위해 "따뜻한 바람 장학회"를 발족하여(2016년 12월) 대출받은 학자금 전액을 매월 갚아 주고 있습니다. 또한, 다문화 가정을 위해 "다문화 가족 랜드"를 조성하여, 각종 시설을 무료로 활용하도록 하고 있습니다.

이러한 따뜻한 실천이 아직은 미약합니다. 그러나 책의 수입이 늘고, 저와 뜻을 같이하는 분들이 늘어나면 계속 확대할 것입니다. 지도자로서 신도의 재물을 헌금으로 거둬들여 착복하는 것이 아니라, 하나님께서 기뻐하시는 일에 사용하도록 중매 역할만 하며 살아가고자 합니다. 이런 제가 과연 사탄이고 이단인가요? 하나님께서 기뻐하시는 일이라면, 저에게 사탄이라 하든 거짓 선지자라 하든 굽히지 않고 실천해 나갈 것입니다.

끝으로, 일상의 삶 속에서 "지금 내가 하는 행동이 과연 하나님께서 기뻐하실까, 슬퍼하실까?" 생각하고, 매사에 하나님께서 기뻐하시는 길을 택하기 바랍니다. 교회에 모여서 집단적으로 예배 드리는 것이 아니라, 개인이나 가정 단위로 새로운 성경을 읽어 스스로 깨우치고 그대로 행하면 충분합니다. 그것이 마음속에 성전을 짓고, 신령과 진정으로 예배 드리는 길입니다. 그러면 천국의 문에 들어서게 됩니다.

2017. 2. 1.

하나님 말씀 대역자 김용철

차 례

십 계 명

이 책은 십계명을 암송하고 나면 내려 주시는 "하나님의 음성"을 듣고 그대로 받아쓴 기록입니다. 하나님께서 십계명을 모세에게 내려 주셨지만, 그것은 만백성에게 내려 주신 것입니다. 마찬가지로 이 책의 모든 말씀도 저에게 내려 주셨지만, 만백성 각자에게 들려주시는 말씀입니다. 여러분도 이 책을 접할 때마다 십계명을 암송하고 나서 정독해 주시기 바랍니다.

제일은, 너는 나 외에는 다른 신들을 네게 있게 말지니라.
제이는, 너를 위하여 새긴 우상을 만들지 말고, 또 위로 하늘에 있는 것이나, 아래로 땅에 있는 것이나, 땅 아래 물 속에 있는 것의 아무 형상이든지 만들지 말며, 그것들에게 절하지 말며, 그것들을 섬기지 말라.
제삼은, 너는 너의 하나님 여호와의 이름을 망령되이 일컫지 말라.
제사는, 안식일을 기억하여 거룩히 지키라.
제오는, 네 부모를 공경하라.
제육은, 살인하지 말지니라.
제칠은, 간음하지 말지니라.
제팔은, 도적질하지 말지니라.
제구는, 네 이웃에 대하여 거짓 증거하지 말지니라.
제십은, 네 이웃의 집을 탐내지 말지니라.

나 여호와가 존재함을 믿는 그 자체가 구원의 길에 들어서는 기본이요, 근본이며, 나의 새로운 성경을 가슴에 안고 정독하는 자, 반석 위에 서서 하늘에 오르는 찬란한 빛을 보게 되는 영광을 얻게 됨이니라. 진정 나를 따르고 믿는 자는 감히 사탄이나 마귀도 근접하지 못하느니라.

〈하나님 말씀〉

2003년 3월

5,733 번째 하나님 말씀

2003년 3월 26일 15시 33분

1 사랑하는 나의 아들아!
2 "네, 아버님! 말씀하옵소서."
3 지금의 믿음의 길을 가는 백성 너희가
어찌 가고 있는가?
4 너희는 6일 동안 살며 하루는 안식일
이라 하여 기도하고 경배하며 또 재물
을 바치며 그와 같은 시간을 가지는
것이니라.
5 그러나 그것을 너희가 잘못 쓰고 있
다 하였음이니라.
6 나의 법전에 내가 일찍이 기록하여 너
희가 이야기하는 6일 후에 하루 쉬는
그 안식일은 너희가 일하고 힘든 그
육체에 휴식의 시간을 갖도록 하여 재
충전하는 것이 그 시간이라 내가 그리
말하였음이니라.
7 그러나 너희는 안식일이라는 것을 정
하여 교회라는 곳에, 성전이라는 곳에
재물을 바치며 시간을 바치며 와서 봉
사하는 것으로 그리 말하며, 7일째는
무조건 쉬는 것이라 그리 말함이니라.
8 너희는 어찌하여 무조건 쉴 수 있다,
그리 쉬는 날이라 그리 말하는가?
9 너희는 7일째 그와 같이 쉬는 날의 그
뜻이 무엇인 줄 알고 있는가?
10 6일 동안 육이 노력을 다하였으며, 믿
음의 노력을 다했으며, 정신세계의 믿
음을 다했으며, 정녕 진실하고 건전한
삶을 6일 동안 최선을 다하여 깨끗하
게 살았을 때, 너희가 하루의 휴식을
취하도록 그리 정해진 것이니라.
11 6일이라는 그 시간을 너희가 임의로
아무렇게나 살며, 엉망으로 살며, 남
에게 부끄러운 짓을 하고 산 자가 7일
째 그와 같은 휴식을 하는 것이 아니
니,
12 아무나 7일째 휴식이라 하여 너희가
손으로 만든 성전에 와 재물을 바치고
금화와 은화를 거둬들이고 바치라 그
리하는 것은 잘못된 것이니라.
13 너희가 6일 동안 마약이라는 것을 하
며, 알코올에 찌들어 있으며, 또한 사
악한 짓을 하며, 도적질하며, 간음하
며, 강도질하며, 그리고 남들과 시시
비비하며, 일하지 아니하며 놀고먹으
며, 그리고 노름이요, 투기성이요, 사
행심으로 6일 동안을 살아간 자,
14 그리고 6일 동안에 얻어먹으며 일하
지 않은 자, 그리고 편안히 휴식한 자,
움직이지 아니한 자,
15 그와 같은 자가 어찌하여 7일째 쉴 수
있으며 그에게 또 휴식의 시간이 필요
하며 안식일이 필요하던가?
16 그와 같이 산 자는 1주일 동안 향락을
즐기며 살았음이니, 어느 한 날짜를
쉴 필요도 없으며 재충전할 자격도 없
으니,
17 그들에게는 휴식이라는 게 필요 없는
것이 아니던가?
18 그들까지도 7일째는 쉬며 재물을 바
치며 회개하고 기도하고 경배하라고

가르치는 것은 너희가 잘못된 것이니
라.
19 엉망으로 살며 잘못 살아오며 추한 짓
을 하고 살아온 그와 같은 자는 나의
성전이요, 나의 뜻을 가르치며 배우는
성전이라는 곳에 안식이라는 그날에
올 자격이 없으며 휴식할 자격도 없는
자이니라.
20 내가 그리하여 너희에게 말하기를, 남
에게 갚을 것, 남에게 지급할 것이 있
는 자는 휴식이라는 그 시간을 쉴 자
격이 없다 하였듯이,
21 사악한 자요, 악한 짓을 하면서도 또
휴식이라는 시간을 가져 너희가 그날
에 와 기도하며 용서를 빌라 그리 가
르쳐서는 아니 되는 것이니라.
22 너희가 손으로 지은 성전에서 진정한
나 여호와의 뜻이요, 나의 진리를 가
르친다면,
23 6일 동안 나의 계명대로 살아가지 아
니한 자, 살지 못한 자는 그 성전에 올
자격이 없으며, 나 여호와가 내리는
강론을 들을 자격이 없다 그리 말하여
야 할 것이니라.
24 6일 동안 거짓말하며, 사기 치며, 간
음하고 도적질하며, 알코올 중독자요,
마약 중독자요, 세상에서 저주하는 행
위를 저지른 자는 그 시간에 거기 올
자격이 없으며 휴식이 필요 없느니라.
25 6일 동안 쉰 자가 어찌하여 안식일이
라 하여 또 쉬는 날이라 하여 너희가
말하는 성경책에 깨끗한 지전이요, 금
전 몇 푼을 가지고 와서 바치고 울고
불고하니,
26 그 바친 자에게 종교 지도자가 그저
목이 터지게 축복해 주며 영광을 주
라 그리 말하니,
27 그가 6일 동안 노름을 하고 왔는지,
알코올 중독에 빠졌다 왔는지, 마약을
하고 왔는지, 사악한 짓을 했는지, 간
음을 했는지도 모르며 그저 금화와 은
화 몇 푼 바치면 그에게 기도해 주고
경배해 주며 그에게 축복을 내려 주라
그리 말함이니,
28 썩은 냄새가 나는 곳에도 축복을 주라
하며 사악한 자에게도 축복을 주라
하는 것이 종교 지도자 너희이니라.
29 그저 너희는 돈에 따라, 지전에 따라
너희 생각이요, 세 치의 혓바닥을 팔
아먹는 것이며, 머리를 팔아먹는 것이
며, 인간의 죄를 팔아먹는 사악한 자
라는 것을 잊지 말라.
30 정녕 6일 동안 잘못 산 자는 쉴 자격
이 없으며 성당이요, 교회요, 성전이
라는 곳을 찾을 자격이 없다는 것을
반드시 가르쳐,
31 6일 동안 최선을 다하여 산 자가 하루
를 휴식하는 아름답고 소중한 나 여호
와가 내려 주는 그와 같은 시간이라
그리 가르치라.
32 그것을 알지 못하며 안식일의 의미도
모르며 그를 잘못 가르치는 종교 지도
자는 나의 뜻과는 거리가 먼 길을 가
고 있음을 알라.

5,734 번째 하나님 말씀

2003년 3월 26일 23시 07분

1 사랑하는 나의 아들아!
2 "네, 아버님! 말씀하옵소서."

3 너희가 '앞으로 간다'는 말의 그 반대
말은 무엇이던가, '뒤로 간다'는 뜻이
아니던가?
4 그러나 세상 모든 것이 다 반대요, 거
꾸로 돌아간다면, 너희는 과연 그게
정상적인 세상이며 바로 된 세상이라
말할 수 있는가?
5 매를 들어 제자를 가르쳐야 하는 선
생이 매를 들 수 없으며 그 제자의 눈
치를 보는 그와 같은 삶을 살아가는
지금의 시대가 과연 너희는 정상적이
며 바로 서서 가는 세상이라고 말할
수 있는가?
6 자식은 자식이요, 부모는 부모이거늘,
자식이 주인 노릇하며 자식이 제 부
모보다도 더 위에 있고자 하는 그와
같은 세상사 살아가는 형국이 되어 있
다면, 그게 정상적인 세상이며 바른
세상이라 말할 수 있는가?
7 그리하여 나 여호와가 너희에게 거꾸
로 사는 세상이요, 너희가 거꾸로 세
상을 들여다보니 아무것도 알 수 없으
며 제대로 파악할 수도 없으며 제대
로 정상적으로 볼 수 없는 것이라 하
였음이니,
8 너희는 나 여호와가 그와 같이 말한
뜻을 알겠는가?
9 내가 1부에 다 기록하여 전하였느니
라.
10 거꾸로 세상을 보며 거꾸로 세상을 살
아가는 형국이니,
11 세상을 거꾸로 보니 모든 사물이요,
모든 것을 바로 볼 수 없다 내가 그리
말하지 아니하였던가?
12 그와 같은 형국을 만든 것이 누구인
줄 아는가?
13 수천 년 동안 나 여호와의 이름을 부
르며 나의 아들의 이름을 부르며, 그
리고 구원받았다 말하는 백성이니라.
14 그들은 나의 종이요, 만백성의 종이라
하였거늘, 종은 종의 신분으로서 가야
할 것을, 제가 상전이요, 왕과 같은 대
우를 받는 이와 같은 형국이 되어 있
음이니,
15 이를 보고 너희는 과연 어찌하겠는가?
16 스승이 제자를 바로잡으려고 매를 한
대 때렸을 때, 그를 치고받으며 대들
며 그 부모까지 와서 선생의 멱살을
잡고 흔드는 이와 같은 험악한 세상
속에서 무엇이 이루어지며 바로 설 수
있다 하는가?
17 너희는 그와 같은 형국을 보며 망한
세상이요, 스승을 몰라보는 세상이요,
18 또한 스승을 몰라보는 제자는 고사하
고 그 부모까지 합세하며 그 부모까지
철이 안 들었음이니, 그 후손의 후손
이 얼마나 사악해지며 얼마나 이기주
의요, 저 자신만 생각하는 세상이 될
까 하여 너희는 한탄하며,
19 남의 그와 같은 모습이요, 꼴을 보고
너희는 더러운 세상이요, 살기 힘든
세상이요,
20 노인이 발붙일 세상이 아니요, 어른이
발붙일 세상이 아니라 그리하며,
21 이제는 세상이 뒤죽박죽이요, 망한 세
상이라 그리 말할 것이니라.
22 너희가 그러한 모습을 보고는 그리 말
하나, 어찌하여 나의 종인 종교 지도
자들이 상전의 대우를 받으며 왕의 대
우를 받으며 저희 주인인 백성 위에

군림하는 자들의 모습을 보고,
23 그를 정녕 개혁하고 변화시키며 단죄
하고 다스려서 바로 세워야 한다는
그와 같은 생각을 못 하는가?
24 그것이 이 세상을 가장 많이 썩게 하
고 병들게 한 병폐요, 그 모든 병폐의
근본이요, 원인이 되고 있다는 것을
너희는 알아야 할 것이니라.
25 이제 너희가 그와 같은 이치를 깨달
았다면, 지금 너희가 구원을 받았다
그리 말하고 울고 부르짖으며 달려가
는 백성은 너희 자신을 들여다봐야
할 것이며,
26 너희 종교 집단을 들여다봐야 하며
너희가 종교 지도자들이 가는 길을
들여다봐야 한다는 것을 알아야 할
것이니라.
27 내가 나의 아들을 통하여 가르쳤느니
라.
28 나 여호와를 찾지 아니하며 그저 평범
하게 살아가는 일반 백성은 나에게
무엇을 달라, 저에게 무엇을 이루어
달라는 어떤 기복 신앙의 기도를 하
든, 나를 찾으며 기도를 하든, 어떤 종
파를 찾아 기도한다 해도 내가 말하지
않겠으나,
29 나를 찾는 백성이요, 나의 아들의 이
름으로써 구원받으며 나의 백성이라
는 너희가 무엇을 달라, 이루어 달라
는 그와 같은 기도를 하는 것은 기복
신앙의 원초적인 것이 너희들서부터
모든 것이 번져 나간 사실이라는 것
을 너희는 알아야 할 것이니라.
30 진정 나에게 선택된 백성이요, 나의
아들딸로서 존재하는 백성은 무엇을
달라, 이루어 달라 그리 말해서는 아
니 될 것이니라.
31 그러니 너희는 이 세상의 모든 고통
이요, 고난이요, 어려움을 대신 짊어
지고 갈 수 있는 일꾼이 되도록 해 달
라 그와 같이 기도하고 그와 같은 마
음으로 살아가는 것이 나로부터 선택
된 백성이 가야 할 길이니라.
32 말로써 기도하는 것이 아니요, 행동으
로써 옮기며 살아가는 그와 같은 삶을
살아가는 너희야말로 나로부터 선택
된 백성이요, 나의 아들딸이요, 나에
게 올 수 있는 자들이니라.
33 그와 같이 가는 자들을 너희는 욕하
지 말며 그들을 헐뜯지 말며, 어렵고
힘들게 가는 자를 다리 걸어 넘어트리
려 하지 말라.
34 너희가 아장아장 걸어가는 자식을 넘
어트리며 그를 팽개치며 그를 집어던
지는 그와 같은 행위를 하는 자는 그
부모가 그를 용서하지 아니하듯이,
35 나의 아들에게 그리하는 자, 나 여호
와가 절대 용서하지 않을 것이며, 너
희는 용서받을 수 없다는 것을 알아
야 할 것이니라.

5,735 번째 하나님 말씀

2003년 3월 26일 23시 14분

1 사랑하는 나의 아들아!
2 "네, 아버님! 말씀하옵소서."
3 인간 세상을 살아가는 일반 백성도 정
도를 지키며 양심을 지키며 살아가고
자 하는 백성은 어렵고 힘들며, 모두
를 잃고 손해 보며, 남에게 뒤떨어지

는 그와 같은 삶을 사는 것같이 보일
것이며,
4 앞에 가는 삶을 살 수 없으며 남처럼
풍요로운 삶을 살지 못하는 것이 양심
을 가진 백성이 사는 지금의 세상이
아니던가?
5 양심을 가진 사람들이 사는 세상이라
면, 양심을 가진 백성이 손해 볼 일이
없으며,
6 그는 찬란한 빛이요, 덕을 얻을 수 있
는 것이며 덕을 베풀고 살 수 있을 것
이니라.
7 그러나 양심을 가진 자가 바로 살지
못하며 손해 보며 남에게 뒤지는 삶을
사는 그 세상이란 무엇이던가?
8 사악하고 간교한 자들이 이 세상을 지
배하며 그들이 들끓는 속에 있기 때문
이니, 너희는 이를 알아야 할 것이니
라.
9 그러니 너희는 진정한 삶의 길이요,
진리의 길이요, 나 여호와에게 오는
길이라는 것이 지금 썩고 썩은 이 세
상에서 참진리요, 아름다운 빛을 발휘
하며 살아가고자 하는 백성이 얼마나
힘들고 어렵고 고통스러운 길인가를
나 여호와는 알고 있음이니라.
10 모두 나의 계명을 지킬 수 없으며, 나
의 법전대로 살 수 없으며, 율법대로
살 수 없으며 기초적인 양심대로 살
수 없다 말하는 그 속에서,
11 너희가 나 여호와의 계명을 지키며
율법을 지키며 사는 것이 얼마나 견디
기 어렵고 힘든 길이며 고통스러운
길인가를 나 여호와는 알고 있음이니
라.
12 그러나 그 길을 너희는 가야 하며, 또
한 역사해야 하는 것이 너희라는 것
을 알아야 할 것이니라.
13 너희의 어렵고 힘든 그 길을 나 여호
와가 너희를 내려다보고 있음을 너희
는 알아야 할 것이니라.
14 지금 너희가 십계명을 지키며 나의
율법을 지키고 사는 그 자체도 힘들고
어려운 삶이니라.
15 그러나 내가 만백성을 심판하며 만백
성을 구원하기 위하여 나 여호와가 지
금 직접 임하는 나의 법전을 세상에
내려보냄이니,
16 나의 법전대로 행하고 산다는 것은 얼
마나 어렵고 힘든가?
17 십계명과 율법을 지키는 것보다도 더
견디기 어렵고 고통의 길이며 힘든 길
이니,
18 그 누구도 그를 다 시행하기 어려우며
그를 지키기 어려우며, 아무나 갈 수
없는 길을 가는 것이 너희이니,
19 나의 법전대로 행하고 산다는 것이 얼
마나 힘들고 어려운 길인가를 나 여호
와는 알고 있음이니라.
20 너희가 그리하여 얼마나 고통스러우
며 힘들고 견디기 어려운 것인가를,
나 여호와 또한 너희 마음을 알고 있
으며 그 길을 알고 있으며 법전에 속
해 있는 모든 내용의 뜻을 알고 있음
이니라.
21 어느 한 구절을 읽고 견딜 수 없으며,
어느 한 구절이 너희가 넘을 수 없는
길이며, 어느 한 구절이 너희가 깨닫
고 변하는 구절인지까지도 나 여호와
는 다 알고 있음이니라.

22 160권의 법전의 한 장, 한 장, 페이지, 페이지요, 그 줄마다 쓰여 있는 한 줄, 한 줄 그 내용을 다 완벽하게 기억하고 아는 것은 나 여호와뿐이며,
23 너희 제자, 또한 나를 따르는 나의 아들까지도 완벽히 알지 못하고 있음이니,
24 그러니 완벽하게 160권의 내용을 아는 나 여호와가 나의 사랑하는 아들딸 너희가 지키고 살아가는 것이 얼마나 힘들고 어렵고 고달픈 길인가를 알고 있느니라.
25 그러나 너희는 그 길을 가야 하며 그 고비를 넘겨야 하며, 이를 지키며 살아가야 하는 것이 너희이니라.
26 그처럼 견디기 어렵고 힘든 길이며, 상처투성이요, 얼룩진 그 길을 겪고 견디고 이기고 나가야 하는 것이 너희가 나로부터 선택된 백성이요, 그리고 나에게 오를 수 있는 백성이요,
27 그리고 내가 베풀어 내린 그 은혜를 받을 자격이 너희에게 있음을 알아야 할 것이니라.
28 상처투성이요, 얼룩지고 힘든 그 길을 너희가 겪고 견디지 못한다면, 너희는 나로부터 내리는 은혜를 받지 못하게 됨이니, 너희는 이를 알아야 할 것이니라.
29 내가 많은 시간 속에 너희를 훈련하고 많은 세월 속에서 너희에게 고통을 연마하는 것을 알아야 할 것이니라.
30 내가 너희를 어려운 시련이요, 훈련이요, 고통스러운 기술의 연마요, 이와 같은 육의 훈련과 정신의 훈련을 연마시키지 아니하면, 내가 쓰고자 할 때 너희를 바로 쓸 수 없기 때문이니,
31 오로지 너희에게 고통의 훈련과 연마를 연속하는 것은 내가 너희를 쓰고자 함이니라.
32 그렇지 않으면 너희를 내가 쓸 수 없기 때문이니,
33 너희가 무기력한 백성이 되며 무능한 백성으로서, 이 세상에 존재할 그 의미도 잃어버리는 그와 같은 백성으로 전락하게 됨을 너희는 알아야 할 것이니라.
34 진심으로 너희가 깨달았을 때, 그리고 육의 세상과 육의 한계요, 육체가 견딜 수 있는 한계를 넘고 또 넘어 견딜 수 없는 그 선을 넘고 인내했을 때,
35 너희가 그때야 비로소 얻는 것이 무엇인 줄 아는가?
36 겸손한 것이며, 겸허한 것을 알게 됨이니라.
37 너희가 겸손이라는 것을 알게 되었을 때, 너희는 나약한 인간이라는 것을 알게 될 때, 너희가 한계를 알게 될 때,
38 나 여호와가 너희를 쓰기 시작하는 때임을 알아야 할 것이니 그리 알라.
39 그리하여 너희가 생명을 나에게 그저 나의 명에 따라 바칠 수 있으며,
40 나에게 너희가 말하기를 너희 목숨을 나 여호와가 필요로 하며 거둬들이고자, 쓰고자 한다면, 너희는 아무런 불평 없이, 하나의 이유 없이, 후회 없이 너희 생명을 나에게 바칠 수 있는 그와 같은 너희가 되기 위해서는
41 오늘의 견디기 어렵고 넘기 힘든 그 훈련을 이기고 견디는 것만이 그리될

수 있기에,
42 내가 너희를 오늘과 같이 어렵고 힘
든 그 훈련의 연속을 강요하고 있다는
것을 알아야 할 것이니라.
43 내가 너희에게 하나밖에 없는 그 귀중
한 생명을 바치라 명했을 때, 너희가
후회 없이, 불평 없이 바칠 수 있는 그
와 같은 자세가 되었을 때,
44 너희가 만백성을 구할 수 있는 지도자
의 자격을 갖게 되며 만백성을 구할
수 있음을 알아야 할 것이니라.
45 내가 나의 법전에 전했듯이, 너희가
세상사에 알고 있듯이 배고픈 자만이
한 조각의 빵의 소중함을 안다는 그
말이 있지 않은가?
46 배고파 보지 아니한 자는 밥 한술의
소중함을 모르는 것이니라.
47 그러니 너희가 어렵고 힘든 그 역경
의 훈련 속에서 모든 것을 알게 될 것
이며, 너희가 어떤 역경이든 견디고
이겨 나 여호와가 앞에 내보낼 수 있
는 전사가 될 수 있는 자격을 획득하
는 것이기 때문이니,
48 오늘의 어렵고 힘든 그 연마의 훈련을
너희는 괴롭다 생각하지 말며 고통스
럽다 생각하지 말라.
49 이 역경을 딛고 이겨야만 너희가 나
에게 오를 수 있는 참된 길을 보게 됨
이니 그리 알라.

5,736 번째 하나님 말씀

2003년 3월 26일 23시 29분

1 사랑하는 나의 아들아!
2 "네, 아버님! 말씀하옵소서."
3 진정 선택된 백성이요, 진정한 길을
가는, 나로부터 선택된 백성, 너희는
크나큰 은혜를 입지 못하고 작은 은혜
를 입었다 하여 너희가 좌절하고 중
단해서는 아니 되는 것이니라.
4 나로부터 받는 은혜는 크고 작은 것이
없으며, 너희가 크고 작은 그 비중을
따져서도 아니 되며, 그 은혜가 크고
작은 것으로써 좌우되는 것이 아님을
알아야 할 것이니라.
5 너희가 생명을 연장받은 은혜나 아픈
것을 치료해 주는 은혜나 나에게 은혜
를 받은 것은 다 똑같으며 나 여호와
가 내리는 은혜는 비중이 없으며 크고
작음이 없음이니라.
6 모든 만백성은 다 중요하며, 내가 은
혜를 내린다는 그 자체는 작고 큰 것
이 없으며 크고 작은 은혜가 없는 것
이니라.
7 나로부터 은혜를 받는 그것 하나로써
너희는 세상 것 다 얻은 은혜를 받은
것이라 그리 생각하면 됨이니라.
8 그러니 은혜가 작고 큰 것이 관계가
없음이니,
9 너희가 크고 큰 영광의 은혜를 얻지
못한다 하여, 너희가 생각하는 세속의
큰 영광이요, 축복을 얻지 못하며 받
지 못하였다 해서 너희가 좌절하고 중
단해서는 아니 되는 것이니라.
10 아무나 나로부터 작고 큰 은혜를 받을
수 없으며,
11 너희가 이야기하는 가장 작은 은혜라
는 것도 아무나 받을 수 없으며,
12 수십억 인구 중에 나로부터 선택되지
아니한 백성은 그것마저도 받지 못하

는 것이니,
13 너희는 여기서 깨닫고 가야 할 것이
니라.
14 나 여호와가 기억하고 있으며 내가
너희에게 작은 은혜라도 내린다는 것
은, 너희가 어떠한 것과도 바꿀 수 없
는 큰 은혜와 똑같다는 것을 잊어서는
아니 될 것이니라.
15 그리하여 큰 은혜와 영광을 받지 못하
며 축복을 받지 못하였다 해서 너희가
마음이 변하며 좌절해서는 아니 되느
니라.
16 계속 전진하고 변화를 위해 노력하고
전진하는 길만이 너희가 나에게 오를
수 있는 것임을 알아야 할 것이니라.
17 나의 아들의 제자라 따르는 자, 그리
고 지금 나의 성전에 와 나의 새로운
성경이요, 나의 법전을 가지고 공부하
는 자, 나의 성전에 와 고개 숙여 내가
직접 내리는 강론을 들으며 나의 아들
이 가르치는 나의 법전에 대한 내용을
다시 한 번 깨우치고 듣는 너희는 만
백성을 구하려고 나에게 선택된 자요,
나에게 쓰이는 자이니라.
18 너희는 자신을 구원을 받으려고 쓰이
는 것이 아님을 알아야 할 것이니라.
19 그러니 나로부터 전사요, 지도자로서
선택된 백성 너희는 어찌해야 하는가?
20 내가 너희에게 일찍이 말하지 아니하
였던가?
21 고인 물은 썩으며 고인 물은 상하여
쓸 수가 없다 하였음이니라.
22 나로부터 선택된 지도자 너희가 아름
다운 모습으로써 천사와 같은 마음으
로 되려고 계속 전진하고 노력하지
않는다면, 너희 스스로 고여서 썩는
그와 같은 물의 한계가 됨을 알아야
할 것이니라.
23 그러니 나로부터 선택된 백성 너희는
어렵고 힘든 한 계단 한 계단을 넘고
또 넘고, 전진하고 또 전진하는 그와
같은 길만이 나에게 올 수 있으며 만
백성을 구하는 전사로서 선택됨을 알
라.
24 너희는 누가 뭐라 해도 나에게 훈련을
받게 되며, 너희에게 내가 내리는 그
한계의 훈련을 넘어야 할 것이니라.
25 내가 너희에게 내리는 한계는 인간의
육의 한계요, 너희가 육체를 가지고
이길 수 있는 한계의 극에서 극까지
달할 것이며,
26 또한 정신적인 한계가 더 이상 갈 수
없는 극에 달할 때까지 나는 너희에게
계속되고 또 계속되는 훈련을 하여,
27 전진하고 전진하는 그와 같은 자신에
탄력이 붙었을 때, 내가 너희에게서
훈련과 고통과 시련의 손을 놓을 것이
니라.
28 그는 바로 너희가 하늘에 오르는 길
을 보기 시작하며 그 빛을 따라 달려
오는 그와 같은 길에 서 있기 때문이
니라.
29 그 고비를 넘지 못하는 자는 역사할
수 없음을 너희는 알아야 할 것이니
라.
30 이 세상에 모든 백성이 천태만상으로
지금 살아가고 있음이니라.
31 너희같이 나의 법전이 새로운 성경이
요, 내가 마지막 심판하고자 내려온
내용이라 하여 목숨을 내걸고 따라오

는 자가 있는가 하면,
32 나의 법전을 보고 욕하는 자에게, 이
는 너희의 뜻이 아니며 너희 임의대로
하는 것이 아니라고 그들에게 그리 말
하고 전하도록 해야 할 것이니라.
33 나의 법전을 읽고 깨우쳐 목숨을 걸고
가는 백성 너희를 비아냥하며 너희를
우스운 자라 하며, 너희를 잘못된 자
라 하며,
34 그리고 160권이라는 대장정의 법전
이 세상에 나오는 것을 욕하며 태워
버리고 찢어 버리고 묻으려 하는 자들
에게,
35 저희 종교 지도자요, 저희가 따르는
스승이요, 선생이라 하는 자들이나 저
희 종교 집단에서 과연 288쪽의 이 대
장정의 하늘의 뜻을 기록한 자가 있
는가 물어보도록 그리하라.
36 감히 하늘을 두루마리 삼고 바닷물을
먹물 삼아 쓰고 또 써도 다 못 쓴다는
나의 진리요, 성령의 뜻을 과연 너희
는 이와 같이 160권을 능가해서 기록
하고 쓸 수 있는 자가 있는가?
37 이보다 더 많은 진리의 뜻을 기록한
자가 없으며 이보다 더 많은 것을 나
여호와 뜻이라 하여 세상에 펴내는 자
가 없다면,
38 이건 바로 하늘의 뜻을 내가 기록한
것이라 그리 전하라.
39 너희가 나의 법전보다도 더 많이 써
내며 나의 아들이 기록하여 책으로 만
든 내용보다 더 많이 기록하여 내는
자가 있으면,
40 그와 같은 백성이 바로 나로부터 선택
된 지도자요, 나의 아들이요, 그는 바
로 하늘을 두루마리 삼고 바다를 먹물
삼아서 써도 써도 내리지 못한다는 그
많고도 많은 나의 진리를 받아서 기록
하는 자이니라.
41 그리하니 나의 아들이 죽을 때까지 세
상에 책으로 만든 내용보다 더 많은
내용을 내려보내며 더 많은 책을 글로
만들어 너희에게 전하거든,
42 나의 법전은 너희가 말하는 대로 사
탄이요, 악령이 쓴 것이며, 마지막 시
대의 거짓 선지자가 쓴 것이라 그리
전하라.
43 하늘을 두루마리 삼고 바다를 먹물 삼
아 쓰고 또 쓰고 수천 수억의 인구가
써도 마르지 아니하며 끝이 없는 나
여호와의 진리요, 성령을 누가 가장
많고 긴 내용으로써 세상에 전하는가?
44 그것으로써 하늘의 뜻이 내려옴을 알
아야 할 것이니라.
45 너희가 말하듯이 하늘에 쓰고 써도 모
자라며 아무리 바닷물을 먹물로 해도
그 먹물이 마를 때까지 써도 안 된다
는 하늘의 뜻을 이제 내려보낼 것이
니, 그 내려지는 것은 책으로 전해져
야 할 것이 아니던가?
46 그러니 내가 내리는 쪽수보다, 그 장
수보다, 권수보다, 그 내용보다 진지
하고 많은 기록을 남기는 자가 있으
면 그가 나의 아들이요,
47 지금의 나의 아들이라 하여 그를 통하
여 내리는 나의 아들은 가짜요, 사탄
이요, 악령의 자식이요, 마귀의 자식
이라 너희가 그리 말하고 태워 버리
고 찢어 버리고 묻어도 내가 말하지
아니할 것이니 그리 알라.

48 나의 아들이 죽을 때까지 세상에 만들
어 내는 그 모두를 너희는 죽을 때까
지 듣지도 못하며 보지도 못하는 그와
같은 자이니, 감히 너희가 어찌 그를
사탄이요, 이단이요, 악령이라 그리
말하는가?
49 모든 종교 집단이요, 지도자 너희가
나의 아들이 기록하여 내리는 책보다
더 많은 것이 있다면 너희가 나로부
터 선택된 아들이요,
50 그와 같은 역사를 이루지 못한다면 너
희는 두말하지 말라.
51 4천 년의 역사를 가진 구약 시대의 역
사가 기록되었으며,
52 그리고 2천 년의 역사가 흐르기 전 2
천 년 전 나의 아들을 통하여 신약의
성경을 내려보냈음이니,
53 그보다 더 방대하고 위대한 내용이 세
상에 없었음이니라.
54 그리하여 지금 내가 심판의 시대라고
해서 그를 능가하는, 그 모든 것을 다
풀어서 160권의 법전에 기록하여 내
려보내니,
55 너희가 그 많은 세월 속에 나의 법전
보다 더 나은 뜻이요, 더 위대한 내용
을 기록하여 낸 자가 있거든, 너희가
나의 법전이 사탄의 것이라 말해도 말
하지 아니할 것이니라.
56 2천 년이 흘러오는 그동안에, 또는 구
약의 시대 4천 년을 흘러오는 동안에
구약과 신약을 덮어놓고 나의 뜻이라
하여 이와 같이 대장정의 나의 뜻이
요, 진리를 기록한 자가 있는가?
57 그 역사함이 없을 것이니라.
58 앞으로도 그를 따라갈 자 없을 것이며
역사할 자가 없거든, 너희는 감히 고
개 들지 못하며 부끄러운 줄을 알며,
59 너희가 고개 들어 하늘을 향하여 나의
아들이 가짜요, 거짓 선지자요, 악령
이 든 자요, 사탄의 자식이니, 이 세상
에 뿌리를 내리지 못하게 그를 벌하여
주시고 그를 이 세상에 없도록 해 달
라 기도하지 말라.
60 너희가 하지 못하는 대장정의 역사를
이루는 것이 나 여호와의 뜻이니, 사
탄이 과연 그리할 수 있다고 생각하
는가?
61 사탄이 나의 구약이요, 신약의 성서를
능가할 수 있는 어떠한 가르침을 이
세상에 내놓을 수 있는가?
62 사탄은 아무것도 할 수 없으며 역사할
수 없다는 것을 알라.
63 수천 년 동안 흘러오면서도 너희가 깨
달을 수 있는 그 내용의 책이 오늘의
나의 아들을 통하여 내리는 대장정의
역사만큼 하지 못한 자, 그보다 더한
자가 없거든,
64 너희는 그가 역사를 이루는 것은 너희
보다 나은 자요, 너희보다 낫기에 선
택된 자요, 나에게 명을 받은 자라는
것을 알라.
65 종교 지도자요, 믿음의 길을 가는 집
단 너희가 받아들이지 못하고 너희가
역사하지 못한, 나 여호와가 주관하여
내리는 내 뜻을 세상에 내려보내는 위
대한 이 역사 앞에,
66 너희는 부끄러운 줄 알며 죄의식을
느껴야 할 것이며, 감히 여기에 대적
하려 하지 말라.
67 감히 어디에 대고 너희가 대적하며

그를 사탄이요, 이단이라 그리 말하는
가?
68 너희는 내가 마지막이라는 것이며, 제
3의 시대에 심판이라 하는 것이며 마
지막이라는 뜻을 알겠는가?
69 마지막이기 때문에 나의 아들이 죽을
때까지 나의 성령을 받아 계속 전하고
기록함이니, 그를 능가할 자가 없기
때문이니라.
70 그가 죽을 때까지 내려지니 그게 마지
막이라는 것을 너희는 알라.
71 그가 죽은 다음에도 이와 같은 역사가
있다면 마지막이 아닐 것이니라.
72 그가 죽어 갈 때 모든 문을 닫게 됨이
니, 그 후로는 아무것도 있을 수 없으
며,
73 그가 만들어 낸 그 많은 법전이요, 이
새로운 성령을 능가할 자가 없으며
그 권수를 넘을 자가 없음이니,
74 그리하여 이 모두가 마지막이라는 것
을 알아야 할 것이니라.
75 나의 법전을 욕하며, 이를 사탄이요,
이단이라 말하거든,
76 이는 너희 선지자요, 너희 선생이 임
의로 쓴 것이 아니요, 이는 내려보낸
분이 있으며,
77 너희 선생이요, 너희 선지자는 그를
받아서 기록한 죄밖에 없으며 그는 기
록한 일밖에 없는 자라 그리 대답하라.
78 그리하여 그가 임의로 한 것이 아니
요, 창조주이신 하늘에 계신 아버지께
서 내리는 대로 그는 그대로 받아쓴
것이며 그대로 전하는 역사를 이룬 것
이라 그리 말하며,
79 오늘에 이 법전을 만드는 나의 아들이
잘못됨이 아니요, 너희 선지자가 잘못
된 것이 아니요,
80 잘못된 모든 것은 나 여호와의 탓이며
내가 잘못한 것이며,
81 이 내용이 하늘에 오르는 길이요, 참
진리라면 이는 내가 내린 것이요, 나
의 아들 임의로 한 것이 아니라는 것
을 깨우쳐 주고, 그들의 귀를 열도록
그리하라, 사랑하는 나의 아들딸들아!

5,737 번째 하나님 말씀

2003년 3월 26일 23시 42분

1 사랑하는 나의 아들아!
2 "네, 아버님! 말씀하옵소서."
3 이 세상 모든 백성은 세상을 살아가면
서 불평 속에서 살아가는 백성이 되어
있음이니, 너희는 불평하는 백성이 되
어서는 아니 될 것이니라.
4 모든 것은 나 여호와가 역사함이니,
너희는 나에게 감사하는 마음으로 살
아가야 할 것이니라.
5 나 여호와에게서 이 세상에 내려지지
아니한 것이 없으며 나 여호와가 준비
하지 아니한 것이 없느니라.
6 그러나 너희는 불평투성이로 세상을
살아감이니, 그와 같은 불평의 근원의
뿌리를 버려야 할 것이니라.
7 너희는 추우면 춥다고 불평이요, 더우
면 덥다고 불평이요, 배가 부르면 불
러서 불평이요, 배고프면 배고파서 불
평이요, 너희가 노력하지 아니하여 좋
은 결과가 나오지 않았을 때 너희는
불평이요, 가다가 넘어져도 또 불평이
요, 모두가 너희는 불평투성이니라.

8 이래도 불평이요, 저래도 불평이요,
불평을 늘어놓고 사는 것이 나의 백
성 너희라면 과연 믿겠는가?
9 불평을 안 하는 것이 없으며 불평을
내세우지 않는 것이 없는 것이 나의
사랑하는 백성 너희가 지금 살아가는
모습이 아니던가?
10 너희는 이것에 부닥쳐서 불평이요, 저
것에 부닥쳐서 또 불평이니,
11 너희가 살아가는 세상에서 서로 얽히
고설키고 부닥칠 때마다 불평하지 말
라.
12 그 모두는 나 여호와가 필요하기에 준
비하였으며, 이 세상에 내려보낸 것이
며, 그들이 다 존재하고 있다는 것을
알아야 할 것이니라.
13 너희가 이 아름다운 세상에 나 여호와
가 너희가 취하고 살아갈 수 있도록
내려 준 내가 만든 세상에서 내가 만
든 나의 사랑하는 백성과 그리고 너
희가 취하고 먹고살라 이루어 준 그
모든 것들에 대해서 하나에서 백까지
불평이 아닌 것이 없으니,
14 불평과 불평 속에서 살아간다면, 너희
는 불평하기 위하여 살아가는 백성과
같음이니라.
15 그러니 너희가 불평하는 것은 너희 자
신에게 하는 것이 아니요, 이 모든 것
을 내가 너희에게 내려 주었으며, 너
희 생명까지 내려 주었으며 오늘날 살
수 있는 모든 여건과 은혜를 베풀어
준 나 여호와에게 불평한다는 것을 알
아야 할 것이며,
16 나에게 욕구불만이요, 나를 원망하는
그와 같은 너희의 행위라는 것을 너희
는 어찌 모르는가?
17 그와 같은 뜻을 너희는 알아야 할 것
이니라.
18 너희는 지금 이 세상에 살아가면서
불평투성이요,
19 기적과 역사하는 것을 모르느니라.
20 항상 나로부터 기적의 역사가 존재하
지 아니한다면, 너희 자체를 지탱할
수도 없는 것이 너희라는 것을 알아
야 할 것이니라.
21 지금 내가 나의 아들을 통하여 밤과
낮을 가리지 아니하고 마지막 시대에
너희를 심판하는 160권의 대법전이
요, 새로운 성경을 세상에 내려보내
이를 전하여 너희를 깨우치고자 하는
것도 이것이 얼마나 큰 은혜요, 영광
이며 기적인가를 알아야 할 것이니라.
22 그러나 너희는 이를 기적이라 생각하
지 아니하며 크나큰 영광이라 생각하
지 않으며, 이 또한 모두 불평으로써
시작하는 것이니라.
23 그러니 너희는 모든 것이 나오는 것도
불평이요, 또 없는 것도 불평이요, 나
오지 않는 것도 불평이요, 남아 돌아
가는 것도 불평이요, 적어서 또 너희
가 애로사항을 느끼며 어려움을 겪는
것도 불평이니,
24 너희는 모든 것이 불평 속이니라.
25 내가 이루어 주는 기적이요, 내가 너
희에게 역사하는 감사함을 모르고 사
는 것이 너희 인간들이니, 얼마나 너
희가 은혜를 모르는 자며, 베푸는 자
의 뜻에 따라 감사할 줄 모르는 백성
인가?
26 불평하는 자는 나를 욕되게 하는 것이

며 나로부터 등을 돌리는 자이며 나를
원망하는 것이라 하였음이니,
27 이제 너희는 불평하는 그와 같은 삶
을 살지 말도록 그리하라.
28 너희가 남을 불평하며 남 앞에서 너
희 자신이 잘못된 것을 불평으로써
무시하며, 너희가 감정으로써, 격양된
언어로써 행동하는 것은 모든 백성을
의심하는 것이며, 이 세상 자체를 의
심하는 것이며, 나 여호와까지도 의심
하는 마음의 자세에서 그와 같이 이루
어진다는 것을 알아야 할 것이니라.
29 이제 사랑하는 나의 아들딸 너희는
이 세상 모든 것이 불평이요, 불평으
로써 이루어지는 그와 같은 세상에서
너희는 불평이라는 것을 해서는 아니
될 것이며,
30 불평하고자 하는 마음을 기쁜 마음이
요, 영광이요, 그리고 축복의 마음으
로 돌려야 한다는 것을 잊지 말라.
31 그것이 나로부터 선택된 백성이요, 내
가 쓰고자 하는 백성이 가야 할 길이
며, 너희가 살아가는 형국임을 알아야
할 것이니라.
32 모든 백성이 불평투성이로 살아가며,
모든 종교 집단의 지도자요, 신도라
하여 구원을 받는다고 울고불고 살아
오는 그들이 아무리 불평과 불평 속에
서 살아간다 해도,
33 나의 법전을 읽은 백성이요, 나의 아
들을 따르는 제자 너희는 불평이라는
것을 기쁨이요, 영광으로 돌리는 그와
같은 마음의 준비요, 삶의 형태를 바
꾸도록 그리하라, 사랑하는 나의 아들
딸들아!

5,738 번째 하나님 말씀

2003년 3월 27일 0시

1 사랑하는 나의 아들아!
2 "네, 아버님! 말씀하옵소서."
3 나 여호와가 너희에게 강하고 강한 강
도 높은 훈련을 시키고 또 시킴이니,
4 너희는 나에게 훈련을 받는 고통으로
써 그리 끝나는 것이며 그 고통의 뒤
에 이루어지는 것은 없다 생각할 것이
니라.
5 그러나 내가 명하는 강한 훈련이요,
강도 높은 훈련을 너희가 참고 인내
하며 견디고 나갔을 때,
6 그 뒤에 너희는 모든 이 세상의 하나
의 이치를 반드시 깨닫게 되며 무엇인
가를 알게 됨이니라.
7 너희가 알지 못하는 것을 알며 넘어가
는 그와 같은 깨달음을 반드시 주며
그 보상을 나 여호와는 반드시 너희에
게 준다는 것을 너희는 알고 있을 것
이니라.
8 너희가 어렵고 힘든 그 길을 견디고
왔을 때, 나 여호와는 너희가 넘을 수
없으며 알 수 없는 그와 같은 깨달음
을 반드시 너희에게 알려 주고 있음이
니라.
9 그러니 겸손한 마음이요, 순종하는 마
음을 가지고 사는 백성은 고통스러운
훈련 속에서 그 훈련을 견디고 이겼을
때 깨달음을 얻게 되는 것이며, 그리
고 성장해 간다는 것을 너희는 알게
될 것이니라.
10 고통과 시련 속에서 너희가 나로부터
깨달음을 얻고 또 얻어 너희 자신이

성장하며 변하는 삶을 사는 것임을 알
아야 할 것이니라.
11 겸손한 백성이요, 겸손한 마음이요,
순종하는 마음으로써 똑같은 고통이
요, 훈련을 견디고 이겼을 때는 바로
성장하는 깨달음이요, 또 나에게 오는
계단을 하나하나 밟고 올라오는 그와
같은 영광을 얻게 됨이니라.
12 그러나 똑같은 고통의 훈련을 받는 자
라 하더라도 교만하며 또는 교활하며
남에게 마음을 열지 못하는 그와 같은
마음으로 살아가는 자는 아무리 훈련
을 견디며 이기고 간다 해도 얻어지는
것이 없으며 깨달음이 없다는 것을 알
아야 할 것이니라.
13 겸손한 백성이 나의 법전을 읽었을 때
너희는 나 여호와가 명하는 그 뜻을
다 얻고 알 수 있으며,
14 교만한 자는 아무리 읽고 깨우친다 해
도 나의 법전에 기록된 내용을 알 수
없듯이,
15 너희가 어떠한 마음으로써 고통과 시
련을 역사하느냐에 따라서 너희는 하
나하나씩 내가 너희에게 내리는 사랑
의 깨달음을 알게 될 것이며,
16 그를 깨달았을 때 너희는 하늘에 오
르는 빛을 본다는 것을 잊어서는 아니
될 것이니 그리 알라.

5,739 번째 하나님 말씀

2003년 3월 27일 06시 59분

1 사랑하는 나의 아들아!
2 "네, 아버님! 말씀하옵소서."
3 너희야말로 물에 들어가도 녹지 않는
소금과 같이, 그 소금으로 변해야 하
는 것이 너희라 그리 말하였음이니라.
4 그러니 소금이 물에 녹지 않는다면 얼
마나 단단하고 얼마나 굳게 굳어져야
하는가?
5 돌보다도 단단한 그와 같은 마음이 되
지 아니하며 그와 같이 굳어지지 아니
하면 그를 견딜 수가 있던가?
6 바로 너희 마음이 그와 같이 굳어지며
그렇게 바로 서야만, 나의 법전이요,
나의 뜻이 세상을 다스려 나가는 그
역사를 이룰 때 부닥치는 모든 환란에
서 이길 수 있다 하였음이니라.
7 너희는 그리될 수는 없으며 그리 행할
수는 없는 것이 소금이라 그리 말할
수 있으나,
8 그가 변하고 굳어지고 또 굳어졌을
때 그와 같은 역사는 이루어질 수 있
는 것이니라.
9 그러니 너희는 생각하는 동물이요, 판
단할 수 있는 동물이요, 그렇기에 너
희 마음이 그보다 더 단단하게 굳어
질 수 있다는 것을 알아야 할 것이니
라.
10 그리하여 내가 너희를 오늘에 훈련하
며 오늘에 내가 너희에게 그와 같은
역경의 길을 가도록 함이니,
11 너희는 먼저 마음을 다 비우고 털어,
너희가 하나가 되어 물속에 들어가도
녹지 않는 그 소금의 형국이 되어야
함을 알아야 할 것이니라.
12 그와 같은 역사를 이루지 못하며 그와
같이 너희가 변화되지 못할 때 밀어
닥치는 그 환란 속에 견딜 수 없음을
알아야 할 것이니라.

13 세상사 너희가 생각하는, 그리고 생활
하는 그 속에서 너희가 남의 금화 한
닢을 이유 없이 가져왔을 때, 너희를
그저 용서하는 자가 있으며 너희를 사
랑하는 자가 그리 있던가?
14 너희는 무력으로써 그 대가를 갚으려
할 것이며, 원망하고 또 욕하며 그 사
람을 핍박할 것이며,
15 그렇지 아니한 자는 인간의 법 앞에
그를 끌고 가 가져간 것에 대한 심판
을 받게 해야만 직성이 풀리는 백성이
있음이니라.
16 그보다 열배 백배 더 강하고 굳게 굳
어진 것이 지금의 믿음의 길을 가는
종교 집단의 지도자들이요, 구원을 받
고자 울부짖는 그 신도들의 마음이니
라.
17 그들은 움직이는 동물이며 생각하는
동물이기에, 그들이 그 감정의 표출이
요, 그리고 저희 밥줄을 너희가 빼어
가며 그 밥줄에 하나의 획을 그을 때,
18 또 그들이 살아갈 수 없게 너희가 만
들어 놓을 때, 그리 존재할 수 없고 지
탱할 수 없게 하여 놓을 때,
19 그들이 너희에게 반격하는 환란은 너
희의 상상을 초월할 것이니라.
20 그들은 바위를 깨는 힘보다도 더 무섭
게, 그리고 바위를 산산조각 내는 힘
보다도 더 무섭게 밀려들 것이며 그들
은 그와 같은 행위를 할 것이니,
21 너희 마음이 물에 녹지 않는 소금처럼
단단히 굳어지지 않았을 때, 너희가
과연 거기서 승자가 될 수 있다고 생
각하는가?
22 그리하여 나 여호와가 너희에게 말하
느니라.
23 물속에서 녹지 않는 소금이요, 아무리
물을 부어도 식초의 그 원료가 변하지
않는 것처럼 단단하게 굳어지는 형국
이 아니면 이길 수 없다는 것이니라.
24 그들이 밀어붙이는 악랄한 방법은 내
가 말했듯이 쇠도 녹일 것이며 쇠도
잘라 낼 것이며, 그와 같이 무서운 것
이 그들의 마음이며 형국이니라.
25 그러니 그들과 싸워서 이길 수 있으며
그들의 핍박을 견딜 수 있는 것은 무
엇보다도 단단하게 굳어지지 아니하
면 아니 됨이니, 너희 마음이 과연 그
와 같이 굳어져 있는가?
26 내가 너희에게 하루아침에 변화의 역
사를 이루며 나의 법전이 세상에 전해
지는 그와 같은 일이 생겼을 때, 너희
에게 밀어닥치는 환란이요, 태풍을 견
딜 수 없기에, 서서히 다스려 감이니
라.
27 너희가 돌보다도 더 굳어지는 마음의
역사를 이루지 아니하면 이는 이루어
질 수가 없다는 것을 알아야 할 것이
니라.
28 그들이 너희를 공격하는 환란이요, 너
희를 짓이기고자 하는 사악한 마음은
너희가 어떠한 힘으로도 그를 감당할
수 없음을 알아야 할 것이니,
29 그와 같은 마음으로 굳건한 자세로써
바로 서야 함을 잊지 말라.
30 나를 따르며 나를 경배한다는 백성이
나의 아들 예수를 십자가에 못 박아
죽이는 그 사악한 짓을 한 것을 보지
못했는가?
31 그보다 열배 백배 더한 것이 지금의

종교 집단이요, 그들의 숫자며, 그들
의 물질적인 능력이며,
32 이 세상 나의 피조물 만백성을 지배하
는 그들의 힘이 그와 같이 무서우니라.
33 그를 견디고 이겨야 할 것이니라.
34 수천 년 동안 흘러온 그 모든 것을 하
루아침에 뭉개야 하며 하루아침에 깨
부숴야 하며 또한 하루아침에 버려야
하며 저희들이 문을 닫는 환란의 대
변화 속에서,
35 그들이 순순히 따라오며 그 역사 앞
에서 고개를 숙여 내가 이루고자 하
는 뜻을 따라올 수 있다고 생각하는
가?
36 절대로 아니 됨이니라.
37 그들은 죽음으로써 견딜 것이며 죽음
으로써 그를 지키려 할 것이니,
38 죽음으로써 막지 아니한다면 견딜 수
없는 것이 대환란 앞에 무너지는 것
이니 그리 알라.

5,740 번째 하나님 말씀

2003년 3월 27일 09시 15분

1 사랑하는 나의 아들아!
2 "네, 아버님! 말씀하옵소서."
3 네가 뭐라 말하고 너의 제자들에게 가
르치는가?
4 남의 고통과 시련을 네가 짊어지고 갈
수 있으며,
5 네가 오늘의 편함은 남이 그만큼 고통
을 감이니, 그를 반대로 생각하면,
6 네가 오늘 고통의 길을 가는 것은 남
이 아름다운 삶이요, 행복한 삶을 사
는 것이라 그리 생각한다, 그리고 그
리 생각하며 살라 말하지 아니하였던
가?
7 너희가 남의 고통과 시련을 짊어지고
가고자 하며 남의 십자가까지 짊어지
고 가는 것이 나의 선택된 백성이요,
너희가 해야 할 도리이며 살아가는
길이라 너는 그리 가르치느니라.
8 그리하여 네가 말하기를, 너의 제자들
에게 기도하기를, 모든 사람의 고통과
시련을 너희가 지고 갈 수 있도록, 그
러한 너희가 되게 해 달라는 기도를
해야 한다 하였음이니라.
9 그러니 너는 또한 어떠하던가?
10 너희가 말로는 그리하면서 고통과 시
련이 닥쳤을 때 나를 원망하며 벗어나
고자 발버둥친다면, 그리고 그를 원망
하는 생각으로 살아가고 말을 한다면,
과연 너희는 언행이 일치하는 나의
선택된 백성이던가?
11 그와 같이 너희가 말로써는 모든 것
을 다 이루나, 행동을 그리하지 못한
다면, 그것은 언행일치가 아니 되는
것임을 알아야 할 것이니라.
12 모든 종교 집단의 지도자들이 말하기
를, 말로써 그들이 못 하는 것이 없으
며 말로써 역사하지 못할 것이 없다
그리 말하지 아니하였던가?
13 '말로써 모두를 이루는 말을 하는 것
은 누구는 못하느냐?' 내가 그리 말하
였음이니라.
14 그리하여 말로 하는 것은 행함의 결과
가 없기 때문이요, 너희가 직접 행하
는 것이 더 소중한 것이라 내가 너희
에게 그리 가르쳐 주었거늘, 어찌하여
너희는 스스로 행하고 실천하는 것에

는 인색한가?
15 너희는 다른 백성과 같이 힘들고 어
려운 환경에서 벗어나고자 한다면, 그
를 나를 원망하며 너희가 견딜 수 없
다 생각한다면,
16 너희는 남의 고통이요, 남의 시련을
대신 지고 간다는 말을 해서는 아니
될 것이며 그 기도를 해서는 아니 될
것이니라.
17 작은 고통이요, 시련도 견디지 못하는
너희가 대환란의 역사가 닥쳐왔을 때,
너희는 과연 견딜 수 있겠는가?
18 욥의 시련처럼 너희가 살이 썩어 가
며 살점이 썩어 거기에 구더기가 득
실거리는 그와 같은 형극의 아픔에서
도 변하지 않는 마음을 너희는 과연
가질 수 있다 생각하는가?
19 그와 같이 어렵고 힘든 그 역경의 훈
련을 거듭하고 거듭하는 속에 너희가
바로 설 수 있다 하였음이니,
20 너희는 육의 고달픔이요, 오늘의 힘든
그것을 나를 원망하며 무엇인가 이루
어지기를 바라며 그곳에서 벗어나고
자 한다면,
21 너희는 남의 고통스럽고 힘든 것을 대
신 지고 간다는 생각을 하지 말라.
22 그와 같은 말을 하는 것은 너희의 그
죄를 더 가중하는 것이요, 나를 기만
하는 행동이니,
23 그와 같은 말을 두 번 다시 해서는 아
니 될 것이니 그리 알도록 하라.

5,741 번째 하나님 말씀

2003년 3월 27일 11시

1 사랑하는 나의 아들아!
2 "네, 아버님! 말씀하옵소서."
3 너희가 기대가 크면 큰 만큼 이루어
지지 아니했을 때 실망이 또한 그리
크다 말하지 아니하였던가?
4 너희가 너무도 높고 위대한 것을 얻고
자 하며 거두고자 한다면, 너희는 얼
마나 힘들고 어려운 길을 가야 하는지
를 알겠는가?
5 또한, 하늘에 오르는 길이요, 영광의
축복을 위하여 너희가 그를 기대하고
그 길을 위해 간다면, 그것이 실패되
었을 때 너희가 그 실망 또한 얼마나
크겠는가?
6 너희는 견딜 수 없음을 알아야 할 것
이니라.
7 그러니 나의 아들을 따르는 선택된 백
성이요, 그 제자들이요, 그리고 나의
법전을 읽고 깨우친 백성 너희는 하늘
에 오른다는, 그리고 구원을 받는다는
그와 같은 가장 위대한 목표를 세워
시작해서는 아니 될 것이니,
8 가장 작은 목표부터 계획하여 너희는
서서히 진행하며 변하는 그와 같은 삶
을 살아야 할 것이니라.
9 너희가 하늘에 오르는 길이요, 구원을
받는다는 것은 얼마나 목표가 큰 것인
가?
10 그 목표보다 위대한 것이 세상에 없는
것이니라.
11 가장 위대한 목표요, 가장 높은 목표
요, 가장 이룰 수 없는 목표를 정하는

것이 바로 구원의 길이요, 구원을 받
겠다는 그 길을 달려오는 것이니라.
12 이것은 인생사의 어떠한 목표를 세우
는 것보다도 인간 세속의 육의 삶에
서 무엇보다도 높은, 그리고 거기서
세우는 것은 감히 너희가 구원을 받
겠다는 그 계획이요, 목표를 세운 것
에 대한 인간 세상에 견줄 것이 없는
것이 너희가 하늘에 오르는 길이요,
구원을 받는다는 그 목표를 세운 것이
라는 것을 알아야 할 것이니라.
13 너희는 육의 세상의 삶과 하늘의 세상
의 격차요, 그 차이를 모르기 때문이
니, 육의 세상에 살다 하늘의 세상에
올라와 존재하며 산다는 것이 얼마나
그 차이가 대단한 것인가를 모르니,
14 너희는 무조건 그러한 목표를 세워 놓
고 하늘에 오르고자, 구원을 받고자
하는 그와 같은 마음에서 믿음을 시작
하며 그 길을 달려오고 있음이니라.
15 그러나 이제 나의 법전을 읽고 깨우친
백성, 나로부터 선택된 백성 너희는
하늘에 오르는 길이요, 구원을 받겠다
는 그와 같은 생각에서,
16 나의 법전을 공부하며 나의 강론을 들
으면서, 그와 같이 깨달음의 길을 가
는 생각을 버려야 할 것이니라.
17 너희는 작은 것에서 행복을 얻으며,
작은 변화를 너희 스스로 이루는 그
속에서 행복감을 얻도록 그리해야 할
것이며,
18 그 속에서 삶의 즐거움을 얻고 기쁨을
맛보도록 그리하라.
19 너희가 오늘의 삶보다 내일이 변하며,
이 시간보다 다음의 시간이 아름답게
변하며,
20 남들이 저주하는 일, 남들이 듣기 싫
어하는 일, 남들이 보기 싫어하는 그
와 같은 행위를 하지 아니하며,
21 그와 같이 살아갈 수 있도록 네 마음
이 서서히 변하는 그것에 목표를 두
며 거기서 기쁨을 얻으며 행복을 얻는
그와 같은 삶으로 서서히 살아가라.
22 그리하여 너희가 작은 기쁨이요, 행복
을 얻고 살아가는 그 속에서 그리 살
아가다 보면, 자연히 나에게 오르는
길에 와 있으며 내 품에 온다는 것을
알아야 할 것이니라.
23 이제 모든 백성이 구원을 받는 것에
목적을 두며 목표를 두며, 그리고 그
길을 위해서 몸부림치고 달려가는 그
많은 백성과 너희가 차별되는 것은,
24 너희는 구원이요, 하늘에 오르는 그와
같은 인간 세상에서 세울 수 없는 위
대하고 높은 목표를 세워 놓고 그 길
을 달려오고자 하는 생각을 하지 말라.
25 작은 목표부터 세우라.
26 계명을 지키며 사는 사람이 아름다운
삶을 사는 것이요,
27 남에게 책잡히지 아니하며 남에게 추
한 짓을 하지 않는, 그리고 남을 속이
지 아니하며 남을 기만하지 않는 그와
같은 삶을 사는 것, 그리고 너희가 한
말에 책임을 지며 선행을 할 수 있는
그와 같은 작은 일에 너희 인생의 목
표를 세우며 너희 인생의 목적을 거기
에다 두라.
28 그리 살아가다 보면 너희가 큰 것을
얻게 되며 큰 변화의 역사 앞에 나에
게 오를 수 있는 역사를 얻을 것이니,

29 너희가 하늘과 땅의 차이요, 그 한계
를 모르기에 하늘에 오르는 가장 큰
목표요, 목적을 세워 놓고 가나,
30 그리하다 너희가 이루지 못했을 때
너희의 고통은 말할 수 없음이니,
31 그 길은 쉽고 편안한 길이 아니라는
것을 알아야 할 것이니라.
32 하늘에 오르는 큰 목표가 이루어지지
아니하였을 때 너희가 좌절하지 말며
슬퍼하지 말며, 그리고 감당치 못하는
그와 같은 계획을 세우지 말라.
33 나로부터 쓰고자 하는 백성은 그 속에
서 너희가 기쁨을 얻으며 축복이요,
영광을 얻는다 그리 생각하고 살라.
34 그러다 보면 너희가 나에게 와 있을
때를 알게 될 것이니라.

5,742 번째 하나님 말씀

2003년 3월 27일 11시 53분

1 사랑하는 나의 아들아!
2 "네, 아버님! 말씀하옵소서."
3 너희가 변해 가는 그 역사 속에서 너
희는 무생물과도 대화하며 세상에 존
재하는 모든 것과 대화하게 되며 그
뜻을 알고 듣는다고 말하지 아니하였
던가?
4 그러니 너희는 그와 같이 모든 무생
물이요, 동식물과 대화할 수 있는 경
지에 오르는 그 깨달음을 반드시 알게
될 것이며 그를 깨닫게 될 것이니라.
5 이제 그와 같은 깨달음을 알며 그 뜻
을 아는 백성 너희는 자신에게 항상
대답하며 대화하는 그와 같은 삶을 살
아야 할 것이니라.
6 내가 나의 법전 1부에 기록하여 말하
였느니라.
7 서로 갑론을박할 때, 너희가 하나의
증인으로서 증거할 때 친구의 입장이
요, 또 지금까지 살아왔던 인간관계
요, 너에게 잘하고 잘못한 사람을 먼
저 생각해서 너희가 옳고 그른 증인을
서지 못하며 친분 관계에서 증인을 선
다 하면, 그는 뭐라 한다 말하였느냐?
8 너와 같은 자가 무슨 하나님을 믿으며
하늘에 있는 나 여호와를 찾는 백성이
그와 같은 행위를 한다며 너희가 손가
락질 받으며 저주받는다 그리하였음
이니라.
9 바로 선다는 것은 무엇이던가?
10 너희가 증인을 서고 증거할 때도 인간
관계에 따라서 마음이 흔들리며 좌우
로 눈치를 보며 좌우로 생각하는 그와
같은 행동을 해서도 아니 되는 것이
너희 마음이니,
11 인간이 아는 자와 모르는 자가 서로
시시비비할 때, 너희가 모르는 자의
손을 들어 준다는 것은 몹시 어렵고
힘든 것이니라.
12 그러나 이제 깨닫는 백성 너희는 부모
와 남이 시시비비를 할 때도 부모가
잘못했으며 남이 잘했을 때는 주저 없
이 남의 손을 들어 주는 것이며 그와
같은 마음의 자세로 변해야 하니,
13 너희가 천 가지, 만 가지 변해야 하는
것이니라.
14 그러니 이제 너희 자신과 항상 대화를
하며 살도록 그리하라.
15 위로는 나 여호와가 존재하며, 너희와
같이 걸어가는 동행이 나 여호와라 생

각하며, 길벗이 나 여호와라 그리 생
각하며,
16 크게 어려울 때 나에게 묻듯이, 너희
가 행동하고 살아감에서 너희 자신에
게 묻는 그와 같은 현명함을 이제 시
작해야 할 것이며 그 훈련을 시작해
야 할 것이니라.
17 너 자신에게 물어보라.
18 네가 지금 하는 그 말이 정당한 것이
며 네가 하는 행동이 정당한 것인가
여기서 깨달을 수 있음이니라.
19 그러나 여기서 더 중요한 것은 무엇
이던가?
20 너희가 깨달으면서도 그를 행하지 아
니하기 때문에 문제가 있느니라.
21 네 부모와 남이 실랑이를 할 때 네 부
모가 잘못했으면 잘못했다고 네가 증
언해야 하는 그 마음을 알면서도 하지
못한다면, 그것이 얼마나 무서운 죄악
인 줄 알겠는가?
22 너희가 눈물을 머금고라도 아버지가
잘못했으면 잘못했으며, 남이 잘했으
면 잘했다 증언할 수 있으며 증거할
수 있는 그 마음이 바로 서는 것이며
변하는 역사이니라.
23 그와 같은 입장에서 너희가 변하지
못하고 정에 휩쓸리며 살아오는 모든
인간의 고리에 의해 그와 같이 마음을
갖고 행동한다는 것은 용서받을 수
없다는 것을 생각하라.
24 모든 면에서 너희가 나에게 질문하고
답하여 행동하는 그와 같은 삶에서,
25 너 자신에게 묻고 너 자신에게 답을
들으며 너 자신이 판단하는 그와 같은
삶을 살아갈 때, 너희가 단단히 굳어
지며,
26 어떠한 외압의 바람이요, 외부에서 불
어오는 비바람에도 흔들리지 않고 굳
건히 서는 것이니라.
27 이제 모든 무생물과 대화할 수 있는
경지에 오르며 그들과 대화하는 너희
는 이제 너 자신과 대화하라.
28 항상 너 자신의 마음속에 있는 너 자
신과 대화하라.
29 그리하여야 나의 성령이 너희 마음속
에 들어갈 것이니라.
30 너희가 너 자신에게 있는 성령을 찾
고자 몸부림칠 때, 너희 주변에서 같
이 행동하는 성령이 너희에게 임할
수 있으며, 그들이 너에게 답해 주는
영광을 얻도록 그리하라.
31 너희 스스로 너희에게 답하여 바르고
곧은 길을 가고자 할 때, 그 훈련이 시
작될 때 너희는 영원히 너희와 더불
어 같이할 것이며,
32 그 영혼은 하늘에 오르는 길이요, 나
에게 오는 길을 인도하는 데 조금도
부끄러움이 없으며 주저함이 없이 너
희를 이끌어 줄 것이니,
33 인간 세속에서 너희가 자신과의 싸움
에서 너 자신에게 답을 들어 곧고 바
른길을 향하라.
34 누구에게도 그를 할 수 없는 것이니라.
35 너희가 사악한 짓을 하는 것도 남들보
다 너 자신이 가장 잘 알며, 남들이 모
르는 짓을 너희는 하지 않는가?
36 그러나 너희 자신은 알고 있음이니라.
37 남을 욕하는 것이요, 남의 것을 훔치
는 것이요, 남의 것을 강도질하는 것
이며, 시기하고 질투하는 것,

38 그 모두를 너희 자신보다도 잘 아는
사람이 없으며 너희 자신보다 그를 피
부로 접하는 자가 없음이니,
39 그 모든 답은 너희가 너희에게 직접
얻도록 하는 훈련을 시작하라.
40 가장 잘 아는 자가 가장 잘 아는 답을
얻을 수 있다는 그 이치를 알라.
41 남들을 속일 수 있으며 남들은 모름이
니, 남들 앞에 모두를 다 털어놓고 그
정답을 들을 수 없음이니라.
42 이제 너 자신과 대화하며 거기에서
정답을 얻는 훈련으로써 치닫도록 그
리하라.
43 그리하면 성령이 너희 몸에 임할 것이
며, 그들이 너희를 하늘에 오르는 길
을 바로 곧게 인도할 것이니,
44 나의 뜻을 명심하여 기억하도록 그리
하라, 사랑하는 나의 아들딸들아!

5,743 번째 하나님 말씀

2003년 3월 27일 20시 41분

1 사랑하는 나의 아들아!
2 **"네, 아버님! 말씀하옵소서."**
3 2천 년 전 예수가 세상에 나가 많은
기적과 역사를 이루었음이니,
4 그러나 그 제자들이 그를 팔았으며 그
제자들이 등을 돌려 그는 제 스스로
십자가를 지며 그 십자가에 못 박혀
죽었음이니라.
5 그러니 너희가 생각할 때에는 단순히
나의 아들이 단 한 번의 사건으로 하
여 십자가에 못 박혀 죽었다 그리 생
각하는가?
6 그는 수많은 시련과 수많은 고통과 시
기와 질투요, 그 모함 속에서 그는 견
디다 견디다 못하여 결국 그와 같은
길을 선택하였음이니,
7 그들이 한 번에 나의 아들을 십자가에
못 박아 죽게 하지 아니하며,
8 죽음으로 몰아갈 수 있도록 그와 같
은 분위기와 그와 같은 여건을 형성할
때까지 얼마나 간교한 자들이 그와 같
은 분위기를 만들었으며 그와 같은 여
건을 만들었겠는가?
9 그리하여 그가 도저히 헤어나지 못하
며 빠져나가지 못하도록 그들은 교묘
한 방법과 수단을 다 동원하여 나의
아들 예수를 그리 몰고 갔음이니,
10 그가 막상 십자가에 못 박혀 모든 것
을 포기하고 죽어 가기 전까지, 고통
속에 나의 아들이 죽어 갈 십자가를
스스로 지고 갈 때,
11 그 십자가를 스스로 지고 가는 고통보
다도 그가 십자가를 지고 가지 아니하
면 안 되는 형편까지 이끌어 왔던 그
정황이요, 그 순간들이 너무나 고통스
럽고 괴로웠으니,
12 너희는 죽을 때의 고통보다도 더했음
을 알아야 할 것이니라.
13 지금 나의 아들 너 또한 그와 같이 오
늘에 가는 길을 고통스러워하며 괴로
워하며 네가 주저앉고자 하는 그와
같은 마음을 가지나, 그리해서는 아니
됨을 알아야 할 것이니라.
14 어떠한 역경과 시련을 딛고 일어서는
한이 있어도 너희는 이 역사를 이루
어야 할 것이니라.
15 160권의 법전이 세상에 나올 때까지
너희가 역사하는 과정이 얼마나 힘들

고 어려운 것인가를 너희 스스로 알
게 될 것이니라.
16 모든 백성이 너희를 핍박하며 공격하
며 너희를 존재하지 못하게 하는 그
와 같은 방법은,
17 나의 아들 예수가 십자가를 짊어지고
죽음의 길을 선택하기까지, 그를 거부
할 수 없을 때까지의 그 고통처럼 너
도 그러한 고통과 시련의 역경을 견디
고 가야 함을 잊어서는 안 될 것이니
라.
18 모든 자들이 나의 법전이 세상에 나오
지 못하게 하며, 이것이 세상에 빛을
보지 못하게 하며, 그리고 이 법전을
거둬들이고 태워 버리고 찢어 버리고
묻어 버리며 너 자신도 존재하지 못하
게 하는 그 수법은 이루 말할 수 없으
며,
19 그 간교한 방법으로써 너희를 공격하
고 너희 속에 침투하여 훼방할 것이
며, 너희의 뿌리까지 흔들어 놓는 그
와 같은 방법을 동원할 것이니, 너희
는 그것을 알아야 할 것이니라.
20 나의 아들 예수가 죽음 직전까지 왔던
그 고통스러운 과정보다도 더 간악한
방법과 더 사악한 방법으로 너희를
그리 몰고 갈 것이니,
21 여기서 너희가 좌절하고 주저앉아서
는 아니 됨을 알라.

5,744 번째 하나님 말씀

2003년 3월 27일 21시 09분

1 사랑하는 나의 아들아!
2 "네, 아버님! 말씀하옵소서."
3 나의 피조물 만백성 너희가 지금까지
인간 세속에서 살아오던 그 삶에서 참
진리의 길을 간다는 것은,
4 너희가 모두가 다 같이 변하는 역사는
사물을 보는 눈부터 변하며, 그리하여
생활 속에서 너희가 사물을 보는 눈이
뜨이며, 사물을 보는 마음의 눈이 뜨
이며,
5 은혜를 알며 받은 은혜를 갚을 줄 알
며 답례할 줄 아는 것이니라.
6 사람과 짐승의 차이점은 은혜를 갚는
것이며, 그 은혜에 보답하는 것이 다
른 점이니라.
7 인간이 은혜를 모르며 보답을 모르며
갚을 줄 모르는 것은 인간이 아니니라.
8 그러니 인간과 짐승과의 그 차이점은
받은 것을 답례하는 것이요, 받은 것
을 갚는 것이니라.
9 그러나 살아가면서 평생을 남에게 받
으며 남에게 은혜를 입으며 살아가는
것도 모르는 자가 있다면,
10 그는 과연 인간의 도리를 하는 자며
인간이라 말할 수 있는가?
11 지금 평생 거둬들이며 그를 거둬들여
마음대로 쓰고 마음대로 활용하는 자
가 있으니, 그것이 바로 어떠한 집단
이며 어떠한 백성이던가?
12 그들이야말로 흉악한 자들이요, 지금
가고 있는 종교 집단이며 지도자이니
라.
13 그러니 얼마나 그들이 짐승만도 못한
짓을 하는가?
14 짐승과 인간이 다른 것은 물 한 잔을
얻어 마셔도 그걸 감사하고 기뻐하며
예를 갖추는 것이 짐승과 인간이 다른

점이니라.
15 그러니 물 한 잔을 얻어 마시는 것도 감사하며 은혜를 갚아야 하는 것이 너희이니라.
16 그러나 그 역사를 하지 못하는 것은 인간의 도리가 아님이니라.
17 그러니 삶에서 어찌 아름답게 살고 곱게 살아야 하는지를 너희 스스로 알아야 할 것이니라.
18 그래서 은혜를 모르는 자는 금수만도 못하다 하였으며, 그리하여 너희는 사람이 아니라 함이니라.
19 그 마음속에 두터운 아름다운 마음이 자리를 잡지 아니한다면, 너희는 인간의 자세로써 살아갈 수 없음이니라.
20 너희가 하나를 받았을 때 둘을 갚는 마음이요, 너희가 은혜를 받았을 때 그를 갚을 수 있는 능력이요,
21 진실한 마음을 가지고 사는 것이 너희 마음속에 가진 죄를 하나하나 벗을 수 있으며 그 죄목을 벗어날 수 있다는 것을 너희는 알아야 할 것이니라.
22 너희가 진정한 두터운 마음이요, 아름다운 마음을 가지고 사는 것,
23 그리하여 인간과 짐승의 구분을 내가 말했듯이, 은혜를 알며, 감사함을 알며, 얻은 것을 갚을 줄 알며, 받은 것을 갚을 줄 아는 것이 인간의 도리라는 것을 너희는 알아야 할 것이니라.
24 그것을 모른다면 너희는 인간이 아니며, 그것을 모르면 진실한 깨달음의 길을 가는 자가 아니니라.
25 그러니 너희에게 내가 뭐라 말했던가?
26 모든 짐승과 다른 점은 너희가 받은 은혜요, 받은 것을 갚을 줄 아는 것이며,
27 그에 대해 보답을 하며 살아가는 것이 너희가 아름다운 세상의 삶이요, 인간의 본연의 자세요, 인간의 본연의 마음이라 내가 그리 말하였느니라.
28 이것을 모르면 아니 됨이니라.
29 그러나 평생 남에게 받고 그 받은 은혜를 모르고 살아가는 자들이 있음이니라.
30 그리고 거저 거둬들이는 자가 있음이니라.
31 억지로 거둬들이는 자가 있음이니라.
32 힘으로 거둬들이는 자가 있음이니라.
33 그리고 간교한 방법으로 거둬들이는 자가 있음이니라.
34 그와 같은 자들이 있을 때, 이를 어찌 내가 이해하며 이를 어찌 용서할 수 있다 생각하는가?
35 그러니 그것이 바로 오늘날 사악한 집단들이 하는 짓이라는 것을 잊어서는 아니 될 것이니라.

5,745 번째 하나님 말씀

2003년 3월 27일 21시 15분

1 사랑하는 나의 아들아!
2 "네, 아버님! 말씀하옵소서."
3 너희 인간이 세상을 살아가면서 변하는 것이요, 바뀌는 그 역사의 근거는 무엇이던가?
4 아름답게 살아가고 진리를 따라 살아가고자 변하는 너희의 모습은 모든 사물을 바라보는 눈부터 변하는 그 역사가 이루어짐을 알아야 할 것이니라.
5 사물을 바라보는 그 눈빛이 다르며 마

음이 다르며 그 자세가 달라지는 것
이 변하는 백성의 근거며 자세임을 알
아야 할 것이니라.
6 그리하여 너희가 생활 속에서 변하는
삶을 살아가고자 하며 그와 같은 역사
를 이루는 자는 육으로 사물을 보는
것도 변하며 그 보는 눈이 달라지듯이,
7 마음으로 사물을 보는 눈이 열려야 하
며, 마음으로 사물을 보는 눈을 떠야
함을 알아야 할 것이니라.
8 그리하여 마음으로 사물을 보는 눈이
열렸을 때 너희가 변하기 시작하는
것이며, 진정한 변화의 역사가 이루어
지는 것을 알아야 할 것이니라.
9 모든 사물과 대화를 하게 될 것이며,
그들이 원하는 것을 알게 될 것이니라.
10 그리하여 정녕 미물이요, 무생물까지,
그리고 움직이는 크나큰 동식물까지
그들과 대화할 수 있으며 그들의 마음
을 읽을 수 있는 그와 같은 역사의 변
화가 되는 것은 너희 마음이 사물을
보는 눈을 열어야 함이니,
11 그 문이 열리지 않으면 아무것도 알
수 없으며, 역사하는 것을 알 수 없음
이니라.
12 그리하여 나의 백성으로서 서서히 자
리가 잡히는 것이니라.
13 모든 미생물이요, 무생물이요, 생물이
요, 동물과 너희가 속삭이는 것을 알
며 그들과 대화를 알며 그들이 원하는
것이 무엇인가를 알아들을 때,
14 너희는 정녕 하늘에 오르는 백성이요,
나 여호와에게서 선택된 백성이요, 나
의 역사를 전진하는 전사로서 서서히
자리 잡힌다는 것을 알아야 할 것이니
라.
15 모든 사물과 대화의 창구가 열림으로
인해서 너희는 모든 이치를 알게 되며,
16 사물과의 대화의 창구가 열렸을 때 너
희는 선과 악을 구분하게 되며, 선이
무엇이며 악이 무엇인가를 알게 되니,
그때 가서야 너희가 나의 백성이요,
전사로서 기틀이 잡혀간다는 것을 알
아야 할 것이니라.
17 이제 육으로써 보는 그 눈에 아름다운
자세의 마음이 변하는 것이요, 육으로
보고 생각하는 모습이 아름다우며 세
상을 다 아름답고 곱게 보는 그와 같
은 마음자리에서,
18 깊은 마음의 눈이 열려 마음의 눈으로
써 사물을 보는 그와 같은 변화의 역
사가 중요함을 알아야 할 것이니라.
19 그리하여 너희가 산다는 것이 어떠한
것인가를 그때 알게 되며, 그리고 어
떠한 삶이 진정한 삶인가를 알게 되느
니라.
20 백 년도 안 되는 육의 삶에 연연하며
사는 것, 그리고 모든 것을 거기에 맞
춰 사는 것, 거기에 모든 것을 역사해
사는 그와 같은 것과,
21 영원히 사는 하늘나라 나의 천국에 와
사는 그와 같은 세상이 있으며, 그리
고 그 세상이 얼마나 소중하고 귀한
것인가를 너희는 알게 됨이니,
22 짧은 육의 생활이요, 육의 삶을 저버
리고 너희가 하늘에 오르는 길을 볼
수 있는 그와 같은 안목이요, 구원받
고 구원받지 못하는 눈도 거기에서
뜨게 됨을 알아야 할 것이니라.
23 그리하여 어떤 것이 진정한 삶이요,

위대한 삶이라는 것을 너희가 알게
될 것이니,
24 그때 가서 너희가 선택의 여지를 스스
로 알게 될 것이며,
25 그때는 너희는 내가 말하지 아니하고
내가 깨우치지 아니하여도 선택의 바
른길을 알게 될 것이니라.
26 그러니 너희가 마음의 문을 열고 마
음의 눈이 뜨이도록 변화되는 삶을 살
아야 함을 잊지 말라, 사랑하는 나의
아들딸들아!

5,746 번째 하나님 말씀

2003년 3월 27일 21시 20분

1 사랑하는 나의 아들아!
2 **"네, 아버님! 말씀하옵소서."**
3 모든 백성이요, 종교 집단에 속해 있
는 그 백성이 내가 너를 통하여 내리
는 법전을 뭐라 말하는가?
4 사탄의 자식이 만드는 것이요, 사탄의
앞잡이가 만드는 것이며 악령의 자식
이 만드는 것이라 그리 말하며,
5 거짓 선지자가 만드는 것이며, 마지막
종말의 시대에 나타나는 거짓 선지자
가 나와 세상을 혼란케 하며, 구원에
오르려는 이 모든 백성을 지옥으로 이
끌어 가는 역사를 이루고자 하여 이
법전이 내려왔으며 나의 아들 네가
존재한다고 그들이 말함이니,
6 과연 그와 같은 말을 듣고 너의 제자
들은 뭐라 대답하는가?
7 그 말을 듣고 너의 제자들은 말문이
막혀 말을 하지 못함이니,
8 이제 너의 제자들이요, 나의 법전을
읽고 깨달은 많은 백성이 지금의 종교
집단들이 핍박하고 욕하고 공격할 때,
그리고 나의 법전이 사탄의 것이요,
사악한 것이요, 악령이라고 말하는 그
들에게 너희가 할 수 있는 말은 다음
과 같은 말로써 그들에게 대답하라.
9 '수천 년 동안 흘러오는 당신들의 종
교 집단의 지도자, 그리고 믿음의 길
을 가는 신도들이 가장 좋아하는 말은
무엇이던가?
10 축복을 주십사, 은혜를 주십사 하는
것이 가장 사랑하고 좋아하는 말이 아
닌가?' 그리 물어보라.
11 그들은 은혜를 받는 것이요, 축복을
받는 것이요, 그리고 영광을 받는 것
이요, 그리고 부족한 것을 이루어 달
라 기도하는 것이 아니던가?
12 그러나 '이 법전이요, 이 책을 기록한
내가 모시고 따르는 선생은 기도를 그
리하지 아니하니, 이 선생은 뭐라 기
도를 하는지 아는가?
13 이 세상 만백성의 고통을 스스로 짊어
지고자 하며 그 모든 시련을 짊어지고
자 하며 가장 힘든 고난을 자신이 갈
수 있도록 해 달라 그리 기도한다' 전
하라.
14 '감히 무엇을 이루어 달라, 축복을 달
라, 은혜를 달라 하기 전에, 스스로 모
든 백성이 가진 죄의 고난을 짊어져
한 사람의 백성이라도 고통과 시련 속
에서 벗어날 수 있다면, 우리 선생은
스스로 하나님께 그걸 지고 갈 수 있
도록 해 달라 그리 기도하는 것이 여
러분과 차이점이니,
15 나는 우리 선생이 기도하는 그 희생정

신이요, 남을 위해서 살고자 하며, 자
신은 지옥 불에 던져진다 하여도 다른
한 사람의 생명을 구할 수 있다면 그
것을 마다하지 않고 가겠다 말하는 그
선생의 가르침이요, 그 정신에 감동하
여 이 법전을 읽으며 그 선생을 따른
다.' 그리 말하라.
16 그리하여 너희가 지금 말하기를, '여
러분이 가는 그 믿음의 길과 나의 선
생이 가는 길과는 정반대이니, 둘 중
에 한 사람은 잘못된 것이니,
17 남의 고통을 짊어지고 가겠다, 그리고
창조주 하나님께 그 모든 죄를 지고
갈 수 있게 해 달라 기도드리는 자와,
18 무엇을 더 갖고자, 가진 자가 더 가지
려고 은혜를 받고자, 영광을 받고자,
축복을 받고자, 은혜를 내려 주십사
그와 같은 기도를 하는 그 백성과,
19 과연 어떠한 백성이요, 어떠한 신도들
이요, 어떠한 종파에 속해 있는 사람
들이 진정한 희생이요, 사랑을 베푸는
사람들인지 여러분이 결정해서,
20 여러분이 가는 길이 옳다 하면 그 길
을 가시되,
21 무엇을 달라 감히 말하지 못하며, 죄
인으로서 하나님의 마음을 기쁘고 즐
겁게 해 줄 수 있는 것은 다른 사람의
죄라도 대신 지고 가는 그 역사를 이
룰 때 창조주께서 그 기쁨의 마음을
가지실까 하여,
22 그를 위하여 모든 백성의 죄요, 그들
이 가진 잘못된 것을 대신 짊어지고
가겠다 말하는 그 선생의 희생정신을
볼 때, 과연 어느 것이 진정한 진리요,
창조주 아버님의 뜻인가 그것을 스스
로 여러분이 생각하시기를 바랍니다.'
하고 그들에게 그리 가르쳐 주도록 하
라.

5,747 번째 하나님 말씀

2003년 3월 27일 23시 57분

1 사랑하는 나의 아들아!
2 "네, 아버님! 말씀하옵소서."
3 네가 스스로 160권의 법전의 역사를
이루는 그 길에 모든 너의 제자들의
희생이요, 너의 제자들의 수고함이 거
기에 따라서 수반하며 같이 가게 됨
을 알아야 할 것이니라.
4 네가 60평생을 인간 세속에서 살아온
그 삶의 뿌리를 너 스스로 다 뽑아내
지 못하고 네가 흔들리고 때로는 좌절
하며,
5 때로는 마른 풀에 불이 붙어 타듯이
너 자신이 세상 속으로 추락하며 떨어
질 수 있으며,
6 네가 항상 마른 덤불에 불이 붙어 타
서 재가 되는 것처럼 주저앉을 수 있
으며 무너질 수 있으며, 사탄들의 유
혹에 또 사탄들이 부는 바람에 쓰러질
수 있기 때문에,
7 나 여호와가 너에게 먹여야 할 것, 먹
이지 아니해야 할 것,
8 약이 되는 것, 또 쓴 것, 단 것, 그 모든
것을 내가 골고루 너에게 공급하며 너
를 다스려 이끌어 감이니,
9 너의 제자들의 희생과 봉사요, 묵묵히
지켜 주는 그와 같은 수고 없이는 오
늘의 모든 바람을 막고 갈 수 없음이
니라.

10 네가 60평생을 인간의 삶 속에서 살
아왔음이니,
11 세상의 쓰고 단맛이요, 어렵고 힘든
것이요, 즐겁고 고통스러운 것을 다
알며, 남들 앞에 서서 연설할 수도 있
으며, 또는 강론을 들을 수도 있으며,
12 나설 자리, 나서지 않을 자리, 이와 같
은 인간 세상의 삶을 모두 다 체험하
고 살아온 너이기에,
13 네가 한번 무너지기 시작하면 마른 덤
불에 불을 붙여 봄바람이 불씨를 살리
듯이 그와 같이 하루아침에 재가 될
수 있는 것이 너이니,
14 그를 막기 위해 많은 너의 제자들의
희생이요, 그들의 봉사요, 그들의 노
력이 따름이니,
15 이는 네가 바로 서는 시간이 빨리 오
는 것으로써 모두가 넘어가는 길임을
알아야 할 것이니라.
16 네가 넘어지려 할 때 넘어지지 아니하
며 네가 쓰러지려 할 때 쓰러지지 않
게 너 자신의 중심을 잡으며 버티는
그 힘이 필요함이니,
17 네가 흔들리며 버티지 못하고 쓰러지
려 할 때 어떠한 버팀목을 갖다 대든
너를 세워야 하며 넘어지지 않도록
해야 하는 것이 하늘의 뜻이며,
18 지금 내가 역사하여 만백성을 구하는
그 길을 이루고자 함이니,
19 네가 쓰러지고자 할 때 이것저것을 가
려서 너의 버팀목을 세울 수 없음이
니, 그저 넘어질 때 우선 네 손에 잡히
는 것으로써 버팀목으로서 쓰듯이,
20 그와 같이 네가 가는 길에 모든 너의
제자의 희생과 그들의 노고와 봉사가
같이 수반하여 감이니,
21 네가 이제는 바로 설 수 있는 그와 같
은 마음의 자세를 가져야 할 것이니라.
22 네가 아무리 생각으로써 바르게 서려
하며 네가 마음으로 아무리 바르게 서
고자 해도, 더러는 무너지며 쓰러지는
인간 세속에서 살았던 얽히고설킨 그
순간순간 네가 잠깐 사이에 그를 잘못
판단하며 잘못 시행함이니,
23 그리하여 네가 묵상과 기도로써 항상
답을 얻으라 함이니라.
24 그리해야만 네가 실수가 없을 것이며
무너짐이 없을 것이니라.
25 다만, 너의 제자들은 모든 오늘의 희
생이 따르는 것은 당연하며,
26 그 희생을 고통스럽다, 괴롭다 생각하
지 말며, 모두를 참고 인내하고 나가
는 그와 같은 진정한 봉사의 힘이 필
요하며, 희생이 따르는 것이 필요하며,
27 160권의 법전이 세상에 나올 때 어떠
한 수모든, 역경이든, 어떠한 고통이
든, 힘들고 어려운 길이라도 너희는
웃음으로써 모든 것을 다 역사해야 함
을 잊어서는 아니 될 것이니라.
28 버팀목을 기다리며 완전한 버팀목을
찾는다고 놓다 보면, 너희는 넘어지는
초가삼간을 지킬 수 없음이니, 한 손
을 놓을 수가 있던가?
29 그러니 너희가 몸으로 지키며 나무로
지키며 그리고 아무거나 무너지지 않
는 것으로써 초가삼간이 쓰러지는 것
을 바칠 수 있는 버팀목이 있다면 그
걸 써야 하지 않겠는가?
30 지금 네가 그와 같이 쓰러져 가며, 한
번에 쓰러지며 무너지기 시작하면 감

당할 수 없음이니,
31 바로 무너지지 않는 집이요, 또 쓰러
지지 않는 집이요, 비바람에 넘어지지
않는 집으로서 네가 반듯이 선다면 버
팀목이 필요 없음이니라.
32 초가삼간이 비바람에 넘어지지 않고
제가 지킨다면 버팀목이 무엇이 필요
하겠는가?
33 버팀목은 아무런 가치가 없음이니라.
34 그러나 비바람에 견디지 못하는 초가
집처럼 네가 흔들린다면 너에게는 그
많은 버팀목이 필요함이니,
35 그 넘어지는 초가삼간을 버티는 너의
제자들이요, 버팀목의 힘이 얼마나 어
렵고 힘든가를 너는 알아야 할 것이
니, 네가 바로 서야 함을 잊지 말라.

5,748 번째 하나님 말씀

2003년 3월 28일 0시 02분

1 사랑하는 나의 아들아!
2 "네, 아버님! 말씀하옵소서."
3 너희가 이 세상에 인간으로 태어났음
이니, 내가 생명을 주어 너희가 세상
에 나올 때 너희에게 60점이라는 한
계의 점수를 미리 주어 그 속에서 모
든 것을 취하고 살아갈 수 있도록 하
였음이니,
4 너희가 기도하고 경배하며 찬송만 부
르는 것으로써 살아갈 수는 없는 것이
니라.
5 너희가 노력하면 노력하는 만큼 얻으
며 살아가게 되어 있음이니,
6 너희가 노력하여 그 대가를 취하여 의
식주를 해결하며 가정을 꾸려 나가는
것은 나로부터 명받은 것이며, 내가
내린 것을 착하게 순종하는 백성이며,
실행하는 백성이라는 것을 알아야 할
것이니라.
7 너희가 의식주를 해결하지 못하며 가
정을 다스리지 못하며 저 자신을 다스
리지 못하는 것은 내가 너희에게 그리
살라 내린 것을 행하지 아니함이니,
8 너희는 나의 뜻을 거역하는 자임을 알
아야 할 것이니라.
9 너희가 열심히 노력하여 의식주를 해
결하는 것은 나 여호와에게 보답함이
요, 은혜에 감사하는 것임을 알아야
할 것이니라.
10 그리고 나 여호와가 너희를 세상에
내보낼 때 너희가 노력하여 일하고 땀
흘려 살아가도록 세상 것을 다 주었음
이니, 하나도 그냥 얻어지는 것은 없
느니라.
11 너희가 노력하여 바로 살지 못하면 나
여호와의 뜻을 거역하는 것이며 나에
게 순종치 아니하며 나 여호와를 괴롭
히는 그와 같은 삶을 사는 백성이라는
것을 잊어서는 아니 될 것이니라.
12 땀 흘려 일하지 않고 노력하지 않는
자는 나와는 관계없는 자라는 것을 알
아야 할 것이며,
13 또한 그와 같은 자는 휴식이라는 시간
을 가질 자격도 없음을 알아야 할 것
이니라.
14 나 여호와는 노력하여 얻어 가며, 그
리고 이루어 가며 살도록 모든 것을
준비하여 너희에게 내렸음이니,
15 이와 같은 뜻을 알고 살아야 함을 잊
지 말라.

16 노력하지 아니하는 백성은 나의 뜻을 거역하는 것이며, 밤에 남의 물건을 훔치러 오는 강도처럼 가난이 너희도 모르는 사이에 너희에게 찾아옴이니,
17 너희 스스로 궁핍한 생활이요, 남에게 구걸하는 생활이요, 남의 눈치를 보는 삶을 살게 되어 있음이니,
18 피나는 노력으로써 살아가며 땀 흘려 노력하는 것이 나 여호와의 뜻을 거역하지 않는 것임을 알아야 할 것이니라.
19 궁핍함이 강도와 같이 밤에 찾아오면 가난하고 궁핍함을 너희는 막을 수 없다는 것을 알아야 할 것이니라.
20 나로부터 선택된 백성이요, 하늘에 오르는 길을 살아가는 백성 너희는 정녕 최선을 다하여 노력해서 땀 흘려 얻는 그 속에서 너희 가정을 지키며 살아가야 함을 알아야 할 것이니라.
21 노력하지 않는 자는 육으로만 타락한 자가 아니요, 영적으로도 타락한 자라는 것을 알아야 할 것이니라.
22 영적으로 가장 타락한 자가 일하지 않는 자요, 땀 흘려 노력하지 않는 자라는 것을 알라.
23 구원을 받는다 말하며, 그리고 만백성을 구원해 준다는 목자요, 목사요, 종교 지도자가 땀 흘려 일해서 스스로 모든 것을 해결하지 않는 자는 나로부터 선택되지 않은 자라는 내 뜻을 여기서 읽고 깨우칠 것이니라.
24 종교 지도자라 하여 노력하지 않는 자는 가장 타락한 인간이며, 육적으로 타락한 인간이요, 영적으로도 타락한 인간이니라.
25 노력하지 않으며 일하지 않으며 종교 지도자라 하여 땀 흘려 열심히 노력하지 않고 그저 세 치 혓바닥으로 나의 피조물 만백성에게 무상으로 거둬들여 먹고사는 그와 같은 종교 지도자는 육으로 타락한 자요, 영적으로 타락한 자이니,
26 그와 같은 자 앞에서 무슨 구원을 받으며 하늘에 오르는 길을 인도받고자 하는가?
27 그와 같은 생각으로 가는 것이 지옥으로 가는 길임을 내가 나의 법전에 수없이 기록하여 전했음이니, 이를 너희 가슴에 깊이 새겨 행하도록 그리하라.

5,749 번째 하나님 말씀

2003년 3월 28일 0시 13분

1 사랑하는 나의 아들아!
2 "네, 아버님! 말씀하옵소서."
3 믿음은 믿음이요, 깨달음은 깨달음이요, 진리는 진리이니라.
4 진정한 진리요, 믿음의 길이 아닌 것은 너희가 믿음이 아니며 잘못 가는 것이니라.
5 지금까지 수천 년 동안 흘러오는 종교 집단이요, 지도자들이 과연 어찌 가르치는가?
6 모든 성도요, 신도라는 자들은 너희 가정을 꾸려 나가며 의식주를 해결하는 그 일보다 교회와 그 성전에 가서 몸 바쳐 일하며 봉사하는 것에 모든 초점을 맞추고 살아가는 것이 너희가 구원을 받는다고 착각하는 성도요, 신도들이 너무나 많이 있기 때문이니,
7 그들을 또한 종교 지도자들이 그리 유

도하며 가르쳐 지금과 같이 잘못된 사
회가 되었음이니라.
8 너희가 교회요, 성전이라는 곳에 와
모두를 배척하고 거기에 매달리면 그
저 구원받는다는 착각 때문에 게으른
자가 되었으며 일하지 않는 자가 되었
음이니,
9 그리하여 가정을 지키며 직분을 다하
는 나의 아들딸이 되어야만 너희가 나
에게 오를 수 있으며 나에게 기도할
수 있는 근본이 된다는 것을 모르고
있음이니라.
10 그렇지 못한 너희는 정신적이요, 육체
적으로 타락하여 있으며, 그저 너희가
성전에 와 모든 것을 다 바치는 것만
이, 그리고 종교 지도자의 기쁨이요,
그의 즐거움을 위해서 너희가 한 장의
유리창이라도 더 닦는 것이 너희에게
축복이요, 구원의 길이라 생각하는 잘
못된 신도요, 성도들이 너무 많기에
그리하여 내가 너희에게 이를 전함이
니,
11 그와 같은 속에서 믿음의 길을 가는
자는 육체적으로 타락이요, 정신적으
로 타락이니, 너희가 그와 같은 길에
서는 구원을 받을 수 없다는 것을 알
아야 할 것이니라.
12 너희가 그와 같은 시간이 있을 때 저
자신의 직책에 충실하며 제 직업에 충
실하며, 제가 가진 임무요, 직무에 충
실하지 못한 자는 아니 됨이니라.
13 스스로 제 직분을 다했을 때, 마음의
시간을 가지며 여유를 가지고 믿음의
길을 가는 것이요,
14 직장이나 자기가 하는 일을 소홀히 하
면서 구원을 받는다고 일하지 않으며
가정불화를 초래하며,
15 내가 천국의 기본이 가정이라 하였거
늘, 너희 성전에 그 모두를 싸서 갖다
바치며 거기에 너희 이름을 걸어 놓기
에 급급하며,
16 가정에 불화를 이루면서까지 가는 그
와 같은 성도들이 많이 있으니, 제가
해야 할 직책이요, 제가 맡은 직분이
요, 제가 할 일을 소홀히 하는 자는 아
니 됨이니라.
17 제가 맡은 직무를 다했을 때 나머지
시간에 그 성전이요, 믿음의 길에 가
성경을 읽고 공부하는 그와 같은 생활
을 하는 것은 모르나,
18 그 모두를 다 접어두고 거기에 매달려
살아가는 자들이 있으니,
19 그들로 하여금 지금과 같이 세상이 잘
못되었으며 혼란한 역사가 이루어지
며 가정에 불화가 생기는 것임을 알아
야 할 것이니라.
20 가정을 단속하지 못하며 가정을 다스
리지 못하는 자, 그리고 어느 것이 제
본업이며, 어느 것이 제자리에 있는
것이고 중요한 것인지를 모르는 나의
신도라 하는 백성이요, 성도라는 백성
이 수없이 있음이니,
21 그들로 하여금 모든 틀이 맞지 아니하
며 톱니바퀴가 맞지 아니하고 돌아가
는 세상과 같이 되어 너희가 그리되었
음이니라.
22 그곳에 가서 맹종하는 자, 그곳에 가
서 맹신하는 자, 너희는 빈둥대며 노
는 생활을 즐겨 하며,
23 힘든 곳에는 참여하지 아니하며, 땀을

흘리는 일은 뒤로 빠지는,
24 그와 같이 정신적인 면이나 육체적인 면에서 타락하여 성령이 충만하지 못한 자이니라.
25 그들은 나 여호와의 뜻을 거역하는 것이며 나에게 순종치 않는 자임을 너희는 알아야 할 것이니라.
26 그러니 자기가 맡은 생업에 최선을 다하면서 믿음의 길이요, 성경을 공부하며 나의 법전을 공부하는 것은 진정한 나의 뜻에 사는 백성이며 나의 뜻에 순종하는 백성이나,
27 너희 직분을 다하지 않고 그저 교회요, 너희가 손으로 지은 성전에 가서 맹종하고 맹신하며 거기서 떠날 줄 모르는 그와 같은 백성,
28 거기가 직장이요, 일터요, 의식주를 해결하는 직장의 터전이라 그리 착각하고 사는 자,
29 일은 하지 아니하며 제 직분은 하지 아니하며 사는 자, 땀 흘려 일하기를 싫어하는 자,
30 그와 같은 백성은 나와는 관계없다는 것을 알아야 할 것이며,
31 지금까지 너희 손으로 지은 교회나 성전에 가서 봉사하는 것이 구원을 받는다는 그와 같은 착각에서 깨어나는 백성이 되어야 함을 잊지 말라.

5,750 번째 하나님 말씀

2003년 3월 28일 0시 19분

1 사랑하는 나의 아들아!
2 "네, 아버님! 말씀하옵소서."
3 내가 너희에게 일찍이 깨우쳐 전하기를, 일하지 아니하는 자는 먹을 자격이 없으며 먹지 말라 내가 그리 말하지 아니하였던가?
4 너희가 6일이라는 그 기간에 일을 열심히 하고 쉬는 하루 그날을 안식일이라 하여 너희 자체의 구원을 받고 기도하며 경배하는 날이요, 축복과 영광을 받는 날로 그리 정하여 가고 있음이니라.
5 그러나 너희가 말하는 6일 동안 일하고 하루 쉬는 날에 그 자체의 안식일이라는 것에서 어떠한 재물로써 너희에게 축복을 주며 은혜를 내리던가?
6 그 안식일이란 자체에서 무슨 축복을 너희에게 주며 무엇으로써 네 뜻을 이루어 주는 역사를 이루던가?
7 그 안식일에서는 너희가 재물의 얻음이요, 축복의 얻음이 하나도 없는 것이니라.
8 아무것도 거기에서는 얻어지는 것이 없음이니라.
9 너희가 정녕 안식일에 축복을 받으며 영광을 얻는 것은, 6일 동안 열심히 일하여 이루어진 그것이 바로 축복이요,
10 너희가 거둬들이고 역사한 것만큼 가질 수 있으며 네 것으로 만들 수 있으며 네 소유로 만들어 가는 것이 너희의 노력의 대가로써 이루어지는 것이 축복이며 은혜인데,
11 너희는 일하지 아니하고 어찌하여 안식일에 축복과 영광을 받는다 그리 말하는가?
12 축복과 은혜가 스스로 오는 것이 아니며 노력하지 아니하는 자에게 있는 것

이 아니니라.
13 일하지 않는 자에게는 안식일이라 하
는 것을 가질 수도 없으며 취할 수도
없으며 그를 의식해도 안 된다 내가
그리 말하였음이니라.
14 그러나 6일 동안 일하지 않는 자, 그
리고 노력하지 않는 자, 그저 빈둥빈
둥 놀고, 땀 흘려 일하지 않는 자, 그
와 같은 자들이 안식일이라 하여 또
거기에 와서 기도하며 우리 부자의 이
름을 찾고 울고불고 소원하며 축복을
달라, 은혜를 내려 달라 말하나,
15 6일 동안 빈둥빈둥 놀고 아무것도 하
지 않는 자에게 내가 무슨 축복을 주
며 은혜를 주는가?
16 너희가 안식일에 축복과 은혜를 받는
다는 것은 6일 동안 열심히 일한 그
결과를 얻는 것이 나로부터 받는 축복
이요, 은혜이니라.
17 손끝 하나 움직이지 아니하며 땀 흘리
지 아니하며 힘든 일 하지 아니하면서
무슨 축복과 은혜가 있으며,
18 또한 6일 동안 빈둥빈둥 놀고, 일도
아니 한 자가 어찌하여 그 안식일에
와 축복을 받겠다 기도하는가?
19 안식일이라 쉬는 날의 축복은 너희가
6일 동안 얼마나 노력했으며 얼마나
진실하게 살았으며 아름다운 삶을 위
해 너희에게 주어진 직분에 최선을 다
하고 살았느냐, 그것이 바로 너희가
거둬들이는 축복이요, 영광이요, 나로
부터 받는 은혜라는 것을 이제 너희는
그리 알고 깨우치라.
20 나 여호와는 공의의 하나님이요, 이
세상을 창조한 여호와로서 너희에게
말함이니라.
21 너희가 6일 동안 열심히 일하고 그 성
과를 거두는 것이 바로 안식일에 받는
축복이요, 은혜지,
22 너희 손으로 지은 성전에 가 6일 동안
고통스럽게 번 그 재물을 바치며 현물
을 갖다 바치면서 눈물 짜고 콧물 짜
며 기도하고 울고불고한다 하여 거기
서 축복과 은혜를 받는 것이 아님을
알라.
23 6일 동안 땀 흘려 열심히 일한 결과를
거둬들이는 그것이 안식일의 축복이
요, 안식일의 영광이라는 것을 알라.
24 일하는 것이 축복이며, 최선의 노력을
다했을 때 너희가 필요에 따라서 얻을
수 있으며 이루어질 수 있는 것이 아
니던가?
25 그리하여 쉬는 날 그것을 모두 점검하
며 너희가 노력하여 얻은 것의 기쁨을
같이 나누는 것이니,
26 일하지 않는 자는 나 여호와가 기억하
지 아니하며, 그와 같은 은혜와 축복
을 받을 자격이 없으며, 받지도 못하
는 자라는 것을 알아야 할 것이니라.
27 아무리 너희가 그와 같이 말을 하며
구원이요, 축복을 받았다 하여도,
28 너희는 열매를 맺지 못하는 병들고 썩
은 나무와 같은 형국이라는 것을 알아
야 할 것이니라.
29 6일 동안 열심히 일하지 않고 노력하
지 아니하며 제 직분에 충실치 못한
자가 성전이요, 교회라는 곳에서 축복
받으며 은혜를 받으려 하는 것은 열매
를 맺을 수 없는 다 병들고 썩어져 그
저 땔감으로 흘러갈 만한 나무와 같은

형국이라는 것을 너희는 절대로 잊어서는 아니 될 것이니라.

5,751 번째 하나님 말씀

2003년 3월 28일 0시 25분

1 사랑하는 나의 아들아!
2 "네, 아버님! 말씀하옵소서."
3 진정한 진리요, 나 여호와의 뜻에 의해 만백성을 가르치고 깨우친다는 것은 그들이 하늘에 오르는 길이요, 영광된 축복이요, 구원의 길을 오게 되는 그와 같은 것이니라.
4 그리하여 내 품에 올 수 있는 것이 진정한 진리요, 진정한 깨달음이요, 나 여호와가 추구하는 믿음의 세계요, 내가 너희에게 명하는 계명을 지키고 살아가는 자만이 그와 같은 은혜와 영광을 얻을 수 있음이니라.
5 그러나 지금 나의 피조물 만백성을 가르치는 종교 지도자 그들은 과연 어찌 가는가?
6 그들은 나로부터 선택된 자가 아니요, 나로부터 명받은 자가 아니요, 인간 세상의 졸업장이요, 자격증을 취득하여 제가 단상에 서서 설교하며 떠드는 것이며 그와 같이 가는 것이지,
7 내가 직접 명한 지도자요, 내가 명한 전사가 아니라는 것을 알아야 할 것이니라.
8 그러니 지금의 종교 집단들이 과연 어떠한 마음으로 살아가는가?
9 증오와 공허한 마음이 나의 백성의 마음을 악으로 구속하며 악으로 끌어가고 있으며 끌려간다는 것을 알아야 할 것이니라.
10 진정한 믿음이 아니요, 진실한 나 여호와의 뜻을 공부하지 않는 자, 그 길을 오지 않는 자는 너희 스스로 겸허한 자세요, 겸허한 마음이요, 아름다운 마음이요, 나누는 마음이 없기에,
11 너희는 악으로 구속되며 악으로 구속된 백성이 된 것임을 알아야 할 것이니라.
12 이제 너희는 진정한 변화요, 새로 태어나는 그와 같은 고충과 깨달음이 없이는 너희는 뭐라 해도 나를 볼 수 없으며 나에게 구원받을 수 없다는 것을 알아야 할 것이니라.
13 나의 법전을 접하려 하지 않는 자, 보지도 않으려 하는 자, 수많은 길 잃은 나의 백성을 과연 어찌 구원하며 인도해야 하겠는가?
14 지금 길을 잃고 헤매는 백성이요, 잘못 가는 백성 너희는 이리요, 늑대를 따라 먹이로서 끌려가는 그와 같은 양떼인가 하면,
15 정녕 초원에서 아름다운 삶을 살 수 있으며 그와 같은 좋은 조건의 장소를 가려고도 아니 하며 보려고도 아니 하는 것이 너희임을 알아야 할 것이니라.
16 누가 뭐라 해도 나의 법전을 접하고 읽지 않는 자는 정녕 하늘에 오르는 길을 볼 수 없음이니라.
17 그리하여 나로부터 선택된 백성이요, 나의 아들딸이라 명한 너희가 바로 수많은 길 잃은 어린 나의 백성을 인도하여 구원하는 것이 너희의 대명임을 다시 한 번 가슴에 깊이 새겨야 함을 잊지 말라.

18 그리하여 너희가 그 백성을 구하려면
나의 법전을 세상 구석구석까지 하나
도 거치지 아니하는 곳 없이 나의 법
전으로 세상을 덮으며 나의 뜻을 알리
며,
19 그리하여 모든 교회 안에서 배우며 깨
우침의 길을 가는 그 백성이 저희가
가는 것이 잘못된 것을 깨달으며,
20 변화를 이루고자 하여 다시 태어나는
변화의 소용돌이 속으로 자신 있게 뛰
어드는 그와 같은 백성은 구원을 받을
것이며, 나를 보게 될 것이니라.
21 그렇지 못한 백성은 나와는 관계없음
을 알아야 할 것이니라.
22 이제 만백성을 구하고자 나로부터 선
택된 너희는 어떠한 고통과 희생의
제물이 된다 해도 두려워하지 말며,
23 너희가 가는 이 길의 역사를 위하여
모두를 다 바치고 다 던져야 한다는
것을 알라.
24 '살고자 하는 자는 죽음이요, 죽고자
하는 자는 산다.'는 말이 있지 않던가?
25 너희가 모두를 다 바쳐 나의 법전을
만들어 세상 구석구석, 방방곡곡에 나
의 법전이 닿지 않는 곳이 없게 그와
같은 역사를 이루어야 할 것이니,
26 그것은 어떠한 고통과 어떠한 희생이
따른다 해도, 너희 자신이 쓰러져 죽
는 한이 있다 해도 너희는 그 역사를
하겠다는 굳은 결의와 굳은 마음의
자세로써 살아가야만 모든 것이 다 이
루어지며 역사한다는 것을 알아야 할
것이니라.

5,752 번째 하나님 말씀

2003년 3월 28일 0시 30분

1 사랑하는 나의 아들아!
2 "네, 아버님! 말씀하옵소서."
3 지금의 모든 종교 집단의 지도자들이
요, 성도요, 신도라 하는 자들,
4 저희만 그 길을 가면 될 것이지, 세상
에서 저희만이 구원을 받는다 하며,
5 남들이 역사하는 것이며 남들이 설교
하는 것이며 남들이 가르치는 것은 참
진리를 가르치고 전한다 해도, 저희가
진리가 무엇인지 알지 못하기 때문에
사탄이요, 이단이라 그리 말하느니라.
6 나의 법전이 세상에 내려오는 것을 사
탄이라 말하며 적으로 간주하여 그저
대항하고자 하는 것이 지금의 종교 집
단이요, 그 속에 있는 백성이니,
7 그들은 대항하기에 바빠 비난과 거짓
을 밥 먹듯이 하며, 상상할 수 없는 방
법으로써 나의 법전이 세상에 나오지
못하도록 그를 모함하며 그를 욕되게
하며,
8 이단이요, 사탄이라 하여 만백성에게
역으로 전하며 공격하는 형국이 되어
있음이니라.
9 그들은 대항하기에 바빠, 거짓으로써
이를 무너트리기에도 바빠,
10 이제는 그 아름다운 입에 욕설을 퍼부
으며 대드는 자들이요,
11 거품을 물며 이 법전이 사탄이요, 이
단이요, 마지막 시대에 거짓 선지자
요, 악령이 내리는 책이라 하여 저희
가 악을 쓰며 소리를 지르고 있음이니,
12 이를 어찌 다스리며 바로잡을 수 있다

는 말이던가?
13 너희는 그들과 싸움의 고달픔이요, 싸
움의 어려움이요, 대적하는 데 지치고
힘든 몸이나,
14 그들을 완전히 원수요, 적으로 만드는
것이 나로부터 선택된 백성이 아니요,
15 한쪽에서는 너희에게 퍼붓고 욕하며
또 너희에게 갖다 붓고 또 붓는 그들
과 대적하며 너희들이 그들을 막아야
할 것이며,
16 또 한편으로는 그들을 구원하여야 하
는 이와 같이 어렵고 힘든 두 가지의
길을 역사하는 것이 너희이니라.
17 이제 그 교회 안에서부터 터지며, 교
회 안에서부터 반란이 일어나며,
18 저희의 성전이라는 곳에서 스스로 반
란이 일어나며, 그들이 스스로 문을
닫게 하며,
19 그들이 말하며, 그리고 설교하는 것을
듣기를 거부하며 강론을 거부하는 그
와 같은 반발의 역사가 그 교회 안에
서 시작하여야만 모두가 다 무너지며
거미줄을 치게 된다는 것을 알아야 할
것이니라.
20 그들이 그곳에서 지금까지 배우고 공
부한 것이요, 바친 모든 재물이 허황
된 것이며, 저희 죄를 더 쌓는 데 역사
한 삶이라 생각한다면,
21 그들이 오죽하면 그 성전이요, 교회라
는 곳을 공격하며 그들과 대적하여 싸
우겠는가?
22 그들은 내막을 알며 속사정을 알며 흐
르는 모형을 알기에, 그들만이 싸워서
이길 수 있는 자들이요,
23 그들만이 거미줄을 치게 하며 그들만
이 문을 닫게 할 수 있는 그와 같은 전
사라는 것을 너는 잊지 말아야 할 것
이니라.
24 구원의 길을 인도하는 너희는 지금
시간이 없으며, 너희를 기다려 줄 그
와 같은 시간이 없음이니라.
25 그러니 시간이 없는 이 세속에 살면서
어떠한 비난을 받는다 하여도 너희는
굴하지 말며 비굴하지 말며 나의 법전
을 전하는 데 최선을 다하여야 될 것
이니라.
26 그것만이 너희가 가야 할 길이요, 역
사할 길이라는 것을 잊지 말라.

5,753 번째 하나님 말씀

2003년 3월 28일 06시 18분

1 사랑하는 나의 아들아!
2 "네, 아버님! 말씀하옵소서."
3 나의 십계명에 기록하여 전했듯이 '네
부모를 공경하라.' 함이니, 너희가 말
로써 부모를 공경하며 말로써 모든 거
취를 한다면, 그게 정녕 부모를 공경
하는 것이던가?
4 모든 것은 행함에서 이루어지는 것이
니라.
5 너희가 부모에게 말로써 모든 것을 다
하며, 행함이 없이 그저 말로써만 모
든 인사치레를 하며, 말로써만 풍성하
게 자식 노릇을 한다고 하면서 행동
으로는 하지 아니하는 것은,
6 너희가 부모에게 효도하는 것이 아니
요, 부모를 공경하는 것이 아니니라.
7 모든 역사가 다 그러하니라.
8 바람이 불어 떨어지는 낙엽도 떨어져

날아가는 모습이 있을 때 너희에게 보
이는 것이며, 떨어지는 낙엽이 없으면
낙엽이라 눈에 보이는 것이 없음이니
라.
9 그러니 모든 것은 행동으로 함이요,
행동은 눈으로 보이는 것이며, 실제
너희가 움직이는 것이니라.
10 그러니 그와 같은 역사가 없이는 아무
것도 이루어질 수 없음을 내가 누차
나의 법전에 기록하여 너희를 깨우쳐
주었음이니라.
11 그리하여 모든 것은 행함이 중요하며,
말로써 이루어져서는 안 된다는 것이
니라.
12 지금 내가 하늘에서 내려다보는 나의
피조물 만백성 너희요,
13 또는 믿음의 길을 가는 길이요, 하늘
에 오르는 길이라 하여 나에게 오고자
하는 백성, 그 모두는 다 말로써는 세
상 것을 다 주며 말로써는 청산유수이
니라.
14 그리고 말로써는 너희를 감히 당할 자
아무도 없느니라.
15 그러나 너희는 행동이 없음이니라.
16 행동에는 인색하기 한량없으며,
17 말로써는 청산유수요, 천사요, 성인군
자처럼 말을 하나,
18 일순간에 변하는 그 모습은 차마 볼
수 없으며, 인간이 어찌 저럴 수 있는
가 하는 것이 너희의 이중 마음이요,
그 순간에 변하는 것이니라.
19 재물이 없이, 또는 물질이 없이, 남에
게 주는 것 없이 너희가 말할 때는 세
상에서 너희보다 아름다운 사람이 없
으며 너희같이 고운 마음을 가진 자가
없으며 너희처럼 풍요로운 자가 없느
니라.
20 그러나 막상 금화와 은화요, 물질적인
것을 너희가 남에게 주고 행할 때, 너
희는 남의 생명을 구하는 것에도 인색
하며,
21 어떠한 형국에서도 등을 돌리는 것이
인간 너희의 마음이니,
22 그 마음의 대표적인 것이 지금의 믿음
의 길을 가는 자들이니라.
23 말로써 세상 것을 다 주고 얻으며, 말
로써 청산유수요, 말로써는 너희를 감
히 당할 수 없느니라.
24 그러한 자들이 행동에 들어가서는 행
하지 아니하며 실천하지 아니함이니
라.
25 그와 같은 자들이 뭐라 말하는가?
26 나의 법전이 세상에 나오는 것이 사탄
의 장난이요, 이단의 장난이요, 그리
고 거짓 선지자요, 악령의 자식이라
너희가 그리 말함이니,
27 그것 또한 너희가 모두를 말로써 다
하는 것이며,
28 너희가 무엇을 봤으며 무엇을 안다고
감히 그와 같은 말을 할 수 있단 말이
던가?
29 이제 나의 법전을 읽고 깨우치는 백성
이요, 그리고 나의 아들을 따르는 제
자 너희는 모든 것이 다 행함이 중요
함을 알라.
30 그리하여 행함이 있은 다음에 모든 게
이루어지고 얻어지고 실패함이 있고
또 성공함이 있음이니라.
31 그리하여 너희를 내가 세상에 내보낼
때 노력하고 일하여 모든 걸 취하고

살라 한 그것이 기본이요, 근본이요,
기초이듯이,
32 너희는 행동으로써 모든 것을 보여 주
며 일관되게 살아가야 하며, 그리 사
는 것만이 너희가 나에게 오르는 길
이라는 것을 잊지 말라.
33 행함이 없는 것은 죽음이니라.
34 이를 명심하여 행하도록 그리하라.

5,754 번째 하나님 말씀

2003년 3월 28일 06시 30분

1 사랑하는 나의 아들아!
2 "네, 아버님! 말씀하옵소서."
3 이 세상에 아름다움이요, 참진리요,
너희를 구원하는 참빛인 생명의 근원
이 내려간다 해도 그를 믿지 않는 것
이 너희며, 믿지 않으려 하는 것이 지
금의 믿음의 길을 가는 백성이니라.
4 그리고 순박하고 아름다운 백성이 나
의 법전을 접하며 깨우치려 하나,
5 지금의 믿음의 길을 가는 자들이 광분
하며 이는 사탄이요, 이단이요, 사악
한 것이라 하며 봐서는 안 된다고 말
하니,
6 모든 백성이 가던 발을 멈추고 주춤
하는 이와 같은 형국이 빚어지고 있음
이니, 이 얼마나 안타까운 일이던가?
7 그러나 160권의 대장정의 나의 성령
이요, 곧 나의 법전이 세상에 내려가
니,
8 만백성에게 빛이 되며 생명의 근원임
을 그들이 보고 깨닫고 알 수 있을 때
까지 너희는 중단하고 멈춰서는 아니
되느니라.
9 그리하여 나의 사랑하는 모든 백성이
깨우칠 때까지, 그리고 깨달을 때까지
나의 법전을 전하며 또 전하는 그 역
사를 너희가 게을리해서도 아니 되며,
중단해서도 아니 됨을 알아야 할 것이
니라.
10 깨우칠 때까지 너희가 모든 것을 다
바쳐 나의 사랑하는 백성을 구원의
길로 인도하도록 그리해야 할 것이니
라.
11 그 길만이 너희가 가는 길이요, 하늘
에 오르는 길이요,
12 그리고 회개하고 깨우치는 그와 같은
백성이 줄을 이을 때까지, 그것이 곧
그들을 구원의 길이요, 하늘에 오르는
길로 인도하는 것이니,
13 한 사람의 생명을 구원하는 것도 인간
세상에서 그것보다 더 큰 역사가 없으
며 영광이 없거늘,
14 너희는 수많은 나의 백성을 깨우치는
그 역사를 하고 있음이니, 너희가 얼
마나 위대한 일을 하는가를 알아야
할 것이니라.
15 그리하여 너희가 노력하고 힘들 때,
어떠한 고난과 역경이 너희에게 휘몰
아친다 해도, 어떠한 재앙이 너희에게
몰아친다 해도 주저하지 말며 중단해
서는 아니 될 것이니라.
16 이제 나의 법전이 나 여호와의 성령이
요, 나의 뜻이라는 것을 아는 백성은
너희뿐이며,
17 너희만이 나의 뜻을 들으며 내가 나의
아들을 통하여 강론하고 전하는 것을
모두 알고 깨닫고 또 실천하고자 하는
것이 선택된 백성 너희이니라.

18 그러니 여기서 나약해서는 안 되며 주
저앉아서도 아니 됨이니라.
19 그리하여 너희가 힘을 갖고 너희 형제
를 구원해야 함이니,
20 우선 주변에 있는 한 사람, 한 사람부
터 깨우치도록 하며,
21 그들의 손을 잡아 인도하고 이끄는 그
와 같은 대역사를 하라는 것이 나의
뜻임을 너희는 잊어서는 아니 될 것이
니라.
22 나의 법전이 만백성의 빛이요, 생명의
근원으로서 그들이 모두 깨우쳐 알아
들을 때,
23 그리고 법전을 가슴에 안고 감사의 눈
물로 감사의 기도를 드리는 그들이 아
름다운 모습으로 변하는 역사를 이룰
때까지 중단하지 말며 주저하지 말며,
최선의 노력을 다하도록 하라, 사랑하
는 나의 아들딸들아!
24 이 세상 육의 세상에서 이루어지고 육
의 세상에서 역사하는 것, 너희가 행
동으로써 함이 사랑이요, 베풂이요,
그것이 하늘에 오르는 길이라 하였듯
이,
25 행동으로 임하며 행동으로 보여 줄 수
있는 것은 육의 형체를 가진 나의 백
성 너희가 할 일이요, 너희가 역사하
는 길밖에 없음이니라.
26 형체가 없는 나 여호와가 어떠한 형국
으로써 너희를 깨우쳐 주고 인도하고
안내한다 하여도 너희는 일순간이며
그 순간일 뿐이며,
27 환상을 보지 않았나, 그리고 꿈속에서
헤매며 꿈속에서 보지 아니하였는가,
그리고 사탄이 너희에게 잠깐 장난한
것은 아닌가 하며,
28 수천수만 가지 인간의 생각이 다르듯
이 각자가 생각하는 것이 다름이니,
29 의심하며 의혹하는 마음을 가진 백성
은 깨우칠 수 없음이니,
30 모두를 인도하는 것은 행동으로써 보
여 주는 것이며,
31 행함으로써 너희가 변하는 모습이요,
아름답게 살아가는 모습이요, 감히 누
구도 할 수 없는 그 역사의 길을 가는
것을 행동으로 보여 주는 것이니,
32 그를 잊지 말고 몸소 실천하며 행동으
로써 모든 백성이 깨우침을 얻도록 하
며,
33 나의 법전이 진정한 생명의 길이라는
것을 알 때까지 또 전하고 또 깨우치
고 또 전하는 그 일을 중단하지 말라,
사랑하는 나의 아들딸들아!

5,755 번째 하나님 말씀

2003년 3월 28일 11시 26분

1 사랑하는 나의 아들아!
2 "네, 아버님! 말씀하옵소서."
3 너희가 법전의 내용대로, 십계명대로
살아가지 못하며 그대로 역사하지 못
하며 변화하지 못한다 하여 후회하며
괴로워하지 말라.
4 그는 바로 너희가 살아 있다는 증거
며, 너희가 움직인다는 것이며,
5 움직이고 살아 있다는 것은 변화할 수
있으며 미래가 있다는 것이 아니던가?
6 생존해서 살아 있는 것이 얼마나 소중
하고 아름답고 값진 것이더냐?
7 너희가 인간이기 때문에, 살아 있기

때문에, 움직이는 동물이기 때문에, 생각할 수 있기 때문에 너희가 완벽하게 변화하지 못하며 하루아침에 기계처럼 변할 수 없는 것이니라.
8 깎아서 맞춘 부속이요, 기계라 하면 그 틀에서 벗어나지 못하며 그대로 정확하게 돌아갈 것이나,
9 너희가 그 기계와 같은 삶을 살지 못한다 하여 오늘에 괴로워하며 슬퍼하지 말며 너 자신을 비관하지 말며 너 자신을 탓하지 말라.
10 그것이 바로 무엇이더냐?
11 살아 있는 근거며 움직이는 것이며 생명이 아직도 존재한다는 것이 아니냐?
12 얼마나 그게 아름답고 소중한 것인 줄 알겠는가?
13 그 속에서 변화하며 또 역사하며, 너희가 하나를 깨우쳐 그것으로 끝나는 것이 아니요, 수천수만 가지 변하는 것을 다스려 가고 또 다스려 가는 것이 인간이기에,
14 살아 있는 생명이 소중하며 너희가 살아 있는 것이 소중함을 알아야 할 것이니라.
15 너희가 여기서부터 출발하여 백 미터라는 곳까지 간다면, 거기까지 가면 끝나고 마는 것이 너희 인생이요, 사는 것이라면 더 이상 말할 필요가 없으나,
16 너희는 그 백 미터가 아니라 거기 가서 또 변화되고 또 바뀌어야 하고 또 역사해야 하는 것이 너희 인생이요, 살아 있는 것이니라.
17 그리하여 백 미터까지 가는 과정에 변화하는 게 있고 역사하는 게 있고, 또 너희가 환경에 따라서 변하는 그 많은 것들에 대응할 수 있는 것은, 죽어 있는 기계는 그것밖에 못 하지 않더냐?
18 그러나 생명이 있는 너희는 수천수만 가지 대응책으로 변화할 수 있으며, 그때그때 생각하여 처신할 수 있고 역사할 수 있기 때문에, 그리하여 살아 있고 숨을 쉬고 존재하는 것이 위대한 것이니라.
19 그리하여 완벽해지는 것은 기계밖에 완벽해질 수 없느니라.
20 부속을 맞춰 그저 톱니바퀴처럼 돌린다면 그는 정확할 것이니라.
21 그러나 너희는 인간이기에 그리 갈 수 없음이니,
22 그리 갈 수 없는 것, 그 살아 있는 자체가 행복한 것이며 그게 너희의 축복이니라.
23 또 그는 수천수만 가지의 역사를 할 수 있으며 변하는 상황에 그걸 다 대처할 수 있는 능력이 있기 때문에, 살아 있는 그것이 소중한 것이니라.
24 그러니 너희가 오늘에 완벽하게 변화하지 못하며 기계와 같이 되지 못한다 하여 이웃의 형제를 의심하며 그를 탓하며 그를 평하지 말며, 너희 자신의 가슴을 두드리지 말라.
25 그와 같은 속에서 너희는 서서히 변화하게 된다는 것을 이제야 알겠는가?
26 보석이라는 것은 깎아서 제자리에서 그 한 가지 임무만 하면 완벽할 수 있으나,
27 살아 있는 생명이요, 나로부터 선택된 백성 너희는 수천수만 가지 부딪칠 때마다 대응할 수 있는 능력이 있어야

하니,
28 살아 있다는 것이 얼마나 소중하고 너
희가 존재하는 것이 얼마나 위대하더
냐?
29 그 위대한 속에서 완벽하게 변화하는
그와 같은 삶을 서서히 가다 보면, 너
희도 모르게 하늘에 와 있는 그와 같
은 영광을 얻게 됨이니 그리 알라.

5,756 번째 하나님 말씀

2003년 3월 28일 11시 36분

1 사랑하는 나의 아들아!
2 "네, 아버님! 말씀하옵소서."
3 오늘 내가 너에게 내리는 이 모든 새
로운 성경의 뜻을 너의 제자들에게 일
깨워 줘야 할 것이니라.
4 너희는 모세가 이끌어 갔던 그 백성
이 간 곳이 가나안 땅이요, 축복의 땅
이요, 영광의 땅이라 그리 말하며 준
비된 땅이라 그리 말하느니라.
5 그러나 너희는 준비된 땅이라는 것은
없음을 알아야 할 것이니라.
6 준비된 땅이라는 것은 무엇이더냐?
7 나 여호와가 세상을 만들어 놓고 창조
했음이니, 그게 바로 전체가 다 준비
된 땅이니라.
8 너희는 준비된 땅이라 하여 특별한 땅
이 너희에게 존재하는 것이 아님을
알라.
9 그리고 너희는 축복받은 땅이요, 영광
된 땅이 따로 구분되어 있다 생각하
나, 너희는 어찌하여 그리 어리석은가?
10 그리하여 나의 뜻을 모르고 종교 지도
자가 가르친다 하였음이니라.
11 그리하여 나와는 거리가 멀다 하였음
이니, 너는 여기서 너의 제자들에게
깨우쳐 줘야 할 것이니라.
12 너희는 사람이 소중하던가, 그렇지 않
으면 땅이 소중하던가?
13 어떠한 지역의 한 땅덩어리의 일부가
소중하던가?
14 너희는 여기서 그 이치를 어찌하여 그
리도 깨닫지 못하는가?
15 너희가 준비된 땅이라 하여 그 준비된
땅에 가서 사악한 자들과 더불어 산다
면 그것이 준비한 땅이던가?
16 사탄의 땅이요, 지옥이 되지 않겠는가?
17 땅이라는 것은 거부하는 것이 없으며,
거기서 진리를 깨우쳐 주는 것이 없으
며,
18 그리고 이 세상의 모든 땅은 다 같은
종류이니 거기에 특별한 것이 없음이
니라.
19 다만, 준비된 땅이라는 것은 무엇을
의미하는지 알겠는가?
20 지금 너를 따르는 너의 제자들처럼 변
화하여 깨끗한 백성이 가서 사는 그
곳이 바로 준비된 땅이지, 땅이 준비
된 곳에 나의 백성이 가서 사는 것이
아니니라.
21 너희가 가서 사는 곳이 바로 그게 준
비된 땅이라는 그 이치를 알아야 할
것이니라.
22 그는 무슨 뜻인지 네가 알겠는가?
23 아무리 준비된 땅이요, 축복된 땅이라
도 사악한 자와 너희처럼 깨우친 자가
더불어 산다면 그게 천국의 땅이던가?
24 준비된 땅이라는 건 무엇인 줄 알겠느
냐?

25 천 년의 역사에 걸쳐 천사와 같은 나
여호와의 심성을 가지고 사는 백성이
사는 그 땅이 준비된 땅이라는 것을
너희는 알아야 할 것이니라.
26 지금까지 너희가 나로부터 가나안 땅
이요, 무슨 땅이요, 그 땅이 준비되어
거기에서 그 땅은 준비된 것이며 축복
받은 자들만이 사는 땅이 아니라,
27 축복받은 백성이 가서 안주하는 곳이
나로부터 준비된 땅이요, 선택된 땅이
라는 것으로 너희는 그 개념을 바꾸고
공부를 해야 함을 알아야 할 것이니
라.
28 지금 나의 아들을 따르는 제자요, 나
의 법전을 읽고 깨우친 백성이 열 명
이든, 백 명이든 너희가 한 자리에 가
서 거기 가서 뿌리를 내리고 사는 것
이 바로 무엇이던가?
29 준비한 땅이니라.
30 그곳이 준비된 땅이라는 것을 알아야
할 것이니라.
31 땅은 말이 없으며 움직이지 못함이니
라.
32 그러니 움직이는 인간인 너희가 깨닫
고 진실하고 아름다운 천사의 마음과
같이 사는 백성이 가서 자리 잡는 그
땅이 준비된 땅이지, 인간이 준비된
땅을 찾아가는 것이 아니라는 것을 너
희는 알라.
33 너희는 준비된 땅을 내가 만들어 놔
거기는 재물이 있으며 축복이 있으며
영광이 있는 것처럼 그리 생각하여 특
별한 사람들이 사는 준비된 땅이라 생
각하나,
34 준비된 땅이 아니라 준비된 백성이
가서 사는 곳이 준비된 곳이라는 것을
너희는 알아야 할 것이니 그 뜻을 깊
이 깨우치라.
35 내가 모세를 광야에서 몇십 년 동안
시련을 겪게 하고 고통을 준 것이 무
엇인 줄 알겠는가?
36 준비된 땅에 와 살 수 있는 자들, 그
준비된 사람을 선별하고 준비된 사람
을 고르기 위해서 그 많은 세월이 흘
렀음을 너희는 알아야 할 것이니라.
37 40년 동안의 그 역사요, 광야에서 살
며 그들이 시련을 겪고 가는 그 속에
서 내가 준비된 백성이 가서 살 수 있
는 그 백성을 고르려는 것이요,
38 준비된 땅으로 나의 백성을 보내려고
고생을 하며 시련을 겪은 것이 아니라
는 것을 알아야 할 것이니라.
39 여기서 너희는 너무나 엄청난 괴리가
있으며 너무나 엄청난 나 여호와의 뜻
을 모르고 있음이니라.
40 내가 준비된 땅에 만백성을 이끌어 가
려고 광야에서 그 고생을 하게 했으며
그 역사를 한 것이 아니니라.
41 준비된 백성이 가서 살 수 있도록 그
백성을 준비시켜 놓으려고 광야에서
훈련했으며 고통을 준 것이니,
42 그리하여 그들은 우상을 섬겼으며 광
란의 짓을 했으니, 거기서 준비된 백
성을 선별하기 위하여 광야에서 고생
한 것이며,
43 몇십 년 동안 너희가 시련을 겪은 것
은 준비된 땅으로 너희를 가게 하려
고 한 것이 아니니라.
44 준비된 땅이란 낙원을 의미하지 않느
냐?

45 그는 곧 천사와 같은 자들이 사는 곳
이니,
46 사악한 자요, 다스려지지 않는 백성을
어떠한 땅에 갖다 놓은들 거기는 오염
이 될 것이며 그 지구는 썩을 것이니,
47 여기서 내가 너희에게 말하는 하늘의
이치를 알겠는가?
48 광야에서 너희가 그 많은 역사의 40
년 동안을 고생한 그 비밀을 이제 알
겠는가?
49 아름다운 사람들을 선별하기 위하여,
내가 선택한 백성을 뽑아내기 위해서
그 고통과 시련을 겪은 것이지,
50 낙원이요, 그 땅을 너희에게 주려고,
그곳을 가게 하려고 그리 시련을 겪
은 것이 아니니라.
51 선별의 작업이니라.
52 그러니 준비한 땅이란 선별된 백성이
가서 사는 곳이 준비된 땅이라는 것을
알라.
53 무슨 말인지 이해가 가는가?
54 지금 나의 아들을 따르는 백성 너희가
가서 상주하는 곳이 준비된 땅이니라.
55 곧 무엇이더냐?
56 백성이 준비되는 것을 원하는 것이며,
나의 뜻에 순종하는 백성을 고르고 다
스리는 것이 바로 그러한 것이니라.
57 너희가 오늘의 시련을 겪고 역사하는
것이 무엇이던가?
58 너희를 내가 준비된 땅으로 보내는 것
이 아니요,
59 준비된 백성이 이 지상에 있는 내가
준비한 모든 땅에 자리를 잡는 그와
같은 너희만의 세상을 열어 주는 것
이며,
60 그것이 너희를 위하여 너희가 세상을
여는 것이니,
61 준비된 땅에 너희가 가서 사는 것이
아니니라.
62 준비된 땅에서 너희에게 무엇을 주겠
는가?
63 준비된 땅에서 너희에게 교훈을 주던
가, 깨우침을 주던가, 가르침을 주던
가, 진리를 가르쳐 줄 수 있는가?
64 땅은 너희에게 그를 가르쳐 줄 수 없
음이니라.
65 인간인 너희가 관리하고 지배하는 것
이니, 그 의미를 알겠는가?
66 너희가 안식일이라는 그 자체도 얼마
나 잘못 깨닫고 있는가?
67 너희가 6일 동안 일하고 안식일이라
는 그날에 안식해서 나 여호와에게서
축복을 받던가, 영광을 받던가, 너희
가 무슨 선물을 받던가, 재물의 덕을
얻는가?
68 안식일이라는 것은 너희에게 주는 것
이 아무것도 없음이니라.
69 다만, 6일 동안 열심히 일한 자가 열
심히 일해서 거둬들이고 얻어진 그것
이 바로 영광이요, 축복인 것이니라.
70 그러니 모세의 백성이 광야에서 고생
한 것은 그들이 가나안 땅으로 가려고
고생하는 것이며 내가 선정한 땅으로
축복의 땅으로 가려고 고생한 것이
아니라,
71 너희만이 살 수 있는 그 집단을 만들
고 그를 다스리고 그를 바로 세우려고
그와 같은 역사의 세월이 흘렀음이니,
72 이것이 나의 뜻이요, 내가 이루고자
하는 것이며 내가 역사하는 뜻이라는

걸, 너희는 비유의 뜻을 전혀 모른다
하여 내가 나의 뜻을 모르는 백성이라
하였음이니라.
73 이제야 하늘의 뜻이요, 나의 진정한
가르침을 너희에게 전함이니,
74 그리하여도 나의 법전이 사탄이요, 이
단이라 과연 말할 수 있는가?
75 내가 모세에게 내가 선택한 백성만이
살 수 있는 그 세상을 만들려고 준비
한 것이니라.
76 그러니 오늘의 고통과 시련은 너희를
완벽히 준비된 백성으로 만들려고 너
희에게 오늘의 훈련을 함이니,
77 광야에서 백성을 선별하기 위하여 40
년 역사의 그 고통을 주었듯이,
78 너희는 다만 몇 년이요, 몇 개월이라
는 그 세월 속에 선택받는 그와 같은
백성으로 거듭나고 다시 태어나는 그
와 같은 영광을 얻고 받는 것이 너희
자신이라는 것을 알도록 그리하며,
79 오늘에 감사하며 오늘의 희망이며 오
늘의 영광이요, 오늘의 축복을 알라.
80 이제 너희는 내가 준비된 북쪽이요,
남쪽이요, 서쪽의 원하는 땅을 만들어
놓고 너희를 그리 보내는 것이 아니
라,
81 사랑하는 나의 백성이요, 깨우친 백성
이요, 천사와 같은 백성이 자리를 내
리는 것이 바로 그게 준비된 땅이니,
82 너희가 거주하는 곳이 준비된 땅이라
는 것을 잊지 말라.
83 모세의 그 시대는 준비된 백성을 뽑고
선별하기 위하여 그와 같이 고통과 시
련을 주면서 사람을 뽑았으며,
84 너희가 가나안 땅으로 준비된 땅으로
가는 것이라면 내가 뭐하러 개나 걸이
나 그저 마구잡이로 가는 백성에게 그
땅으로 가는 훈련을 왜 시켰겠는가?
85 그대로 가면 되는 것을, 이 이치를 너
희는 깨달아야 할 것이니라.

5,757 번째 하나님 말씀

2003년 3월 28일 11시 45분

1 사랑하는 나의 아들아!
2 "네, 아버님! 말씀하옵소서."
3 창조주 나 여호와의 뜻에 따라 사는
나의 백성 너희에게 내가 무거운 짐이
요, 어려운 멍에를 짊어지게 하니, 나
여호와의 그 아픈 마음을 너희가 헤
아려야 할 것이니라.
4 정녕 나로부터 선택된 백성이요, 나의
뜻에 따라 사는 너희가 아니면, 이 세
상의 잘못 가는 그 백성이요, 길을 잃
고 헤매는 그 양떼와 같은 백성을 누
가 구원하며 누가 인도한다 할 수 있
겠는가?
5 나의 뜻에 따라 성령으로 그들에게 심
어 주며 나의 성령이요, 나의 법전을
그들에게 깨우쳐 주어 길을 잃고 방황
하는 그 모든 백성을 과연 누가 구해
주겠는가, 그리고 누가 인도하겠느냐?
6 그러니 너희가 나 여호와의 뜻에 따라
나의 법전에 따라 충성스럽고 지혜
있는 전사로서 변화되는 것은 당연한
것이니라.
7 너희가 충성스럽지 못하며 지혜로운
전사가 되지 못한다면 나 여호와의 만
백성을 과연 누가 구원하겠는가?
8 나 여호와의 성령을 전하는 역할을 과

연 누가 할 수 있다 생각할 수 있느냐?
9 이 역할을 할 수 있는 백성은 아무도
없음이니라.
10 나로부터 선택된 나의 아들딸 너희밖
에는 아무도 이 역사를 할 수 없다는
것을 너희는 알아야 할 것이니라.
11 선택된 너희뿐임을 깊이 가슴에 새겨
야 할 것이니라.
12 너희가 진실하게 노력하며 나 여호와
의 뜻이요, 나의 성령을 만백성에게
전하는, 절대적인 창조주 나에게 충성
스러운 백성이요, 지혜로운 백성이요,
그리고 생각할 수 있는 백성이요, 그
와 같은 전사가 되어야 함을 너희는
잊어서는 아니 될 것이니라.
13 그리하여 내가 너희를 고통과 훈련
속에서 충성스러운 마음을 길러내며
지혜의 눈을 뜨게 하려고 내가 오늘
날 시련의 이 길을 너희에게 명함이
니 너희는 그리 알아야 할 것이니라.
14 너희가 충직한 나 여호와의 백성으로
서 임무를 수행할 때, 심판의 그때 너
희에게 얼마나 위대한 은혜가 있겠는
가?
15 너희는 그걸 감히 상상할 수 없을 것
이니라.
16 너희가 나의 뜻에 따라 충실히 시행했
을 때 너희는 심판을 받는 그날, 나 여
호와로부터 너희에게 내리는 그 상이
얼마나 위대한 것이며 얼마나 너희에
게 은혜로운 것인가를 그때 알게 될
것이며,
17 너희는 그 받는 기쁨으로 너희 자신
이 말문이 막혀 벌린 입을 다물지 못
할 정도일 것이니 너희는 그리 알아야
할 것이니라.
18 나로부터 선택된 너희에게 창조주 나
여호와가 모든 권한을 위임할 수 있는
백성으로서 변해 주기를 나 여호와는
간곡히 바라는 것이니라.
19 첫째는 너희 자신이 이제 변화하는 그
와 같은 삶을 살며, 또 만백성을 위해
서 살아가는 백성이 되며, 가장 충직
하고 지혜로운 백성으로서 만백성을
구하는 너희가 되어야 할 것이며,
20 이제는 내가 너희에게 간곡히 부탁함
이니, 내가 모든 권한을 행사할 수 있
으며 내가 능력을 보일 수 있으며 내
가 역사할 수 있는 그 모든 것을 나의
아들을 따르는 제자 너희에게 각자 맡
기고 내릴 수 있도록 그와 같은 나의
백성으로 되어야 한다는 것을 잊어서
는 절대로 아니 되느니라.
21 내가 누릴 수 있고 내가 베풀 수 있는
모든 권한을 다 너희 한 사람 한 사람
에게 그 능력을 주고자 하는 것이 나
여호와의 뜻이니,
22 이를 받을 수 있도록 충직한 나의 백
성이요, 순종하는 백성으로서 너희가
살아가도록 그리하라.
23 나의 법전을 정독하며 나의 아들을 통
하여 내리는 강론을 들으며 그와 같이
하나하나 그것을 너희의 생명줄보다
도 더 소중히 받아들일 때,
24 나의 권한을 행사할 수 있는 은혜와
영광이요, 축복이 너희에게 내려진다
는 것을 잊지 말라.
25 바로 나의 아들 예수가 천사와 같았기
때문에, 나의 성령과 같았기 때문에
그가 모든 역사를 했듯이, 그와 같은

권한을 나 여호와가 너희에게 주고자
한다는 것을 잊지 말라.
26 충직한 백성이요, 또 나로부터 보내져
대명을 수행하는 선택된 백성이라는
것을 너희가 깨닫고 최선을 다하는 그
와 같은 삶을 살도록 그리하라.
27 너희에게 모든 권능과 권한과 능력을
내려 주고 싶은 것이 나 여호와의 뜻
이니라.
28 사랑하는 아들딸에게 자기가 가진 그
모든 것을 내려 주지 아니하는 부모가
어디 있으며, 그것을 무덤 속으로 가
져가는 부모가 어디 있단 말이더냐?
29 너희가 충직한 나의 아들딸로서, 순종
하는 나의 아들딸로서, 지혜로운 자로
서,
30 방탕하지 아니하며 너희 자신을 팔지
아니하고 살아갈 때,
31 나 여호와가 내릴 것이 무엇이 있는지
너희는 알겠는가?
32 당연한 것이 아니던가?
33 나 여호와가 지닌 전지전능함이요, 내
가 가진 권한이요, 모든 특혜요, 역사
할 수 있는 것을 너희 개개인에게 내
가 다 내려 주고자 함이니 그리 알라.
34 나의 아들이 살면 얼마나 살며 그가
이 세상에 존재하면 얼마나 존재하겠
는가?
35 그 후에 너희 모든 백성이 변화하여
다 같이 능력을 갖출 수 있는 그와 같
은 세상이 된다면 차원 높은 세상이
아니던가?
36 네가 지나가는 뱀을 보고 사람이 되라
말할 때 사람이 될 수 있는 것을, 다
같은 백성이 그와 같은 능력을 받고
사는 세상이라면 그것은 특별한 세상
이 아니요, 특별한 사람이 아니요,
37 보통 사람들이 사는 세상이 아니던가?
38 그와 같이 내가 차원 높은 세상이요,
아름다운 세상이요, 그와 같이 능력
있고 지혜 있는 나의 백성을 만들고자
하는 것이며,
39 나의 권한이요, 특혜요, 그 모든 것을
다 너희에게 내려 주고자 하는 것을
너희는 알아야 할 것이니,
40 이를 받을 수 있는 것은 너희가 충직
하고 지혜로운 나의 선택된 백성으로
서 한 점의 부끄럼이 없는 삶을 사는
것만이 그 역사를 이룰 수 있다는 것
을 나의 법전을 읽고 깨우쳐,
41 너희가 그와 같은 사람으로 변하도록
그리하라, 사랑하는 나의 아들딸들아!

5,758 번째 하나님 말씀

2003년 3월 28일 11시 57분

1 사랑하는 나의 아들아!
2 "네, 아버님! 말씀하옵소서."
3 나로부터 선택된 나의 아들딸이요, 나
로부터 보냄을 받은 너희들이니라.
4 이 세상에 너희보다 더 소중하고 귀
한 나의 자식이 없음이니, 너희는 과
연 나 여호와의 이 마음을 아는가?
5 자식 앞에 인간 세상에서 어떠한 기대
를 걸고 꿈을 가지고 사는 부모가 있
다면,
6 자기가 못 이룬 꿈이요, 자기가 역사
하지 못한 그 꿈을 그 자식에게 한평
생을 바쳐 모두를 다 바친 부모가 있
다면,

7 그러나 그 길이 잘못되며 그 자식이
그 길을 따르지 아니할 때, 그 부모의
슬픈 마음은 과연 어떠하겠는가?
8 그는 물론 인간의 욕심이기 때문에 그
럴 수도 있다 할 것이니라.
9 그러나 나 여호와가 너희에게 거는
욕심은 그 부모의 욕심보다 수천수만
배 더한 것이니라.
10 이는 무엇이더냐?
11 너희가 바로 서기를 바라는 것이며,
12 너희가 바로 서서 나에게 기쁨을 주는
것이 아니라, 하루에도 수없이 많은
그 백성이 잘못 살아온 그 죄의 대가
로 나에게 와 심판을 받아 지옥 불로
가 그 고통 속에 살아가는 나의 사랑
하는 아들딸을 구원하며 구제하는 그
역사를 이루는 것이 너희며,
13 그 시발점이 너희부터 시작하기 때문
이니,
14 그리하여 온갖 정성을 다하여 자식에
게, 자기가 못 이뤘던 그 꿈의 만분의
일이라도 이루고자 모든 것을 다 바치
는 부모가,
15 그가 잘못됐을 때 눈물짓고 슬퍼하는
그 부모의 마음보다도 수천수만 배 더
한 욕심으로써 내가 너희를 바라보며
너희에게 기대를 걸며 너희가 바로 서
기를 바란다는 것을 알아야 할 것이
니라.
16 내가 보내고 내가 선택한 백성 너희
가, 나의 법전을 전하며 만백성을 구
해야 할 너희가 제 직분을 다하지 못
하며 마음이 흔들리며 충실하게 이행
하지 못할 때,
17 거기에 나 여호와의 눈물이요, 나의
슬픔은 이루 말할 수 없으며,
18 거기에서 파생되는 모든 백성이 지옥
으로 가는 그들을 건져내는 생명줄을
너희가 던지지 못함이니,
19 물에 빠져 죽어 가는 그 많은 백성에
게 줄을 던져야 할 너희가 그 줄을 던
지지 아니하며,
20 인간 세상의 욕심 때문에 흥겹고 방탕
한 생활에 젖어, 너희 형제들이 지금
물속에서 빠져 죽어 가며 아우성치는
것을 보지 아니하며, 밧줄을 던져 주
지 아니하며,
21 그저 인간의 즐거움에 네 향락을 위해
살아간다면,
22 내가 그를 바라볼 때 얼마나 너희가
원망스러우며 너희를 미워하겠는가?
23 그리하여 나의 법전을 접하고 깨달은
백성이 바로 서지 못할 때, 나 여호와
의 진노함이요, 나의 화남이요, 나의
속상함이 몇 배라 내가 너희에게 미리
나의 법전에 기록하여 전해 준 그 대
목을 너희가 생각해야 할 것이니라.
24 충실히 행하지 아니할 때, 그리고 나
여호와가 너희에게 심판의 역사를 이
룰 때, 너희에게 과연 어떠한 결과가
이루어지겠는가?
25 지금 모든 백성은 그리 말하느니라.
26 지금 나의 법전을 전하는 나의 아들이
망령된 악령의 자식이요, 사탄의 자식
이요, 그리고 이 모두는 잘못된 것이
며,
27 지금 말세에 와서 모든 백성을 현혹게
하며 이 세상을 뒤엎는 그와 같은 사
악한 자라 말하며,
28 이 법전은 사탄이 쓴 것이며 악마가

쓴 것이라는 그러한 사탄들의 이야기
하는 것을 듣고 너희 마음이 흔들리
며 너희가 동요된다 하면, 과연 누가
이 세상의 만백성을 구하겠는가?
29 그와 같은 말에 현혹되며 또 그와 같
은 말에 귀가 열리는 너희가 있어, 그
말에 잘못되어 너희가 나의 법전을
읽고 전하며 강론을 들으며 깨달아 만
백성을 구하는 데 물러서며,
30 그저 놀고먹는 육의 인간 세상의 생활
에 빠져든다면 어찌하겠는가?
31 너희가 만일 지금 믿음의 길을 가는
종교 집단이요, 그 사악한 자들이 이
법전이 잘못된 것이며, 나의 아들이
잘못된 것이며, 십계명을 지키고 살라
는 것이 잘못되었으며, 헌금을 받지
말며 재물을 받지 말라는 것이 잘못되
었으며,
32 인간은 다 누구나 똑같으니 인간 앞에
제왕적인 행동을 하지 말라 그리 가르
치는 나의 법전이 잘못되었다 하는
그 사람들,
33 그 인간들의 말을 듣고 내가 선택한
백성이요, 내가 보낸 너희가 마음에
동요가 일어 등을 돌리는 그와 같은
일이 있다면,
34 너희는 두 번 다시 나로부터 구원받으
며 내 앞에 올 기회가 없음을 알아야
할 것이며,
35 가는 세월 앞에 너희가 나 여호와에
게 와 심판을 받는 그날이 머지않았
다는 것을 알아야 할 것이니라.
36 가는 세월 앞에 너희는 거역하지 못하
며 결국 그 세월 앞에 나 여호와 앞에
와 심판을 받나니,
37 어느 날 갑자기 심판의 날이 찾아왔을
때, 그날에 너희가 고통스럽게 눈물지
으며 후회하는 그와 같은 삶을 살아서
는 아니 됨을 알아야 할 것이니라.
38 나의 심판의 기준에 따라 너희는 엄
히 다스려질 것이니,
39 그때 너희의 모습을 내가 생각하고
싶지 아니하며 그와 같은 모습을 보고
싶지 아니한 것이 나의 뜻이니라.
40 그리하여 너희가 나에게 와 엄히 심
판을 받고 다스릴 때,
41 지상에 살 때 너희가 법전을 접해서
법전을 만드는 데 공을 세웠으며 법전
을 들고 동서남북을 뛰어다녔으며 법
전으로 만백성을 구하고자 그리하였
으나, 잠깐 사탄에게 현혹되어 너희의
눈이 어둡고 귀가 어두워 사탄의 자식
이 되었으니, 그를 용서해 달라 너희
가 슬피 울고 발버둥치며,
42 지상에서 살 때 그 법전을 가지고 전
했으며 나의 아들과 더불어 성전에서
같이 고생을 했으니 그를 참작해 달라
너희가 울고불고 악을 써도, 그리고
나에게 소원을 해도,
43 그 말을 너희가 나에게 전할 수만 있
다면 내가 그를 들어줄 수도 있을 것
이나,
44 그 앞에서 너희의 입은 이미 함봉되어
입을 열 수 없으며 입이 떨어지지 아
니하니,
45 너희는 눈만 나를 바라볼 것이며, 말
이요, 생각을 전할 수 없는 것이 심판
대에 서는 그 순간임을 너희는 알아
야 할 것이니라.
46 너희 마음이 동요되어 흔들리는 그와

같은 역사를 해서는 아니 될 것이니
라.
47 가는 세월 앞에 너희에게 죽음이라는
것이 갑자기 찾아와 어느 날 심판대에
서는 것이 너희 인생이니,
48 그때 가서 너희가 지상에서 만졌던 나
의 법전이요, 그 법전을 만들고자 한
시대를 역사했으며 그 모두를 다 바쳤
음이니 너희를 기억해 달라, 너희를
용서해 달라, 그리고 지옥으로 가는
것을 사면해 달라, 면제해 달라 너희
가 울고불고 나에게 소원하고 싶으나,
49 너희는 그 입이 떨어지지 아니하니 나
에게 전할 수 없는 것이 너희 운명이
라 내가 오늘 법전에 기록하여 너희에
게 전함이니,
50 이 무섭고 엄연한 사실을 너희는 기
억하여 깨닫는 백성이 되어야 할 것
이니라.
51 나의 법전을 거부하며, 내가 직접 불
로 써 내린 십계명을 거부하며, 나의
아들 예수를 거부하며, 나 여호와를
거부하며 그리 살라 하는 것이 여기
어디 있는가?
52 그리고 만백성에게 재물을 거둬들이
는 데 모두를 다 바치라는 나의 아들
의 가르침이 거기 있던가?
53 나는 나의 아들을 통하여 너희가 어
렵고 힘든 만백성의 죄를 짊어지고 갈
수 있도록 너희에게 그와 같은 책임을
지우며,
54 고난과 고통의 길을 달라, 그것만이
나 여호와에게 만분의 일의 은혜에
보답하는 길이요, 그것만이 너희가 나
를 기쁘게 하는 길이라 그리 기도하는
나의 아들이요, 그를 따르는 제자들의
모습에서,
55 어디가 사탄이며 어디가 악령이며 사
악한 모습이 보이는가?
56 그들 앞에는 그늘진 것이 없으며, 그
들에게는 감추는 것이 없으며, 그들은
남들 앞에서 부끄럽고 추한 것이 없는
나의 사랑하는 백성이니, 너희의 살아
가는 모습은 과연 어떠하던가?
57 너희는 손으로 지은 성전이라는 곳이
요, 교회라는 곳에서 종교 지도자요,
목사라는 사람들의 기쁨조 역할을 하
며, 그들을 위하여 먼저 바치며, 익은
과일을 먼저 바치며,
58 너희 가정은 돌아다보지 않으면서 거
기 가서 맹종하며 그저 붙어사는 자,
그리고 남편과 가정을 등한시하며 그
저 거기 가서 모두를 다 바치는 그와
같은 역사의 정신 나간 자들이 있으
니, 그 여인들이 바로 무엇이더냐?
59 일을 하기 싫어하며 제 직분을 다하지
아니하며, 그저 말로써 구원받았다고
그리 자만함이니,
60 너희가 화장이 지워지는 그와 같은 형
국을 모르며, 화장한 얼굴이 항상 네
얼굴이라 그리 생각하는 어리석은 자
라는 걸 잊지 말라, 사랑하는 나의 아
들딸들아!

5,759 번째 하나님 말씀

2003년 3월 28일 12시 06분

1 사랑하는 나의 아들아!
2 "네, 아버님! 말씀하옵소서."
3 너희가 창조주요, 나 여호와라 부르는

그것도 너희 육이 있는 이 세상에서
나를 부를 수 있으며,
4 너희가 지은 죄도 다 너희 행동에 의
해 모든 역사가 이루어짐이니, 너희
죄를 사하는 그 길도 너희 생명이요,
육이 존재하는 이 세상에서 모든 역사
를 하라 하였음이니라.
5 그러니 너희가 하늘에 오르는 길이요,
구원을 받는 길이요, 제3의 시대에 심
판의 그 역사가 이루어지는 새로운 성
경인 나의 법전이 세상에 내려감이니,
6 이 또한 너희가 죽어 와 내 앞에서 이
를 보고 깨우쳐 구원을 받는다는 것은
있을 수도 없으며 생각할 수도 없으
며, 너희가 죽어 왔을 때는 나의 법전
을 손에 쥘 수도 없는 것이니라.
7 그러니 너희가 바로 깨우치며 바로
하늘에 오르는 그 역사를 이루는 것도,
8 너희가 나의 법전을 읽고 정독할 수
있는 지금 육의 세상에 살아 있을 때,
여기서 깨우치며 그 뜻에 따라 순종하
고 살아가는 그와 같은 삶을 살아야만
너희가 나에게 구원을 받는다는 것을
잊어서는 아니 될 것이니라.
9 그러니 육의 세상에 있을 때, 너희가
법전을 깨우치고 그리 행하는 것이 너
희가 구원을 받는 길이라 하면,
10 지금 나로부터 선택된 나의 아들딸 너
희는 법전을 읽고 깨우치며 강론을 들
었으니, 과연 너희가 해야 할 일이 무
엇인가?
11 선택된 나의 백성 너희는 만백성을
구하는 일에 최선을 다하여야 할 것
이니라.
12 너희가 많은 백성을 구하는 길에 소
홀히 하며 모든 것을 다 바쳐 최선을
다하지 아니할 때, 법전을 읽지 않는
백성과 너희가 무엇이 다르단 말이던
가?
13 너희는 법전을 읽고 깨우치는 그 한계
를 넘었으며 나에게 높이 다가와 있으
니,
14 너희는 나의 피조물 만백성에게 법전
을 전하며 그들을 깨우칠 수 있도록
인도하는 데 소홀히 해서는 아니 된다
는 것을 알아야 할 것이니라.
15 그리했다가는 너희는 나의 나라에 들
어올 수 없으며 내 품에 올 수도 없으
며 구원의 역사가 이루어질 수 없기
때문이니,
16 내가 너희에게 이와 같이 내리는 나
의 은혜로운 이 뜻을 깊이 깨우쳐 행
하여야 할 것이니라.
17 나의 법전을 깨우치며 이것이 진정한
하늘에 오르는 길이요, 참진리임을 아
는 너희가 이웃 형제를 깨우치고 그들
을 인도하지 아니하고 너희 자신만이
구원을 받겠다는 그와 같은 욕심에 젖
어 살다 너희가 나에게 와 심판을 받
을 때,
18 그때 가서 잘못됨을 깨우치며 울고불
고 애원해도 네 앞에 닫힌 그 천국의
문은 절대로 열리지 아니하며 그 문을
들어설 수 없는 그와 같은 엄연한 사
실을 이제 너희는 알아야 할 것이니,
19 너희가 만백성을 구하는 데 소홀히 하
지 말며 최선의 역사를 다하도록 그리
하라, 사랑하는 나의 아들딸들아!
20 너희가 최선을 다했을 때, 나의 법전
이 하얀 눈이 세상을 덮듯이 덮일 것

이며 만백성은 그를 접하게 될 것이니
라.
21 그러나 너희가 소홀히 했을 때, 그리
고 너희가 만백성을 구하는 데 최선
을 다하지 아니했을 때,
22 너희가 나에게 와 울고불고 애원해도
천국의 문이 열리지 않는 것은 당연하
며,
23 나 여호와 또한 너희를 알지 못한다
내가 고개를 돌릴 것이니,
24 그때 가서 나 여호와를 원망하는 그와
같은 현실에 부닥치는 너희의 오늘의
삶을 살지 않도록 그리하라.
25 지금 나의 법전을 접하며 만백성을 구
하는 데 최선을 다하라.
26 그리하여 하늘나라의 잔치에 너희가
영광되게 귀빈석에 앉아 참석하는 그
와 같은 영광을 얻도록 하며 그 축복
을 얻도록 그리하라.
27 내가 여는 하늘나라의 그 잔치에 들어
오지 못하며 그 자리에 앉지 못하며,
28 거기에 참석하지 못하며 쫓겨나는 그
와 같은 백성이 되어서는 아니 될 것
이니라.
29 인간 세상에서 경사스런 남의 집 잔
치에 귀빈으로 앉는 자와 그렇지 않고
그 자리에 참석할 자격이 없는 자, 그
문전을 너희가 기웃거릴 때, 너희가
밀려나고 쫓겨나는 그와 같은 사람이
라면,
30 인간 세상에도 얼마나 그 자신이 비참
하며 초라한 모습이던가?
31 그와 같이 나 여호와가 여는 아름다운
잔칫상에, 그 잔치 마당에서 쫓겨나는
그와 같은 백성이 되지 말라.
32 거기서 내가 양팔을 벌려 너희를 받아
들이며 귀빈석에 앉아 너희가 나와 더
불어 갈 수 있는 그 영광은 오로지 만
백성을 깨우치는 데 최선을 다하는 것
이라는 것을 잊지 말라.
33 너희는 법전을 읽고 깨우치고 안 깨우
침이 아니요, 그 단계를 벗어났음이니,
34 나의 백성을 바른길로 인도하며 그들
을 구원하는 데 최선을 다하라.
35 나의 명령이요, 나의 뜻을 따르는 백
성에게 축복이 있으며 영광이 있을 것
이니,
36 그와 같은 역사를 이루는 자가 나의
명령에 따르는 자요, 나의 뜻에 순종
하는 자요, 나의 아들딸이기 때문에,
37 너희가 아버지의 잔칫날에 참석하는
것은 당연하다는 것을 잊지 말라, 사
랑하는 나의 아들딸들아!

5,760 번째 하나님 말씀

2003년 3월 28일 12시 19분

1 사랑하는 나의 아들아!
2 "네, 아버님! 말씀하옵소서."
3 인간이 살아가면서 너희가 얼마나 무
모하며 배짱이 좋으며 무지한 백성인
줄 알겠는가?
4 너희는 이 세상을 살아가면서 나에게
언제 갑자기 불려와 심판을 받을지 누
구도 생각하지 아니함이니라.
5 그리고 그 무서움이요, 두려움을 생각
하지 아니하고 사는 백성이니,
6 너희가 세상의 어떠한 재앙보다도, 어
떠한 역사하는 것보다도 나에게 와 심
판을 받을 때, 너희가 몇 점의 점수를

받느냐는 것이 가장 중요하고 두렵고
무서운 것이니라.
7 그리하여 너희가 육의 세상에 사는 것
도 결국 무엇이더냐?
8 너희는 너희 생명을 마음대로 좌우할
수 없으니 흘러가는 그 세월 속에 고
개를 숙이며 무릎을 꿇는 것이 아니던
가?
9 정상적인 삶을 살아 나에게 와 심판을
받는 자도 있으나, 너희는 수시로 수
없이 많은 사람이 생각지 않던 그 시
간과 장소에 따라 나에게 와 심판을
받는 그와 같은 운명이 엇갈리는 삶을
사는 것이 너희이니,
10 너희는 미래요, 운명을 모르기 때문이
아니던가?
11 그리하여 모르기에 너희가 그리 용감
하며 그리 무지하지 않던가?
12 나 여호와가 보기에는 너희가 가장 두
려워하고 무서워하는 것이 어느 날 나
에게 불려와 심판을 받는 것인가 하여
그 무서움과 두려움 속에서 산다면,
13 얼마나 오늘의 삶을 너희가 조심해서
살아야 하며 얼마나 이 세상에 사는
그 자체에서 아름답게 살아야 하며 남
에게 누를 끼치지 아니하고 살아야 하
는가?
14 그리고 내가 내려 준 세상의 땅을 밟
고 사는 그 자체도 너희는 땅이 울릴
까 두려운 마음으로 세상을 살며,
15 나 여호와에게 누를 끼치지 않으며 나
를 고통스럽게 하지 아니하며 나 여호
와를 슬프게 하는 일은 하지 아니하는
가 그것을 너희가 스물네 시간 생각
하고 산다 해도 준비가 소홀하거늘,
16 어찌하여 너희가 그리도 무지하며 그
리도 용감하며 그리도 세상사의 물정
을 모르고 사는 어리석은 백성인가?
17 내가 오늘 나의 법전에 이 뜻을 기록
하여 너희에게 전하는 이유는 너희가
몰라도 너무 모르는 인생을 살기 때문
이니라.
18 머리가 영특하여 너희가 오늘 달릴
수 있다 하여 내일도 달릴 수 있다 생
각하는 것이 얼마나 어리석은 자인가?
19 너희가 나에게 와 심판을 받는 것은
순서가 없으며 시간과 때와 장소가 없
으며,
20 인재로써, 천재로써 어떠한 변화 속에
서도 너희는 수없이 나에게 와 심판을
받고 그 심판에 대한 대가를 치르는
것이니,
21 수시로 너희가 불려오는 그와 같은 형
국이니라.
22 너희가 바닷가에 낚시라는 것을 던져
서 고기를 낚을 때, 제가 물려서 육지
로 와 도마 위에 죽어 가는 신세라는
걸 생각하고 사는 물고기가 없을 것이
며,
23 그물이라는 것에 걸리는 물고기 또한
제가 그리 걸릴 것이라 생각하지 않
을 것이니라.
24 넓은 바다는 다 제 것이요, 그 모든 작
은 생물을 다 먹고 살 수 있으니 영원
히 그 푸른 물속에서 제가 그리 살 것
이라 생각하나,
25 제가 한 번의 실수로 낚시에 걸리고
그물에 저 자신이 걸려들어 스스로 죽
어 가는 것을 생각하는 물고기가 없듯
이, 너희가 그와 같은 형국의 삶임을

모르고 있음이니라.
26 이제 가장 중요한 것은, 너희가 언제
나에게 불려 올지 그 시간과 운명을
모르는 것이니, 그것에 대비하는 삶을
살아야 한다는 것이니,
27 그리하면 겸손함을 알며 세상의 소중
함을 알며 세상의 아름다운 그 모두를
알게 될 것이니라.
28 이 세상에 아무리 소중하고 귀한 것이
며 자연의 꽃이 아무리 아름답고 모두
가 아름답고 사랑스럽다 하여도 너희
가 육이 있고 살아 있어 걸을 수 있으
며 말을 할 수 있으며 달릴 수 있는 그
순간에는 세상의 그 모든 것의 소중함
을 모르느니라.
29 너희가 죽음 직전에 이제 숨을 거두기
직전 몇 초를 남겨 놓지 않고 이 세상
을 봤을 때는 모두가 아름답고 소중한
걸 알며,
30 어제까지 그저 발길질했던 그것이 얼
마나 소중하며, 어제까지 감사한 걸
몰랐던 것이 얼마나 소중한 것이며,
31 너희가 나로부터 무상으로 마시는 공
기가 얼마나 위대한 것이며, 자연의
그 모든 것을 마음대로 훼손하고 짓밟
고 살아왔던 그것이 얼마나 소중하고
귀한 것이며,
32 너희가 가정의 소중함을 모르며, 아내
의 소중함을 모르며, 자식의 소중함을
모르며, 부모의 소중함을 모르며, 이
웃의 소중함을 모르고 살아왔던 것을
너희가 죽는 그 순간만큼 소중하게 느
낄 때는 없으니, 그때는 이미 때가 늦
음이니라.
33 그러니 그때와 같은 삶으로 이 세상을
살아간다면 너희는 천사요, 남으로부
터 하늘에서 내려온 천사라는 말을 들
을 것이니,
34 천사라는 소리를 지상에서 듣는 자는
내가 그에게 날개를 달아 하늘에 데려
온다 하였음이니, 이 뜻을 깊이 새겨
살도록 그리하라.

5,761 번째 하나님 말씀

2003년 3월 28일 12시 25분

1 사랑하는 나의 아들아!
2 나의 아들 예수를 통하여 너희에게 기
록하여 전하였음이니라.
3 모든 백성이요, 모든 민족을 한 곳에
모아 놓고 각각 분별하기를 시작하여,
4 양과 염소로 분별하여 양은 오른편이
요, 염소는 왼편에 둔다는 그와 같은
가르침이 있음이니,
5 이는 바로 무엇이던가?
6 내가 버릴 자와 쓸 자를 구분한다는
그와 같은 뜻을 너희는 알아야 할 것
이니, 그때 너희가 오른편에 서는 자
가 되어야 할 것이며, 왼편에 서는 버
린 자가 되어서는 아니 됨을 알아야
할 것이니라.
7 그때 임금이 오른편에 있는 자들에게
이르되, '내 아버지께 복 받을 자들이
요, 여호와 창조주로부터 너희를 위하
여 예비된 날을 너희가 상속하리라.'
그와 같이 너희가 상속의 자격을 얻
는다 하였음이니라.
8 이는 과연 무엇이던가?
9 선별되고 선택된 백성을 이 세상에 살
도록 하고자 하는 창조주 나 여호와가

너희에게 이루는 것이며,
10 너희는 나를 하나님이라 부르며 창조
주 여호와라 부르며 아버지라 너희가
그리 울고불고 부르지 않는가?
11 창조주요, 너희 아버지인 나 여호와가
너희를 심판하기 시작할 때, 그때 내
가 살 자와 죽을 자요, 그리고 이 세상
에 존재할 자와 존재하지 아니할 자를
구분한다는 그와 같은 뜻임을 너희는
알아야 할 것이니, 그는 곧 심판이 있
다는 뜻이니라.
12 오른편에 양이요, 왼편에 염소라는 것
은 바로 곧 나 여호와의 심판의 시대
가 열리며 심판의 역사가 이루어진다
는 것이니,
13 지금 내가 법전이라 하여 심판의 기준
을 내려보내어 너희를 심판하고 있다
는 것을 너희는 잊어서는 아니 될 것
이니라.
14 내가 심판한 그 백성을 따로 지정한
어떠한 장소요, 어느 한 나라에서 존
재하며 지구의 한 부분에서 살아가는
그 역사를 뜻함이 아니니라.
15 사악한 자들은 이 세상에 존재치 못하
며, 나로부터 선택된 백성이 이 세상
에 모두 존재하며 이 세상을 지배하며
이 세상을 관장하며 살아가는 그와 같
은 역사가 이루어진다는 것을 알아야
할 것이니라.
16 너희가 나 여호와가 원하는 백성, 순
종하는 백성, 그리고 나의 계명대로
살아가는 백성, 내가 내린 나의 성령
이요, 새로운 성경이요, 나의 법전대
로 살아가는 백성,
17 내가 최초에 모든 것을 이루었던 때
이 지상은 인간에게 주고자 만들었듯
이,
18 선택된 백성이 최초에 내가 내린 그
영광과 역사 속에서 살아간다는 그것
이 바로 내가 심판의 역사가 이루어지
는 결과라는 것을 알아야 할 것이니라.
19 이 지상을 만들어 내가 너희에게 줬을
때 최초의 그 마음이요, 그때 그 백성
으로 돌아가는 자들만이 이 지상에서
이루고 살게 되어 있음이니,
20 그리하여 이 세상에 내가 천 년에 걸
쳐 그 역사를 이루어, 바로 나에게 순
종하는 백성이요, 순응하는 백성이요,
그리고 오만하지 아니한 백성이요, 사
악하지 아니한 백성이요,
21 천사와 같이 변한 백성이 선택된 자며,
22 곧 이는 무엇을 의미하는가?
23 너희가 상속자가 된다는 것을 잊어서
는 아니 될 것이니라.
24 그리하여 내가 상속자를 지금 구분하
며 상속하여 그 후손이 대대손손 이
세상의 지구에 살며,
25 천 년에 걸쳐서 선택된 백성만이 존
재하며, 그들이 죽어 나에게 바로 올
라올 수 있는, 하늘과 땅이 하나가 되
는,
26 곧 하늘에서 이루어진 것같이 이 땅에
서 이루어진다는 것,
27 하늘나라의 그 모든 것이 지상에서 이
루어진다는 그것은 무엇을 의미하는
가?
28 너희가 육에 살다가 죽어서 하늘에 그
대로 올라올 수 있는 축복과 영광이
너희에게 있다는 것을 의미함이니라.

5,762 번째 하나님 말씀

2003년 3월 28일 12시 35분

1 사랑하는 나의 아들아!
2 "네, 아버님! 말씀하옵소서."
3 나 여호와의 뜻에 따라 너희가 참진리
를 깨우치며, 그 진리를 강론할 자격
이 있으며,
4 진리가 무엇이며 하늘에 오르는 것이
무엇이라 만백성에게 말로써 전할 수
있으며 선생으로 설 수 있는 자,
5 그리고 구약과 신약의 성경이요, 모든
성경의 흐르는 내용을 다 암송하며 그
를 꿰듯이 아는 자,
6 또한 나의 법전을 정독하여 깨우쳐 알
고 있으며 십계명이 무엇인지 다 아는
자,
7 그 모두는 참진리의 길이요, 하늘에
오르는 길이라 그리 알며 그리 깨우쳐
가고 있느니라.
8 그러나 여기서 너희는 가장 중요한
것을 알아야 할 것이니라.
9 아무리 강론을 잘하며 설교를 잘하며
너희가 만백성에게 가르침을 잘한다
하여도,
10 그리고 성경이요, 나의 법전이요, 하
늘에 오르는 길이라는 것을 완벽한 것
으로 안다 해도,
11 너희가 정녕 하늘에 오를 수 있는 것
이 아니며, 구원을 받을 수 없다는 엄
연한 사실을 알아야 할 것이니라.
12 너희가 알고 말로써 수다를 떠는 것보
다 더 중요한 것이요, 구원을 받는 것
이요, 가장 중요한 그 역사는,
13 내가 가르치고 전하는 그 뜻대로 적용
하여 실천함으로써 남에게 보여 주며,
14 남들 앞에서 살아가는 그 모습으로 변
할 때, 너희가 가장 중요한 자며,
15 그것이 나로부터 구원을 받는다는 것
을 알아야 할 것이니라.
16 읽고 들은 그 모두를 덮어두고 육의
행복에 매달려 산다면 아무런 의미가
없음을 너희는 알아야 할 것이니라.
17 아무리 읽고 깨우쳐 그 내용을 잘 안
다 하여도, 너희가 행하지 아니하고
그저 육의 삶에 빠져 육의 행복이요,
육의 그 화려한 삶에 빠져서 산다면,
18 그리고 육의 행복만을 위하여 매달리
는 그와 같은 삶을 산다면, 아무런 의
미가 없으며 가치가 없으며,
19 아무리 외우고 들어도 소용없는 것이
이 법전이요, 성경의 의미임을 너희는
알아야 할 것이니라.
20 성경이요, 나의 법전을 볼 필요도 없
는 자들이며, 그걸로 갑론을박할 자격
도 없음을 너희는 알아야 할 것이니
라.
21 어떠한 환경이라 하여도 너희가 겸손
한 자세로써 배워야겠다는 생각과,
22 배워서 깨달은 것은 정녕 행하고 실천
하는 그와 같은 삶으로 살아갈 때, 너
희 스스로 거기서 겸손한 것을 알며
겸허한 것을 알게 됨이니라.
23 너희가 깨닫고 행하는 것은, 더러워서
쳐다보지도 않던 것을 손으로 잡을 수
있으며, 더러워서 보기도 싫었던 것을
만지고 닦아 주며 씻어 주며,
24 남들이 더러워서 손대지 않는 것을 너
희가 스스로 하면서 기쁨을 얻으며,
25 남들이 쳐다보지 않는 것, 그리고 남

들이 버리는 것을 주워서 쥐고 올 수
있는 그와 같은 마음 자세로 변하는
그것이 얼마나 위대한 것인 줄 아는가?
26 너희 손이 더러워질까, 육신이 더러워
질까 하여 감히 남들이 쓰다 버린 것
을 줍지 못하고 버리던 그와 같은 너
희가,
27 그걸 주워서 버리며 씻어서 버리며 스
스로 닦았을 때,
28 그 손은 물로 씻으면 되는 것이라 그
리 생각하며 행하는 백성으로 변하는
그것이 행동이며 행함이라는 것을 알
아야 할 것이니라.
29 그리하다 보면 너희가 겸손한 것을 알
며 겸허한 것을 알게 되며, 스스로 오
만한 것을 모르게 되며, 자만한 것을
모르게 되는 것이 바로 변하는 역사요,
30 나로부터 선택된 백성이요, 나의 법전
을 읽고 변한 백성 그들의 이름을 내
가 기억한다는 걸 너희는 알아야 할
것이니라.
31 겸허하고 겸손한 것이요, 어떠한 환경
속에서도 참진리를 찾을 수 있는 것은
행함에 있음을 너희는 알아야 할 것
이니,
32 행하지 아니하고 말로써만 기억하며
눈으로 읽는 것, 그리고 인간 세상에
매달려 사는 것에만 연연하는 자,
33 그리고 언제 법전을 봤으며 언제 성경
을 봤으며 거기에 어떤 구절이 있든
없든 그건 저와 관계없다며 사는 자,
그것이 얼마나 오만한 자며 자만한 자
며 잘못된 백성인가?
34 그는 배울 수가 없으며 깨달을 수가
없으며, 그는 들을 수가 없다는 것을
너희는 알아야 할 것이니라.
35 그리하여 그는 어려운 시련이요, 어려
운 훈련이요, 어려운 고통을 견디고
인내할 수 있는 인간이 아니니, 나로
부터 선택된 백성이 아니요, 나에게
오를 수 없으며 그들은 나와 아무런
관계가 없는 것이니라.
36 그러나 너희는 그렇게 해서는 아니 될
것이니라.
37 나로부터 선택된 백성 너희는 견디고
이겨야 할 것이며, 견디고 이기는 길
뿐이라는 것을 알아야 할 것이니라.
38 그리고 배우고 깨우침은 항상 행하는
것을 우선으로 하며, 실천하고 행동으
로 옮기며 살아갈 때, 모든 백성이 너
희를 따를 것이며,
39 너희와 선택되지 않은 백성이 차별화
될 것이며,
40 그리하면 행하지 않는 자가 얼마나 어
리석은 것인지, 그리고 행하지 않는
것은 죽음이요, 산 믿음이 아니라는
것, 그리고 나 여호와가 기억하지 않
으며 내가 선별하여 내가 쓰고자 하지
아니한다는 이 모든 것을 그들에게 깨
우쳐 주며,
41 그들이 스스로 알 수 있도록 너희가
바르게 변하여 행동하고 살아가는 것
이 해야 할 일이라는 것을 잊지 말아
야 할 것이니라.
42 깨우치는 수고로움 때문에 중단하지
말며, 깨우치기 어렵고 힘들다 하여
너희가 포기하지 말며,
43 만백성을 구하는 데 모두를 다하며 몸
소 실천하여,
44 구차한 일, 더러운 일, 그 모두 즐거운

마음으로 행할 수 있는, 변하는 삶으
로써 역사해야 한다는 것을 절대 잊
지 말라.
45 적용해야 하느니라.
46 모든 구약과 신약의 내용이요, 그리고
나 여호와에게 오르는 참진리요, 계명
이요, 나의 법전에 기록된 새로운 성
경이요, 내가 하늘에 오르는 길이라
하여 책으로 내리는 이 법전,
47 그 모두를 읽고 또 읽어 그대로 행하
고 실천하는 것만이 너희가 나에게
오르는 길이라는 것을 가르쳐 주고 또
가르쳐 주어,
48 그들이 듣고 또 들어 저희 머릿속에
서 지울 수 없도록 그와 같이 그들을
깨우쳐 주도록 하라, 사랑하는 나의
아들딸들아!

5,763 번째 하나님 말씀

2003년 3월 28일 20시 53분

1 사랑하는 나의 아들아!
2 "네, 아버님! 말씀하옵소서."
3 모세가 그 백성을 이끌어 나올 때까
지 그 흐른 세월이 과연 몇 년이던가?
4 몇백 년이라는 그 세월이 흐른 다음에
내가 모세에게 그 백성을 인도하라는
대명을 내렸음이니,
5 그 백성이 그 땅에서 살아오는 동안에
행복과 부귀영화만이 있었다 생각하
는가?
6 그들은 종과 같은 삶이요, 천대받는
삶이요, 시련과 고통 속에서 살았으며,
7 나라가 없는 백성의 설움이 무엇인지
를 그들은 뼈저리게 느꼈으며,
8 그들의 그 고통은 말할 수 없었음이니
라.
9 인간 이하의 대우를 받으며 인간 이하
의 대우 속에서 그들이 살아왔음이니,
10 과연 그들에게 내가 내린 것이 무엇이
던가?
11 그는 바로 시련이며 훈련이니라.
12 모든 백성 속에서 그 백성이 선택되어
거기서 4백 년이라는 그 역사의 뿌리
를 내리는 속에 그들은 너무나 찢기고
밟혔으며, 그 고통과 시련이 바로 훈
련이니,
13 이 세상 수십억 인구 중에서 그들만
을 선택하여 그 훈련의 역사가 흐른
것은, 그들로 하여금 그들이 깨달음이
있으며 나 여호와를 믿으며 나 여호와
가 존재함을 믿는 백성으로서 훈련의
그 세월이 흘렀음이니라.
14 그리하여 나의 모세가 나로부터 선택
되어 그 백성을 이끌고 광야에서 몇
십 년 동안 또 시련과 고통 속에 그들
이 살아갔음이니, 그는 또 무엇이던가?
15 그 백성 중에서 또 선별하여 나의 뜻
대로 살아갈 수 있으며, 내 역사를 이
룰 수 있는 그와 같은 백성을 선별하
는 그 세월이 그리 흘렀음이니라.
16 그것은 나에게 순종하는 백성이요, 나
의 뜻에 거역하지 아니하고 살아가는
모든 백성을 선택하며 선별하기 위한
그 세월이 그리도 많이 흘렀음이니라.
17 오늘 너희가 나의 법전을 읽으며 나
의 아들의 강론을 들으며 나로부터 선
택되어 부름을 받은 것이 얼마나 되던
가?
18 너희는 그 세월 속에 얼마나 많이 변

화했으며 얼마나 깨우쳤는가?
19 너희 또한 선별하고 또 선별하고 선별
을 거듭하여 내가 원하는 백성이요,
나의 권능을 다 받아 행할 수 있는 백
성이 탄생하게 되는 것이니라.
20 그러니 이 짧은 시간 속에 살아온 너
희의 삶은 고통도 아니요, 훈련도 아
니요, 나에게 시험의 대상에 있는 것
도 아님이니라.
21 다만, 내가 모든 나의 성령을 기록하
여 책으로 만들어 하늘에 오르는 길이
라 하여 너희 가슴 앞에 이 모두를 심
어 주며, 너희 눈앞에 책으로 펼쳐져
너희가 보고 깨우쳐 행할 수 있도록
그리 만들어 줬음이니,
22 너희는 그와 같은 고통과 시련이요,
훈련이 없이 짧은 시간 속에 너희를
변화하게 하여 내가 쓰고자 하는 것이
나 여호와의 뜻임을 너희는 알아야
할 것이니라.
23 그러니 너희의 오늘의 시련과 고통은
얼마나 편안한 길인가?
24 그 백성이 겪었던 그 역사의 고통과
시련을 너희가 한번 머릿속에 상상해
보도록 그리하라.
25 광야의 생활이 과연 어떠했겠는가?
26 그리고 4백 년 동안의 노예와 같은 그
생활은 어떠했으며,
27 광야에서 40년의 생활은 편안한 길이
며 즐거운 길이라 생각했겠는가?
28 그들의 수많은 고통과 시련은 말할 수
없었음이니,
29 그리하여 내가 말하는 땅에 그들이 가
안주하도록 그리 만들었으나,
30 정녕 새로운 천 년이요, 새 역사를 이
루는 지금 선택된 백성 너희는 그보
다 더 어렵고 힘든 그 역사를 흘러가
야 할 것이니라.
31 그러나 내가 그 모두를 토대로 하여
나의 성령을 태워 내가 나의 아들의
가슴에 내려보내 '하늘에 오르는 길'
이라는 책으로 만듦이니,
32 너희가 이걸 보고 느끼면서 너희가
가야 할 길과 내가 역사하는 길에 내
가 선택한 백성으로 너희를 씀이니,
33 너희는 오늘의 시련을 시련이라 생각
하지 말며 고통을 고통이라 생각하지
말라.
34 한 시대의 역사를 이루는 그 선택된
백성이 살아온 삶에 비유한다면,
35 내가 모두를 다 접어두고 천 년에 걸
쳐 새로운 역사를 이루는 것이며,
36 하늘과 같은 낙원을 지상에서 이제는
실현하고, 그 속에서 살 수 있는 백성
을 심판하여 그들을 다스리는 이 역사
를 이루는 데 너희가 쓰이며 선택된
자들이니,
37 정녕 어떠한 시련과 고통이 있다 하여
좌절해서도 아니 되며 그것을 시련과
고통으로 생각해서도 아니 됨을 너희
는 알아야 할 것이니라.
38 천 년의 역사에 너희 후손이 대대손
손 이 세상의 낙원에서 사는 그 백성
의 기틀을 만드는 그와 같은 역사의
시작이며 기초를 다지는 너희의 오늘
의 삶은 축복이요, 영광 속에서 감을
너희는 알아야 할 것이니라.
39 그 시대의 백성은 선택되기 위하여,
나로부터 선택된 백성으로 쓰이기 위
하여 얼마나 많은 고통과 시련을 겪었

는가?
40 너희는 즐기며 가장 행복한 속에서 선
택되어 지금 그 길을 간다는 것을 알
아야 할 것이니라.
41 그것이 바로 선택된 백성의 영광이요,
축복이니라.
42 그들처럼 그 역사 속에서 내가 너희를
그리 시험하며 훈련해서 새로운 역사
를 이룬다면, 너희는 과연 견디고 따
라갈 수 있으며, 남아 있을 백성이 과
연 얼마나 있겠는가?
43 40년이라는 그 역사 속에서 그 백성
이 다 살아서 존재했겠는가?
44 죽어 간 자가 수없이 많으며 새로 태
어난 자가 또 수없이 많으니,
45 광야에서 처음 태어난 아이가 40년
만에 선택한 그 땅에 갈 수 있었다 내
가 너희에게 그리 기록하여 전하였음
이니,
46 과연 너희는 어찌해야 이 역사를 이
루겠는가?
47 단 10년이라는 그 세월 속에 나의 기
적을 보며 나의 역사를 보며 세상이
변하는 그 모두를 볼 수 있는 것이 너
희라 하였거늘,
48 어찌하여 오늘의 삶이요, 오늘의 훈련
이요, 너희가 견디는 그것을 고통과
시련이라 생각하는가?
49 내가 너희에게 한 사람 앞에 열 명이
라는 제자를 육성하라 하였음이니라.
50 그것도 또한 단 한 사람을 육성함으
로써 너희가 바른길을 갈 수 있다 내
가 그리 말하였거늘,
51 그 역사 하나 손바닥 위에 만들어 놓
지 못하며 너희 손 위에서 그 역사 하
나 그림을 그리지 못하면서 나에게 무
슨 축복을 원하며,
52 내가 너희의 고통을 덜어 주며 너희
가 어떤 기적과 역사를 원하는가?
53 너희는 자신을 돌이켜 봐야 할 것이
며, 너희가 얼마나 축복받은 영광 속
에서 지금 나에게 선택되어 오는 것이
며,
54 나로부터 선택된 너희는 어떠한 역사
요, 어떠한 행위가 나에게 보답하는
길이며 너희가 해야 할 길이며 나로
부터 선택된 백성이 해야 할 길이 무
엇인가를 이제 깊이 생각할 때가 되었
음이니라.
55 모든 너희 제자 중에서 선별하고 또
선별하는 그 세월은 계속 시행될 것이
며, 선별하여 최종 선정되었을 때, 그
때 가서 너희가 어찌 쓰이는 것이며,
너희가 기적과 역사를 이루는 것이 무
엇인가를 스스로 알게 될 것이니 그리
알라.

5,764 번째 하나님 말씀

2003년 3월 28일 22시 35분

1 사랑하는 나의 아들아!
2 "네, 아버님! 말씀하옵소서."
3 오랜 광야 생활에 찌들 대로 찌들었으
며 나이가 80이 된 모세에게 그 백성
을 구하라 하여 그를 죽이고자 기다리
는 그곳으로 보냄이니,
4 그는 나의 명령을 따라, 나의 뜻에 따
라 그리 행하였음이니라.
5 오늘 내가 나의 음성으로 너에게 만백
성을 구하는 법전을 만들어 기록하라

하여 네가 지금 160권의 법전을 기록
하는 그 역사 또한 네가 나의 명에 순
종하며 그리 따라감이니,
6 네 나이가 60이 가까운 지금의 그 형
국에서 네가 밤과 낮을 가리지 아니하
고 그 역사를 하고 있음이니라.
7 모세가 나의 명령을 따라서 그와 같이
내 뜻에 따라 그 역사한 것도 소중하
며 기적이며, 네가 또한 이 역사하는
것도 기적이며 이보다도 큰 은혜와 영
광이 없음이니라.
8 그러나 너는 알아야 할 것이니라.
9 내가 바윗돌을 가지고 저것이 사과이
니 먹으라 하면, 너는 이로 그것을 깨
물어야 하는 것이 너이니라.
10 그것이 네가 가야 할 길이며, 믿음이
며, 내가 존재함을 아는 것이니라.
11 주먹만 한 돌을 사과라 하여 내가 그
를 씹으라 할 때,
12 네가 이가 부러질 것이며 그건 돌이라
하여 깨물지 않는다면 그것은 바로 무
엇이던가?
13 네가 나를 믿지 못함이요, 내가 존재
함을 의식하지 못함이니라.
14 그것이 지금 네가 나의 법전을 기록하
여 역사하는 그것보다 돌을 깨물라
할 때 깨물 수 있는 그 믿음이요, 행함
이 더 중요함을 너는 알아야 할 것이
니라.
15 그것이 믿음이요, 나에게 역사하는 것
이니라.
16 그와 같은 굳건한 믿음과 순종함에 따
라서 모든 역사가 이루어짐이니,
17 인간의 검은 머리로 생각하지 말며 판
단치 말라 내가 너에게 명하였음이니,
그를 너는 잊어서는 아니 될 것이니라.
18 또한, 너를 따르는 제자들이요, 모든
백성은 너희가 계산으로 하는 것은
인간 세속의 계산이며 인간의 생각이
며,
19 나 여호와가 이루고자 하며 역사를 이
루고자 하는 그 뜻은 너희가 알 수 없
으며,
20 내가 내리는 명에 따라 순종하며 따르
는 것이 너희가 가야 할 길이며 역사
한다는 것을 절대 잊어서는 아니 될
것이니라.
21 그와 같은 역사와 시련 속에서 믿음이
굳건한 그 속에서 환란이요, 불어오는
태풍이요, 그 소용돌이에서 견딜 수
있는 것이 중요함이니라.
22 그 모든 훈련과 시련을 거듭하지 아니
하며 내가 너에게 내리는 명령이요,
내가 너에게 명하고 지시하는 모든 것
에 너는 오로지 '예!' 하고 대답하며,
그밖에 아무것도 있어서는 아니 되며,
23 그것이 진정한 나의 아들이요, 나로부
터 선택된 백성이요, 만백성을 구하는
나의 목자요, 내가 명한 자라는 것을
너는 잊어서는 아니 될 것이니 그리
알라.
24 불 속에 뛰어들라 할 때, 뛰어들 수 있
는 것이 바로 믿음이 아니던가?
25 바위를 과일이라 하여 깨물라 할 때
네가 깨물지 못한다면, 내가 죽어 가
는 불 속에 뛰어들라 할 때 과연 네가
뛰어들 수 있는가?
26 나의 아들 예수가 십자가에 못 박혀
죽을 때, 그를 내가 말하지 아니하며
그를 구원하지 아니하며 그에 응답하

지 아니하니, 그는 십자가에 못 박혀
고통스러운 죽음의 시련을 갔으니,
27 과연 만백성을 구하는 160권의 법전
을 세상에 만드는 네가 그와 같은 믿
음이요, 그와 같은 행동이 따르지 아
니한다면, 과연 무엇으로써 네가 역사
할 수 있단 말이던가?
28 지금 160권의 법전을 기록하는 것이
네 목숨을 내놓는 것보다 더 위대하며
더 고통스러운 길이던가?
29 네가 그 역사하는 160권의 법전의 내
용은 만백성을 구하는 위대한 것이며
소중한 것이나, 네가 받아쓰며 만들어
놓은 그 역사는 네 팔다리를 자르는
것만큼의 고통이 아님을 너는 알고 있
지 않으냐?
30 그것이 네가 진정한 믿음이요, 불변하
는 믿음이요, 영원히 변하지 않는 믿
음이라 할 수 있겠는가?
31 너는 순종하며 따르는 것이 네가 가야
할 길이며 역사할 길이니,
32 미래에 이루어지는 것이요, 미래에 역
사하는 것을 네가 계산하고 생각한다
면, 이는 네 생각이요, 나의 뜻이 아님
이니,
33 너는 나로부터 선택된 나의 아들이요,
나로부터 명받은 만백성을 구하는 인
도자요,
34 그리고 죽은 자 중에서 산 자요, 돌과
같이 살아난 자요, 명에만 따라 살아
가야 하는 네 신분을 잊어서는 아니
될 것이니 그리 알라, 나의 아들아!
35 내가 명하는 것을 따르지 아니하며 네
가 행하지 못할 때, 너의 제자들 또한
어렵고 힘든 그 명을 내렸을 때 과연
그들이 행하고 실천할 수 있겠는가?
36 이것이 바로 오늘의 너를 가르치는 교
훈이요, 내가 너에게 명하는 뜻이요,
37 모두를 실천으로써, 행동으로써 보이
는 그와 같은 길을 가야 하는 것이 너
라는 것을 잊어서는 아니 될 것이니라.

5,765 번째 하나님 말씀

2003년 3월 28일 22시 42분

1 사랑하는 나의 아들아!
2 "네, 아버님! 말씀하옵소서."
3 인간 한 사람이 살아온 그 삶이요, 살
아온 지난날의 그 습관과 관습을 하루
아침에 바꾸고 고치기가 어렵고 힘든
것이 습관이며 버릇이니라.
4 그러니 지금의 믿음의 집단이요, 종교
집단이요, 단체로 깨우치고 이끌어 오
는 그 속에 젖어 있는 자, 그들의 집단
이 너희에게 계속 세뇌 작업을 하는
이와 같은 상황에서 너희가 다시 변화
하고 깨우치기까지 얼마나 어렵고 어
려운 길인가를 너희는 알아야 할 것
이니라.
5 지금의 믿음의 종파는 구약과 신약의
그 수천 년 동안 흘러오는 그 세월 속
에 너희가 길들어 왔으며 습관이 되
어 왔으며, 모든 것이 몸에 배어 눈을
감고도 행할 수 있도록 그 믿음의 행
사요, 형태가 뿌리내려져 있음이니,
6 계속 흘러내려 온 너희 삶을 지금에
와 다시 바꾸며 다시 세우며 새로운
변화의 소용돌이 속에 너희가 편승한
다는 것은 그리 쉬운 일이 아니며 그
는 정녕 어렵고도 힘든 길이니라.

7 그러나 너희가 지금까지 믿으며 오는
세상의 너희 관습이요, 습관이 중단된
것도 아니요, 폐지된 것도 아니요,
8 계속 나의 사랑하는 백성 앞에 인간
의 계획인 그 믿음의 세뇌를 계속하
며, 그들의 뇌리 속에 쉬지 않고 너희
를 따르는 길이 구원의 길이요, 하늘
에 오르는 길이라 계속 부어 넣으며,
그리고 계속 집요하게 이끌고 가는 그
와 같은 형국에서는,
9 아무리 참진리요, 아무리 위대한 것이
라 하여 나 여호와가 직접 내려가 나
의 음성으로써 너희에게 변화를 요구
한다 해도 너희는 변할 수 없으며, 변
하기가 너무나도 어렵고 힘든 길이니,
10 죽음과도 바꾸지 아니하려는 것이 너
희의 지금 관습이요, 굳어져 온 지금
의 그 믿음의 형태이니라.
11 그러니 그들을 바로잡기가 얼마나 힘
들고 어렵단 말이던가?
12 그리고 너희는 그 속에서 넓은 세상에
사는 것을 보지 못하도록 그리 교육받
았으며, 스스로 변하지 못하도록 통제
받고 있으며,
13 외부의 모든 백성의 사는 것까지도 접
촉을 금지하도록 말하며, 교제하고 협
조하는 것까지도 금하도록 하며,
14 오로지 너희 종교 집단 그 안에서만
너희가 배우며 얻도록 그리 살아감이
니,
15 세상사 넓은 세상에서 가르치는 것을
보지 못하며 듣지 못하며 접하지 못함
이니, 너희가 어찌 변화할 수 있단 말
이던가?
16 그리하여 나의 피조물 만백성을 세뇌
시키고 또 세뇌시켜 고립시키며,
17 너희만을 바라보며 너희의 세 치 혓바
닥에서 나오는 그 말이 성령이요, 나
에게 오르는 길이요, 참빛이라 하여
구원을 바라보며 그를 받아먹고 살고
자 하는 그 습관이 지금도 뿌리가 깊
이 내려져 있음이니,
18 그를 어찌 변화시킬 수 있단 말이던가?
19 작은 것에서부터 변화하며 작은 것부
터 역사하기 시작해야 너희가 변화할
수 있으니,
20 아무리 작은 것도 너희에게 근접지 못
하며 아무리 작은 것이라도 너희에게
역사하지 못하게 그와 같이 너희가 세
뇌되도록 문을 닫고 있음이니,
21 과연 지금의 백성이 어찌 구원의 길을
볼 수 있단 말이던가?
22 그들의 마음을 열 수 있는 것이 없으
며 그들이 작은 변화라도 이룰 수 있
는 것이 세상에 아무것도 없음이니라.
23 그리하여 내가 나의 법전을 세상에 하
얀 눈이 덮듯이 다 덮는다는 것이 여
기에 있음이니라.
24 그리하여 눈이 덮듯이 세상을 덮어 놔
저희가 움직이지 못하도록, 그리고 그
를 밟지 않고 갈 수 없으며 그를 들추
고 갈 수 없으며 그를 보지 아니하고
갈 수 없게 그와 같이 세상을 다 덮었
을 때,
25 그들의 작은 마음이 열리기 시작할 것
이며, 그 열리기 시작하는 그 마음속
에서 그들이 변화를 이룰 것이니,
26 그게 바로 내가 원하는 길이며 내가
역사하고자 하는 것이니,
27 그들의 마음의 문을 열 수 있는 것은

나의 법전밖에 없다는 걸 알아야 할
것이니라.
28 지금 그들이 하늘에 오르는 길이요,
구원의 길이라 하여 믿음의 길을 가는
것은 인간 세속의 토속적인 신앙에 너
무나도 뿌리 깊이 박혀 있으며,
29 그 뿌리가 너무 깊게 박혀 있기에 그
를 빼낼 수 없으며 뽑아낼 수 없는 그
와 같은 형국이니라.
30 오로지 이는 나의 법전이 세상에 나가
만백성을 깨우쳐 주며 그들이 새로운
세상을 볼 수 있을 때, 내가 역사하여
그 모두를 다스리고 정리하는 길밖에
없음을 너희는 알아야 할 것이니라.

5,766 번째 하나님 말씀

2003년 3월 28일 22시 50분

1 사랑하는 나의 아들아!
2 "네, 아버님! 말씀하옵소서."
3 나의 피조물 만백성이 인간이기에 실
수하지 아니하고 죄를 짓지 아니하고
살 수 없으며 거짓말하지 아니하고
살 수 없다는 말을 나 여호와는 알고
있음이니라.
4 너희가 차라리 바위가 되었다면 부는
바람이요, 찬바람에 찬 것을 느끼지
못하며 눈보라가 휘몰아친다 하여도
눈보라의 그 뜻을 모르듯이,
5 너희가 말하는 생명이 없는 바위요,
돌은 그와 같이 살 수 있을 것이니라.
6 그리하여 그들은 어떤 풍화작용으로
변하는 것 외에는 어떠한 것에도 변화
하지 않으며 거기에 대응치 아니하며
그저 묵묵히 자기 자리를 지키는 것
이며,
7 누가 뭐라 해도 무응답으로써 일관하
는 것이 그 바위가 아니던가?
8 그러니 돌과 바위는 그와 같이 견디고
버틸 수 있을 것이니라.
9 그러나 나의 사랑하는 백성 너희는
감정이 있으며 생각이 있음이니라.
10 너희가 아름답게 살아가고자 하며 변
화하고자 하여 노력하고 또 노력하며
죽음 못지않은 그 고통의 길을 가고자
하나,
11 상대방이 너희를 밀어붙이고 당기며
너희 뺨을 후리고 감정을 복받치게 하
며, 이해관계에 따라서 너희에게 핍박
을 주며 고통을 줌이니,
12 그때마다 참고 인내한다는 것은 살아
있는 동물이며 인간으로서 참기 힘든
것을 알고 있느니라.
13 그러니 너희가 바로 서는 것이며 천사
와 같이 역사한다는 것이 얼마나 힘
든 길이던가?
14 작은 미물도 감히 제가 상대할 수 없
는 인간이며 또 저희보다 큰 것이라
하여도 계속 괴롭히며 치근거리며 고
통을 줄 때, 그 미물은 있는 힘을 다하
여 공격하고자 하며 물려고 하는 것이
그 미물들이 아니던가?
15 모든 짐승이 또한 그러하니라.
16 저를 핍박하며 저를 공격하고자 하면
아무리 큰 것이요, 아무리 위대한 것
이라 하여도, 제가 감당치 못한다 해
도 그는 대들며 악을 쓰게 되어 있음
이니,
17 인간인 너희는 감정의 동물이요, 생각
하는 동물이요, 변화하는 동물이니,

18 너희를 괴롭히는 자가 있을 때, 너희
의 감정을 상하게 할 때, 그리고 이해
관계에서 경우에 맞지 않은 일을 할
때,
19 법도가 있으며 정도가 있는 것을 뒤집
어 아니라 억지를 쓰며 너희에게 덮
어씌우고자 할 때,
20 그와 같을 때 너희는 견디기 어려우
며 참기가 어려운 것을 나는 알고 있
음이니라.
21 그러나 그러한 상황에서도 참고 인내
해야 하는 것이 너희가 가야 하는 길
이라 내가 말하지 아니하였더냐?
22 누가 감정이 격앙되어 너희에게 말하
되, 그는 그것으로써 나에게 대가를
받을 것이며, 그가 감정을 폭발하며
언성을 높이며 너희에게 공격적이며
피해를 주는 것은 그의 죄요,
23 그렇다 해서 너희가 맞받아치는 백성
이 되어서는 아니 된다 하였음이니라.
24 그게 사랑이라 함이니라.
25 너희가 그를 맞받아치며 그를 용서하
지 못하는 것은 너희의 화를 치밀게
함이니, 그 화는 무엇을 의미하는가?
26 너희의 생명을 단축하며 너희를 병마
에게 시달리게 하며 너희를 실패하는
사람으로 만드는 것이니,
27 어떠한 상황에서도 감정과 화가 있어
서는 아니 될 것이니라.
28 너희가 화를 내며 감정을 폭발시키는
것은 사랑이 없으며 진정한 사랑을 모
르기 때문이니라.
29 너희에게 악한 짓을 한 자도 그가 어
리석기에 불쌍한 자라 하여 사랑으로
써 바라보면 그게 사랑으로 보이며 그
것을 사랑으로 느낄 수 있는 것이니라.
30 모두를 다 사랑하고 용서하는 그와 같
은 마음이 나로부터 선택된 백성이 가
야 할 길이며 역사할 길이라는 것을
알아야 할 것이니라.
31 오른 빰을 때릴 때 왼 빰을 내놓으며,
그의 때린 손이 아프지 않으냐 물을
수 있는 제자들이 과연 몇 명이나 되
며,
32 너희가 또한 유사시에 그와 같은 행동
을 할 수 있다 생각하는가?
33 그러니 아직도 너희가 갈 길이 멀며
행하여야 할 길이 멂이니라.
34 그러나 그를 이기고 가야 하느니라.
35 모든 인간은 감정의 동물이요, 생각이
있기에 너희가 참을 수 없고 인내할
수 없으나,
36 스스로 너희 자신을 달래며 그를 고
치고 넘는 것이 나 여호와에게 기쁨을
주는 것이며, 나에게 오르는 길이요,
나에게 선택된 백성이라는 것을 생각
할 수 있는 것이며 계산을 둘 수 있음
이니라.
37 말없이 서 있는 바위와 다른 점이 그
것이니라.
38 너희는 악한 쪽으로 생각하며 무너지
기 시작하면 그걸 감당할 수 없이 무
너지나,
39 너희가 선한 쪽이요, 아름다운 쪽으로
나를 향하여 달려오기 시작한다면, 탄
력이 붙었을 때 너희가 전진하는 모
습은 감히 상상을 초월함이니,
40 그것이 인간인 너희가 가진 특성이요,
나로부터 받은 은혜요, 축복이니라.
41 생명이 존재하는 그것을 너희가 지탱

하는 그 자체가 얼마나 위대한 것이며,
42 생명이 존재하기에 너희는 생각할 수 있으며 역사할 수 있으며 판단할 수 있으며 선과 악을 구분할 수 있는 안목이 있음이니,
43 너희에게 그보다 더 큰 축복과 영광이 없음이니라.
44 그리하여 그 판단의 길에서 선을 선택하며 악을 버리는 그것이 바로 승자가 되는 길이라는 것을 잊지 말라, 사랑하는 나의 아들딸들아!

5,767 번째 하나님 말씀

2003년 3월 28일 22시 54분

1 사랑하는 나의 아들아!
2 "네, 아버님! 말씀하옵소서."
3 내가 너에게 뭐라 깨우쳐 전했던가?
4 사랑이라는 것은 하나를 받았을 때 둘로 갚는 것이며, 배로 그 대가를 치르며 예의를 갖추는 것이 사랑이라 내가 그리하였느니라.
5 그리하여 너희에게 선물을 받았을 때 답하는 마음이 사랑이며, 답할 수 없으면 그를 사양하는 것이 도리일 것이라 내가 그리 가르쳤음이니라.
6 그러나 물질이 오가는 것만이 사랑이요, 눈으로 보이는 것만이 사랑이요, 베푸는 것이 아니요, 너희가 받은 것만을 은혜로써 보답하는 것이 아님을 알아야 할 것이니라.
7 너희가 물질로써 주고받는 사랑이요, 베푸는 것은 보이는 것이나, 마음으로 사랑하며 마음으로 정성을 들이며 그 모두를 주는 것, 그를 받아들이는 마음 자세도 얼마나 소중한 것인가를 알아야 할 것이니라.
8 너희 마음을 바치는 것, 마음으로써 다스리는 것, 마음으로 너희를 사랑하는 것, 그리고 너희를 소중히 생각하는 것, 너희를 간직하고자 하는 것, 그리고 너희를 잊지 못하는 것, 그리고 너희에게 모든 것을 다 주고자 하는 마음을 가진 그 사람의 마음,
9 그것도 너희가 받는 은혜요, 그것이 더 축복이며,
10 물질로써 받는 것보다 그것이 더 큰 사랑이며 더 큰 선물이라는 것을 알아야 할 것이니라.
11 인간이 인간을 신뢰하며 인간이 인간을 사랑하는 마음, 그것보다 더 큰 은혜요, 영광이 없으니,
12 그것 또한 너희가 배로 갚아야 하며 반드시 예의를 갖추는 것이며, 그 보답을 해야 함을 너희는 알아야 할 것이니라.
13 사랑으로 주는 마음, 정성으로 주는 마음, 그리고 너희를 소중히 생각하며 아끼는 마음, 관리해 주는 마음, 그리고 기억해 주는 마음,
14 그 모두도 배로 갚아야 하는 것이 너희가 받은 은혜를 갚는 길이라는 것을 알아야 할 것이니라.
15 하나의 선물을 받으며 육적인 면에서 보이는 것으로 물질적으로 받은 것만을 배로 갚으며 그것이 은혜라 생각하여 보답하는 것이 아니라,
16 너희가 사랑으로써 베풀어 주는 것, 사랑으로써 보내는 마음, 너희를 길이 간직하고자 하는 마음,

17 그 모두가 다 너희를 사랑하는 마음이니 너희에게 주는 선물이요, 은혜이니라.

18 그러니 그것도 모두 배로 갚아야 할 것이며, 그 사랑하는 마음 그 자체도 보답해야 함을 알아야 할 것이니라.

19 물질로써 주고받는 사랑보다도 마음으로 공경하며 마음으로써 주는 사랑이요, 아끼고 소중히 생각하며 가슴에 간직하고 살아가는 그와 같은 소중한 사람으로 받을 수 있는 것,

20 그와 같은 정을 주는 것, 그와 같은 사랑을 주는 것, 그 모두도 물질보다도 더 소중히 갚아야 하며,

21 그에 대한 대가를 치르며 예의를 갖추는 것이 소중함을 이제 만백성에게 전하며, 너를 따르는 제자들에게 그리 전하도록 하라.

22 마음의 선물이요, 마음의 사랑이 물질적인 사랑이요, 물질적인 선물보다도 더 소중하고 귀하다는 것을 잊지 말도록 그리하라.

5,768 번째 하나님 말씀

2003년 3월 28일 22시 59분

1 사랑하는 나의 아들아!

2 "네, 아버님! 말씀하옵소서."

3 너희가 정녕 물질로써 베푸는 사랑이요, 물질로써 받는 그 은혜는 그것으로 끝이라 그리 말하였느니라.

4 그리하여 그 받은 것은 지워질 수 있으며 또한 소모품으로 쓰임이니, 그리하여 받은 것만큼 간단히 그 예의를 갖추면 되는 것이 너희가 베풀 수 있는 것이라 그리하였음이니라.

5 그러나 영원히 존속하며 영원히 변하지 않는 것이 마음의 사랑이요, 마음의 정성이며 마음의 선물이라는 것을 잊어서는 아니 될 것이니라.

6 너희가 물질로 받은 것은 눈으로 보는 만큼 그 값어치요, 그 물질의 양에 따라서 그 모두를 다 평가할 수 있으며, 그 은혜를 배로 갚을 수도 있으며, 몇 배로도 갚을 수 있으며,

7 간단하게 측정할 수 있으며, 계산할 수 있으며, 개수를 따질 수 있으며, 그 무게로도 따질 수 있으며 그 부피로도 따질 수 있는 것이 물질을 주고받는 그 나눔의 사랑이니라.

8 그러나 마음의 사랑이요, 마음의 선물은 달 수가 없으며, 무게를 알 수 없으며, 그 크기를 알 수 없으며, 그 깊이를 모르며 그 넓이를 모르는 것이 마음의 사랑이며 마음으로 베푸는 사랑이니라.

9 그 마음의 선물이니라.

10 그 마음의 선물이 얼마나 위대하고 소중한 것인가를 너희는 알겠는가?

11 물질이라는 사랑은 한 사람의 생명을 구원하며 그를 보호할 수 없으나,

12 마음의 선물이요, 마음의 사랑은 한 사람의 생명을 구할 수 있으며, 많은 사람의 생명을 구할 수 있는 그와 같은 위대한 힘을 가지는 것이 마음의 선물이니라.

13 그러니 이제 육의 선물이요, 육의 세상에 살아가는 물질의 선물은 너희 마음의 선물과 비교해 볼 때,

14 물질의 선물은 그저 세상사에 흐르는

건수와 같은 것이며,
15 너희 마음의 선물이라는 것은 수백 수
천 미터 밑에서 뿜어 올리는 그 암반
속에 있는 귀중한 생수와 같은 것이
니, 건수와 생수를 비교하는 것이 바
로 너희가 육에서 세상의 물질로써
받는 사랑이요, 선물이요,
16 그리고 너희 마음의 진정한 사랑이요,
선물은 바로 그 깊은 암반 속에서 뿜
어나오는 그 생수요, 너희에게 생명수
가 되며, 에너지가 되는 그와 같은 소
중한 물처럼 너희 마음의 선물이 그리
소중함이니라.
17 이제 나의 아들을 따르는 백성이요,
나의 법전을 읽고 깨우친 백성 너희는
마음의 선물이 소중함을 알았다면,
18 너희는 마음의 선물을 할 줄 알아야
할 것이며, 마음의 선물을 전할 줄을
알아야 할 것이며,
19 마음의 선물을 받을 줄 알아야 할 것
이며, 마음의 선물을 주는 사람의 그
마음을 들여다보는 그와 같은 마음의
눈이 열려야 한다는 것을 잊지 말라.
20 그게 얼마나 소중하고 끝이 없으며 깊
이가 없으며 보이지 않는 것이니, 영
원히 지속하는 것이 마음의 선물이니
라.
21 이제 너희 제자들은 그와 같은 이치를
깨달아, 너희 마음의 선물을 만백성에
게 전하며 많은 사람에게서 마음의 선
물을 그득히 받는 그와 같은 삶을 살
아가는 백성이 되도록 하라, 사랑하는
나의 아들딸들아!

5,769 번째 하나님 말씀

2003년 3월 28일 23시 10분

1 사랑하는 나의 아들아!
2 "네, 아버님! 말씀하옵소서."
3 너희는 이 세상에 내가 내려 준 모든
영광이요, 축복의 소중함을 모르며 감
사함을 모르며 산다 그리하였느니라.
4 그리하여 이 세상이 오묘하게 돌아가
며 모두가 존재하는 것이 나 여호와가
내린 것이며 나 여호와가 주관한다는
그 마음만 너희가 굳건히 갖는다 해도,
5 나를 향하여 믿는 마음이요, 경배하는
마음이요, 오고자 하는 마음이 다르다
내가 그리 말하였느니라.
6 그러나 너희는 살아 있을 때는 이 세
상 모두가 소중한 것을 모르며,
7 너희가 죽어 갈 때 그 모든 것이 소중
하며 귀한 것을 안다 하였음이니,
8 지나가는 바람까지도 소중하다 그리
하였음이니라.
9 그리고 너희는 수없이 날리는 그 낙엽
하나도 소중한 걸 모르며, 떨어지는
꽃 이파리를 보고 그를 귀중하다 생각
하지 아니하며,
10 낙엽을 보고 귀중하다 생각한다면, 너
희 보고 정신이상자요, 이 세상에 다
시 살아서는 아니 될 바보 같은 사람
이라 그리 말할 것이니라.
11 그러나 너희는 붙어 있는 하나의 그
잎을 보며 죽어 가는 사람이 그 잎이
떨어졌을 때 자신의 생명도 같이 떨어
진다고 생각할 때, 그 사람이 그 낙엽
을 보는 마음은 과연 어떠하겠는가?
12 비바람이 몰아칠 때, 그 낙엽을 보는

그 병자의 마음은 어떨 것이며, 눈이 내릴 때 그 낙엽을 보는 병자의 마음은 어떠하겠는가?

13 너희가 과연 그 생각을 해 보았는가?

14 하룻밤을 자고 났을 때 그 잎이 변하는 모습이 과연 어떨 것인가 하여 그 후를 생각하는 환자의 마음을 너희는 생각할 수 있는가?

15 너희는 그와 같은 심정을 알고 있는가?

16 밖에 있는 하나의 그 나뭇잎이 떨어짐으로써 제 생명이 같이 떨어진다 생각할 때, 그는 바람이 부는 것에 얼마나 신경을 쓰겠으며, 눈보라가 치는 것을 얼마나 신경을 쓰겠으며, 하룻밤을 자면서 그 시간을 얼마나 신경쓰겠으며,

17 그리고 아침에 떠오르는 태양의 그 열기에 과연 어떠한 형태로 견딜까 하여 그를 보고 너희가 기다리고 생각하는 마음이 어떠하겠는가?

18 그들의 마음으로 너희가 세상 모두를 다 보라.

19 모든 물질을 다 그리 보라.

20 너희가 그와 같이 세상의 모든 물질을 다 그리 보고 그리 소중하게 살라 하였음이니,

21 너희와 같은 형태로 태어나 사는 형제요, 언어가 통하며 행동이 통하며 너희가 서로 양해를 구할 수 있으며 용서를 구할 수 있으며 사랑을 전달할 수 있는 더불어 사는 인간이 얼마나 소중한가를 너희는 알겠는가?

22 그 소중함까지 말살된 것이 지금 너희가 사는 세상이며, 그 소중함을 모르고 사는 것이 너희이니라.

23 그리하여 남의 인격을 존중할 줄 모르며, 남을 존경할 줄 모르며, 그 사람을 이해할 줄 모르며, 그 사람이 가르치는 그 뜻의 귀함을 모르는 것이 너희이니,

24 너희는 과연 천년만년 산다 생각하며 죽지 않고 영원히 산다 생각하는가?

25 내가 나의 아들을 통하여 너희에게 오늘 깨우쳐 주었음이니라.

26 아무것도 아닌 하나 붙어 있는 잎이 떨어질 때 자신의 생명이 떨어지는 것 같은 병자의 마음일 때, 그를 바라보는 마음이 어떻겠는가를 내가 너희에게 물어보았음이니라.

27 그 사람과 같은 마음으로, 하나의 잎이 떨어질 때 자기 생명도 끝난다는 그 환자의 마음으로 볼 때, 너희는 과연 낙엽을 어찌 보겠는가?

28 아무것도 아니며 쓸모없는 잎을 소중하다 생각할 때, 정신 나간 자라 말할 수 있는 그 잎이,

29 그 쓰임에 따라서, 생각에 따라서 얼마나 귀하고 소중한 것인가를 알게 될 것이니, 그와 같은 마음으로 만백성을 우선 사랑하라.

30 모든 동식물을 사랑하는 것은 물론이요, 그보다 더 소중한 것은 나의 백성이요, 같은 형태로 만들어진 너희 형제를 소중히 생각하며 사랑하는 마음으로 우선 그것부터 너희가 변화를 가지라.

31 감히 남을 시시비비하며 욕할 수 있겠는가?

32 그의 잘못된 점을 덮어 줄 수는 없는가?

33 너희는 어찌하여 그를 덮어 주지 못하
며 용서하지 못하며 이해하지 못하며
만져 주지 못하는 마음으로 사는가?
34 그 아픈 상처를 어루만져 줄 수 있으
며, 그가 그 길을 갈 때까지 그와 같은
역사를 할 때 그가 얼마나 고통스러웠
으면 그 길을 갔겠는가?
35 너희는 그리 사랑의 마음으로써 볼 수
없는가?
36 남의 물건을 훔친 자, 강도질을 한 자
를 강도요, 살인자라 그리 말하지 말
며, 그가 강도의 길을 갈 때, 남의 물
건을 훔쳤을 때,
37 그가 과연 얼마나 고통스럽고 얼마나
더 견딜 수 없었으며 얼마나 힘들었는
가 하여 그를 사랑하는 마음으로 돌아
볼 수 없는가?
38 그 죄는 용서할 수 없으며 그는 너희
가 이해할 수 없다 하여도,
39 인간이 그 죄악에 넘어지지 아니하며
그 죄악을 저지르지 아니하면 아니 됐
던 그 사람의 마음을 너희가 들여다
본다면, 그 또한 너희가 용서하는 마
음이요, 사랑할 수 있는 마음으로써
볼 수 있을 것이니라.
40 살인한 자는 살인함으로써 그가 잔악
하다 생각하나,
41 아무리 그를 잔인하고 잔악하다 생각
해도 그가 그 살인의 길까지 가지 아
니하면 아니 됐던 그 사람의 고통이
요, 그 배경을 너희가 좀 더 들여다보
고 생각한다면 그를 너희가 미워할
수 없는 그 자리가 있을 것이거늘, 너
희는 그리 생각하지 아니함이니라.
42 그저 보이는 대로 느끼는 대로 그대로
평가하며, 그저 살인자는 살인자로서
인간 이하의 짐승만도 못한 자라 그리
말하고 치부하는 것이니,
43 너희가 원래의 사랑이 없으며, 본심의
사랑이 없으며, 모두를 사랑하는 것을
모르기 때문이니라.
44 그 모두를 사랑하는 마음을 가져야 할
것이며,
45 사랑하는 마음을 갖지 못하는 자는 화
가 가슴에 있음이니 병이 날 것이요,
그리고 죽게 되며 명을 단축하는 것
이니라.
46 어떠한 것이든 그가 그 길을 가지 아
니하면 안 되었던 그 내면의 고통이
요, 그 과정을 너희가 좀 들여다보라.
47 너희가 묘지 앞에 가서 죽은 자에게
묻기를 '너는 어찌하여 죽었느냐?' 할
때, 이유가 없는 자 없으며 변명 댈 것
이 없는 자가 없다 그리 말하였음이니,
48 너희는 그와 같은 말을 스스로 하면
서, 살인한 자요, 강도질한 자요, 또
남에게 거짓말한 자요, 남에게 용서받
지 못할 일을 한 그와 같은 사람들의
그 이유요, 변명을 들여다보며 생각할
수는 없는가?
49 그를 들여다봤을 때 너희는 그 모두
를 용서하고 사랑할 수 있는 마음의
근거가 거기 있을 것이니,
50 이제 너희는 모든 사물을 그와 같은
마음에서 돌아다보며 판단하고 생각
하는 현명한 삶을 살도록 하라, 사랑
하는 나의 아들딸들아!

5,770 번째 하나님 말씀

2003년 3월 29일 06시 22분

1 사랑하는 나의 아들아!
2 "네, 아버님! 말씀하옵소서."
3 너희 인간이 살아가면서 가장 중요한
것은 어찌 행동하며 살아가느냐에 있
다 내가 말하였음이니라.
4 모든 것은 행동으로 이루어지는 것이
며 말로써 이루어지는 것은 하나도 없
다 그리 말하였음이니라.
5 그리하여 너희 자신이 살아가는 행동
에 대한 책임을 지며 너희가 어찌 행
동하며 어찌 생각하고 사느냐 하는 것
이 가장 중요하다 내가 그리 말하였
음이니라.
6 이 세상의 모든 백성이 지금 다 길 잃
은 양처럼 갈 길을 모르며 선택할 길
을 모름이니라.
7 너희가 살아가는 길에 가장 위대한 삶
은 무엇이던가?
8 하늘에 오르는 길이요, 나의 뜻에 따
라 사는 것이 개인적으로 가장 큰 영
광이요, 축복이며, 또한 그보다 더 위
대한 역사가 없음이니라.
9 그러니 이 세상 육의 삶이요, 인간사
의 삶이 모두 다 얽히고설킨 속에서
살아가나,
10 너희가 명예요, 권력이요, 재물이요,
부귀영화가 있으나, 그것보다 가장 중
요한 것은 너희가 나로부터 구원을 받
는 그 영광에 들어서는 것이니라.
11 그러니 그 길이 아니며 그 길을 향하
여 살아가지 않는 삶은 다 무엇이라
말하였는가?
12 방향을 잃은 것이니라.
13 길 잃은 양떼요, 길 잃은 인간이요, 방
향을 모르는 자며 망망대해에 떠 있는
배에 키를 잡을 사람이 없으며 그저
물결 치는 대로, 파도 치는 대로 흔들
리는 그와 같은 표류하는 삶을 사는
것과 똑같음이니라.
14 그러니 너희가 나의 진리요, 나의 뜻
에 사는 그것이 가장 위대하고 소중한
길이며 그보다 너희에게 소중한 길이
없다는 것을 알아야 할 것이니라.
15 지금 너를 따르는 제자들과 나의 법전
을 읽고 깨우친 백성 너희가 바로 나
로부터 선택된 백성이니,
16 너희가 길을 잃지 않은 백성이요, 길
을 잃지 않은 양떼요, 그리고 표류하
지 아니하는 배라는 것을 너희는 알
아야 할 것이니라.
17 정녕 너희만이 나에게 와 심판을 받을
것이며, 너희가 역사한 것만큼 나의
법전대로 너희가 어떻게 살았느냐에
따라서 거기에 대해 심판이요, 대가를
받게 됨이니라.
18 그러니 너희는 아름답게 살며 변화된
삶을 사는 것을 행동으로 하며 그리
가면 되는 것이니,
19 그 길을 모르고 가는 백성과 알고 가
는 너희는 차이점이 과연 어디 있는가?
20 그렇다면 길을 모르고 가는 백성과 길
을 알고 가는 백성의 삶의 차이는 어
디에 있어야 하는가?
21 모두가 행함에서 달라져야 함을 알아
야 할 것이니라.
22 너희는 진정한 하늘에 오르는 길이요,
나의 참진리요, 하늘에 오르는 빛을

보고 오니 곧바로 그 길만 따라오면
되며,
23 길 잃은 백성은 아직도 어찌 가야 할
것이며 길이 무엇인지 모르고 방황하
고 있음이니, 그것이 너희와 얼마나
엄청난 차이인지 아는가?
24 그러니 너희가 바로 서고 바로 와, 길
잃은 모든 백성이 너희를 보고 이 길
을 따라 하늘에 오를 수 있도록 구원
하는 것이 나의 뜻이니,
25 너희는 무엇보다도 행동을 바르게 하
며 행동으로써 한 점의 부끄러움이 없
는 삶을 살아가는 그와 같은 길이 가
장 소중함을 알아야 할 것이니라.
26 내가 너희에게 일러 깨우쳤느니라.
27 너희는 인간이요, 생각하는 동물이요,
그리고 지혜가 있고 판단할 수 있기에
서서히 변하여 가는데, 그 변함이 어
느 쪽으로 변하는 것이 가장 위대한
것인가 내가 그리 말하였음이니라.
28 그러니 너희에게는 실망할 수 있으며
때로는 기대를 할 수 있으며 너희에
게 희망을 걸 수 있는 이와 같은 것이
나 여호와의 마음이니라.
29 이는 너희가 생각하고 판단해서 옳다
할 때 옳은 길을 따를 것이며, 잘못됐
다 생각할 때 너희가 버릴 수 있는 그
와 같은 판단력이 있기 때문이니라.
30 그것이 모든 무생물과 모든 일반 동물
과 너희의 그 차이점이니,
31 그래서 내가 항상 기대를 하고 있으며
기다리고 있으며, 너희가 어떠한 상태
에 있어도 내가 너희를 버리지 아니
하고 기다린다는 뜻이 거기 있음이니
라.
32 변화되어서 올 수 있기 때문이니라.
33 다만, 너희가 오늘 알아야 할 것은, 너
희가 바로 서고 바로 가야만 모든 백
성이 그를 보고 따른다는 것이니라.
34 이것이 너희에게 중요한 대명임을 알
아야 할 것이니라.

5,771 번째 하나님 말씀

2003년 3월 29일 09시 11분

1 사랑하는 나의 아들아!
2 "네, 아버님! 말씀하옵소서."
3 이제 너를 따르는 제자들이요, 나의
법전을 읽고 깨우친 백성 너희는 들어
야 할 것이니라.
4 너희가 말로써 지난 죄와 잘못 살아옴
을 후회하고 회개하며 반성하는 그와
같은 행위는 이제 더 이상 지속할 필
요가 없다는 것을 알라.
5 너희는 어떠한 마음으로 살아야 하는
가?
6 말로써 회개하고 생각으로써 지은 죄
의 용서를 빌며 그와 같은 마음의 자
세로써 수행하는 것은 너희에게 아무
런 죄의 면죄부가 되지 않음을 알라.
7 너희가 잘못 살아온 것이요, 너희가
정녕 죄가 있다 생각하면, 그를 두 번
다시 반복하지 아니하며 겸허한 자세
로, 죄스러운 죄인의 마음으로 앞으로
살아가는 삶을 남들에게 본보기가 되
도록 아름답고 착하게 살아가며 선행
을 베풀고 살아가는 그와 같은 생각만
을 너희 마음속에 굳건히 다지며 결의
를 다져 살아가며, 너희가 변화를 이
루는 것이 너희가 면죄부를 받는 길이

요,
8 말로써 회개하며 말로써 반성하며 생
각으로써 후회하는 그와 같은 삶으로
써는 아니 됨이니라.
9 후회하면 무엇하며 말로써 죄를 회개
하면 무엇하는가?
10 너희가 다음의 삶에서 그를 거울삼아
그와 같은 짓을 두 번 다시 하지 아니
하며, 그 죄에 대해 죄스러운 마음이
요, 용서 비는 마음이요, 회개하는 마
음이 있다면,
11 너희는 오늘의 삶을 아름답게 생각하
며, 모두를 겸손한 자세요, 겸허한 마
음으로 감히 남들 앞에 너희 자신의
음성을 높이며 목소리를 높이는 그와
같은 삶이 아니요, 가장 낮은 자요, 겸
손한 자로서 살아가는 그와 같은 삶
의 생활의 변화를 역사하는 것이 바
로 너희가 나로부터 면죄부를 받는 길
임을 알라.
12 너희가 잘못 살아온 것을 후회하고 지
금 눈물 흘리며 아무리 울고불고한들
무엇하는가?
13 너희의 오늘의 삶이 어찌 되었으며 생
활이 얼마나 바르냐가 가장 중요한
것이니라.
14 지난날을 회개하고 눈물을 지으면서
도 오늘의 생활이 변하지 아니하며
오늘의 삶이 아름다운 쪽으로 변하지
않는다면,
15 너희는 회개도 아니요, 반성도 아니
요, 면죄부를 받을 수 있는 것이 아님
을 알라.
16 그러니 너희는 지난날의 과거를 후회
하고 반성하며 눈물짓기 전에,
17 그와 같이 반성하고 회개하는 마음을
가졌다면, 두 번 다시 그와 같은 일을
반복하지 말며,
18 오늘의 삶을 아주 겸손한 자세요, 낮
은 자세로써 아름다운 삶을 엮어 가는
데 모두를 다 바치며, 너희가 그와 같
은 삶으로 전환하라.
19 그리하여 너희가 선행을 베풀며 아름
다움을 행하고 사는 것이 가장 소중함
을 이제는 알아야 할 것이니라.

5,772 번째 하나님 말씀

2003년 3월 29일 09시 18분

1 사랑하는 나의 아들아!
2 이 세상에서 나의 피조물 만백성 너희
는 서로 협력하며 도와 가며 서로 공
동체의 삶을 살아가도록 이 세상에 존
재하며 또 그리 구성되어 있음이니라.
3 내가 만든 이 자연, 세상에 사는 모든
백성 너희는 한 구성원으로서 서로
도우며 서로 의논하며 서로 협조하며
서로 힘을 합하여 살아가게 되어 있는
것이 내가 만든 이 세상 공동체의 그
존재이니라.
4 그러니 너희가 서로 협조하고 사는 그
자체가 나로부터 영광이요, 축복이요,
너희가 감사함을 알며 살아가야 할 것
이니라.
5 그러나 창조주 나 여호와가 내려 준
공동체 세상에서 서로 협력하며 하나
의 사회를 구성하고 사는 것은 당연하
며 그것은 순리이며 진리이니라.
6 나 여호와가 너희가 그리 살아가도록
내려 준 것이며 그건 나의 뜻이니라.

7 그러나 지금 교회라는 곳이요, 성전이
라 하는 곳에서 믿음의 길을 가는 백
성은 어찌 가르치는가?
8 그들은 교회요, 성전 안에서만 존재하
며 그 속에 있는 자들과 자매요, 형제
라 교통하며 일반 백성과 구분하여 차
별화되도록 살아가라 그리하고 있으
며 그리 가르침이니,
9 너희가 얼마나 어리석은 백성이며 얼
마나 아집스러우며 얼마나 소인배 집
단인가를 알겠는가?
10 이 세상에 존재하는 모든 백성의 일반
사회 속에서 살아가는 그 모든 삶은
내가 더불어 살아가게 하여 놓았으며,
11 더불어 살아가도록 너희에게 명한 것
이며, 내가 너희에게 내린 상이며 은
혜이니라.
12 그러나 그것을 거부하며 그 구성원으
로서 살아가는 것을 거부하며 그를
인정하지 아니하려 하며, 너희와 사회
의 집단을 분리하여 살아가고자 함이
니,
13 이와 같이 너희가 오만하며 자만에
젖어 있는 자들이니 이를 어찌 깨우치
겠는가?
14 너희는 알아야 할 것이니라.
15 종교 집단 그 위에 존재하는 것이 무
엇인 줄 아는가?
16 모든 백성이 구성원으로서 한 집단을
이루고 살아가는 그 사회라는 존재요,
협력하며 도우며 살아갈 수 있도록
구성원으로서 이 지상에 살 수 있는
모든 백성을 하나가 되게 하여 놓은
그것이 바로 나의 뜻이며 내가 이끌어
가는 취지이니라.
17 그러나 그와 같은 것을 거부하는 자
들, 그리고 그를 인정하지 아니하는
그와 같은 백성, 그들이 과연 어떠한
집단이며 어떤 백성인가?
18 말로써 사랑을 베풀며 산다 하는 백성
이요, 나의 뜻에 산다는 백성이 나의
뜻을 정면으로 거부하고 순종치 아니
한다면, 그게 말로는 나의 백성이요,
나를 따른다 하나,
19 나의 백성이 아님을 너희는 알아야
할 것이니라.
20 사회 제도의 뜻에 따라 한 집단의 구
성원으로서 더불어 협력하며 얽히고
설켜 살아가는 그 모든 것이 너희가
살아가는 근본이요, 기본이며,
21 내가 너희에게 살아가는 방법을 내려
준 축복이요, 영광이니라.
22 그러나 그 영광과 축복을 너희가 격리
하며 그를 인정하지 아니하며, 분리되
는 삶을 살도록 밀폐된 곳에 집어넣어
노예처럼 부리고자 하는 것이 지금의
종교 집단이 하는 행위라는 것을 알아
야 할 것이니라.
23 그 속에서 너희가 어찌 살아가는가?
24 너희만이 위대하며 나머지는 다 평가
절하하며 인정하지 아니하려는 것이
너희이니, 얼마나 어리석은 백성인가?
25 그들보다 너희가 위에 있다 생각하는
가?
26 그들이 너희 위에 있으며, 그 집단이
너희 종교 집단보다 위에 있는 것이
며, 더 방대한 조직이라는 것을 너희
는 알아야 할 것이니라.
27 나 여호와가 만든 세상에서 서로 협
조하며 일하고 노력하며 너희가 최선

을 다하여 살아가는 구성원으로서 살
아갈 때, 너희 자신이 행복하며 너희
가정이 행복하며, 천국의 축소판인 가
정에 천국이 이루어지느니라.
28 그러한 방대한 세상에 어떠한 믿음보
다도 위에 존재하는, 내가 너희에게
살아갈 수 있도록 만들어 내려 준 그
사회라는 것이요, 그 집단 체제에서
너희가 서로 도우며 더불어 살아가야
하는 그것을 말살하며, 그걸 인정하지
아니하려 하는 사악한 자들이 과연 누
구던가?
29 저희 종교 지도자요, 집단의 이익을
위해 만백성을 마음대로 부리며 군림
하고자 그들을 격리시키는 자들이니,
30 그게 얼마나 소인배며, '눈 가리고 아
웅' 하는 것이며, 그저 우물 안 개구리
형국으로써 가는 것임을 알아야 할
것이니라.
31 지금 너희만이 위대하며 너희만을 격
리시키는 그와 같은 생활로 살아가는
자들이 우물 안 개구리만도 못하다는
것을 알라.

5,773 번째 하나님 말씀

2003년 3월 29일 19시 57분

1 사랑하는 나의 아들아!
2 "네, 아버님! 말씀하옵소서."
3 '믿음과 소망과 사랑 중에 그중에 사
랑이 제일이라' 내가 너희에게 사랑의
노래를 부르도록 그리하였음이니,
4 너희는 사랑의 깊고 깊은 뜻을 아는가?
5 아무리 너희가 믿음이다 뭐다 하며 믿
음의 길을 간다 해도,
6 구원의 길이요, 하늘에 오르는 길을
간다 하며 구약과 신약의 성서에 따라
산다 말해도,
7 어떠한 믿음보다도 그 믿음의 위가 무
엇인지 아는가?
8 곧 '사랑'이니라.
9 그러니 믿음보다도 위가 사랑이요, 너
희가 원하고 소망하는 것보다 더 위대
한 것이 사랑이니,
10 연민의 아름다운 정으로써 모두를 바
라보는 마음을 가질 때 너희 마음속에
서 사랑하는 마음이 싹터 오는 것을
너희 인간들은 모르느니라.
11 너희는 원래의 마음이 그리 악하고 모
질며 삭막한 나의 백성이 아니니라.
12 나로부터 성령을 받아서 세상에 나감
이니, 그때 너희는 다 천사와 같은 마
음이니라.
13 세상을 살다 너희 마음이 세파에 그리
변하고, 풍화작용으로 변한 산천의 돌
과 바위처럼 그리 변하고, 또 변하는
삶 속에서 그리되었음이니,
14 인성의 본마음은 너무나도 아름답고
고움을 다 가지고 있음을 알아야 할
것이니라.
15 그러니 너희가 세상사 모두를 연민의
정을 가지고 돌아다본다면, 너희가 미
워하고 질투하고 시기하는 것이 얼마
나 어리석은가를 알 것이니라.
16 사랑하는 마음이요, 연민의 정으로 세
상을 보면 잘못된 자의 그 마음의 아
픔이 어떤 것인가를 알게 됨이니, 그
모두를 사랑하게 됨이니라.
17 그리하여 나에 대한 믿음이요, 그 모
든 것보다 더한 것이 사랑이라 말하였

음이니,
18 나에 대한 믿음을 말로써 나에게 오른
다고 울부짖으며 수다를 떤들 무엇하
는가?
19 실천하는 사랑이 더 소중함이니,
20 사랑을 실천하지 않는 믿음은 죽은 믿
음이니, 아무리 믿음이요, 소망하는
것이 있다 한들 무엇이 이루어지겠는
가?
21 하나도 이루어지는 것이 없음이니라.
22 그러니 너희는 이제 믿음과 소망과
그 위에 가장 중요한 것이 사랑이라는
그 의미를 깨우쳐야 할 것이니,
23 그 사랑을 행하고 실천하는 그와 같은
삶을 살도록 그리하라.
24 이 세상에 사랑보다 더 위대한 힘이
없으며 더 아름다운 것이 없으며 더
위대한 역사를 이루는 것이 없음이니
라.
25 죽을 자도 살리며 원수도 용서할 수
있으며, 모두 다 같이 오해를 풀며 화
해하며 그와 같이 갈 수 있는 것이 사
랑의 마음이니라.
26 사랑의 마음을 갖는다면 섭섭한 것도
없으며, 자존심이라는 것도 없으며,
감정이 격화될 것도 없음이니라.
27 오로지 사랑이라는 것은 모든 것을 다
녹임이니,
28 인생을 살아가는 데 가장 소중한 것이
사랑임을 알라.
29 믿음보다도 더 소중한 것이 사랑이라
그리하지 아니하였더냐?
30 그래서 너희가 나에게 오르는 것이 사
랑이라는 것을 알라.
31 사랑을 행하지 않는 자는 나로부터
구원받을 수 없으며 나의 백성이 아니
라는 것을 알고 살아가야 할 것이니
그리 알라.

5,774 번째 하나님 말씀

2003년 3월 29일 20시 02분

1 사랑하는 나의 아들아!
2 "네, 아버님! 말씀하옵소서."
3 너희가 믿음과 소망 중에 더 높은 것
이 사랑이라 하였음이니라.
4 너희가 사랑을 베풀고 사는 그 자체도
마음의 창문을 열며 마음을 여는 그와
같은 변화가 없이는 너희는 사랑의 문
을 열 수 없음이니라.
5 그리하여 너희에게 내가 뭐라 가르쳤
던가?
6 너희는 마음의 창문을 활짝 열며, 마
음의 안경을 깨끗이 닦고 또 닦아 깨
끗한 마음의 안경으로써 세상을 보라
그리 말하지 아니하였던가?
7 마음이 깨끗지 아니한 자, 마음의 안
경을 깨끗이 닦지 못한 자는 영혼의
구원의 길을 볼 수 없으며,
8 구원의 길이 무엇이며 하늘에 오르는
길이 무엇인가 그 이치도 보지 못하며
깨닫지 못하는 것이 너희이니라.
9 세상사 육에 사는 것도 마찬가지이니
라.
10 너희가 눈이 나빠 안경이라는 것을 걸
치고 세상을 보고 살아감이니,
11 너희 눈을 대신하는 안경이 더럽고 닦
아지지 아니하며 거기에 오물이 더덕
더덕 묻어 있다면, 과연 그 안경이 너
희 눈을 대신해서 그 역할을 할 수 있

으며 기능을 할 수 있는가?
12 더러운 안경으로는 세상을 볼 수가 없
으며 먼지가 낀 안경으로는 세상사를
바라볼 수 없음이니라.
13 그러니 영혼의 세계요, 구원의 세계
요, 그리고 육의 세상을 넘어 마음의
세상을 사는 너희는 마음의 안경을 깨
끗이 닦지 아니한다면, 마음의 안경을
닦고 닦아 광채가 나지 않는다면 너희
는 사물을 볼 때 제대로 볼 수가 없으
며 사물을 보고 깨달을 수가 없으며,
14 너희 마음이 열렸다 해도 제대로 보지
못한다면 그 사물을 제대로 평가할 수
없느니라.
15 그리하여 마음의 안경을 깨끗이 닦으
라 했음이니,
16 그 마음의 안경을 깨끗이 닦고 세상을
볼 때 진정한 믿음을 알게 되며 세상
사에 사는 이치가 무엇이며 육의 세상
다음에는 영원히 사는 다음 세상이
있다는 것을 알 수 있음을 알아야 할
것이니라.
17 네 마음이 청결하지 못한 자, 마음이
깨끗하지 못한 자는 마음의 안경이 더
러운 자요,
18 언행이 일치하지 못하며 진정한 진리
가 무엇인지 모르는 자, 그리고 진정
한 믿음의 길을 가지 못하며 길 잃은
양떼처럼 방황하는 백성은 마음이 열
리지 않았으며,
19 마음의 안경이 깨끗지 못하기에 그 길
을 찾지 못하며 갈 바를 모른다는 것
을 알아야 할 것이니라.
20 그러니 이제 마음을 다스리라.
21 그리고 편협한 마음으로 세상을 보지
말라.
22 제 것만이 최고요, 저희 집단만이 최
고요, 제가 가지고 있는 것이 가장 위
대한 것이요, 제가 생각하는 것이 모
두 정답이라 생각하는 자, 그는 마음
을 비우지 못한 자이니,
23 마음을 비우지 못한 자는 마음의 안경
에 더럽고 추한 오물이 묻어 있음이니,
24 그 안경을 가지고는 세상을 볼 수가
없으며, 깨달음을 볼 수가 없으며, 진
리를 볼 수가 없으며, 하늘의 뜻을 볼
수가 없다는 것을 알아야 할 것이니라.
25 이제 사랑하는 나의 아들딸 너희는
마음의 안경을 깨끗이 닦고 나의 법전
을 보고 읽을 때,
26 나의 법전에서 원하는 것이 무엇이며
내가 너희에게 전하는 것이 무엇인가
를 알게 될 것이니,
27 마음의 문을 열고 나의 법전을 읽는
백성은 하늘의 빛을 볼 수 있으며 그
때부터 하늘에 오르는 반석 위에 서게
됨이니라.
28 반석 위에 서 있는 자는 하늘에 오르
는 찬란한 빛을 보게 되며, 그 빛을 향
해서 달려오면 나에게 오는 것이니,
29 마음의 문을 열지 아니하며 마음의 안
경을 깨끗이 닦지 아니한 자는 아무것
도 볼 수 없음이니라.
30 그와 같은 자들이 새로운 성경을 읽어
도, 구약을 읽어도, 신약을 읽어도, 십
계명을 외워도 그리 지킬 수 없으며
행할 수 없다 생각하는 자이니라.
31 마음이 어두운 자, 마음이 그늘진 자,
그리고 속과 겉이 다른 자는 아무것도
볼 수 없으며 진정한 진리의 빛을 볼

수 없으니, 너희 마음이 모두 가려져
있기 때문이니라.
32 그러니 그 마음의 창을 열며, 어두운
마음을 버려야 할 것이며, 그리고 계
산된 마음을 날려 보내야 할 것이니,
33 사랑하는 마음으로 너희 가슴이 충만
했을 때 모든 것을 다 얻을 수 있으며
역사할 수 있다는 것을 잊지 말라, 사
랑하는 나의 아들딸들아!

5,775 번째 하나님 말씀

2003년 3월 29일 20시 14분

1 사랑하는 나의 아들아!
2 "네, 아버님! 말씀하옵소서."
3 마음을 다스리지 못하고 사는 너희가
너희 자신이 바로 서지도 못한 그와
같은 세상사에서 어찌하여 신비한 체
험을 얻고자 하며, 나의 음성을 듣고
자 하며, 내가 역사하는 것을 바라고
이루어지기를 바라며 기도하는 마음
으로 사는가?
4 정녕 나로부터 어떠한 신비한 기적이
요, 체험을 얻었을 때 목숨을 다하여
믿음을 갈 것이라 그리 생각하는 백성
이 있으며,
5 그리하여 그것이 무엇인가를 얻고자
몸부림치는 너희를 내가 수없이 하늘
에서 내려다보고 있음이니,
6 너희 스스로 마음을 다스리지 못하며
네 마음이 생수와 같이 깨끗한 마음이
되지 아니하였을 때, 너희는 어떠한
신비한 체험도 얻을 수 없으며 기적의
역사를 볼 수도 없음이니라.
7 너희가 마음을 비우지 아니하는 그와
같은 상태에서는 어떠한 신비한 기적
도, 은혜도, 역사도 이루어질 수 없으
며, 너희에게 그와 같은 것은 이루어
지지 않는다는 것을 알아야 할 것이
니라.
8 지금의 모든 종교 집단 너희가 가는
그 자세가 사랑이요, 마음을 비우는
것이 아니요,
9 말로써 그저 외우며 기도하며 회개한
다고 하여 반성하면서 너희가 기적이
이루어지기를 바라는 것이며, 그 기적
의 역사가 행하여지기를 바라는 것이
니라.
10 그러나 너희는 여기서 알고 넘어가야
할 것이 있음을 알라.
11 너희가 아무리 말로써 기도하고 회개
하며 반성한다 해도, 그것으로써 너희
죄가 사해지며 너희가 변화됐다 그리
생각하지 말라.
12 너희가 정녕 지난날의 죄가 두려우며
회개하고 용서를 받고자 하며 반성의
기도를 드린다면,
13 오늘 이 순간을 너희가 나 여호와의
기쁨을 위해서 사는가, 그렇지 않으면
회개하면서도 또 사악한 짓이요, 죄를
짓는 행위를 계속하고 있지는 아니한
가 돌아보고,
14 너희 자신이 지은 죄가 두렵고 무서워
겸손한 자요, 가장 낮은 자요, 그리고
겸허한 모습으로써 고개 숙이고 오늘
의 삶을 살고자 노력하는 그와 같은
자만이 내가 기억해 주며 그를 용서해
주며 그를 받아들이며 내가 사랑함을
알아야 할 것이니라.
15 과거사에 너희가 잘못한 것을 눈물짓

고 회개한다며 울고불고 소리 지르나,
16 막상 나와서 너희가 하는 행동은 전과
같은 행동을 계속 반복하는 것은 너희
가 변한 것도 아니요, 회개하는 것도
아니요, 용서받는 것도 아님이니라.
17 그러니 지난날 무서운 죄가 있으며 용
서받지 못할 죄를 지은 자, 그리고 나
에게 부끄러운 그러한 자들은,
18 스스로 오늘의 삶을 겸손하며 양보하
며 미덕의 마음으로, 그리고 부끄러운
자세로 고개를 숙이고 사는 그와 같은
행동으로써 변화되는 것,
19 그것만이 내가 기억할 수 있으며, 너
희가 오늘에 할 수 있음을 잊지 말라.
20 너희가 지난날 지은 죄를 회개하고자
한다면, 그 너희 죄를 겸허하고 겸손
한 마음으로 열배 백배 선행을 베푸는
그것만이 너희에게 이루어지는 것이
요,
21 말로써 회개하고 눈물짓고 반성한다
고 아우성쳐도 너희가 얻어지는 것이
없으며 또한 기적의 역사도 이루어질
수 없음이니라.
22 너희가 지난날의 죄가 두렵고 무서워
오늘날 천사같이 살아가고자 하여 조
용히 회개하고 반성하며 생활을 바로
살아가는 자,
23 그리고 한 점의 부끄럽 없이 살아가는
백성, 너희 앞에는 신비한 기적이요,
체험의 역사가 이루어질 것이며,
24 그렇지 않은 백성에게는 어떠한 것도
이루어지지 않는다는 것을 알아야 할
것이니라.
25 모두가 이루어짐이 아니니라.
26 그와 같은 자세로써는 아무것도 이루
어지지 않는다는 것을 알라.
27 지금의 종교 집단과 그 속에 매여 있
는 신도라는 백성,
28 그 많은 세월 동안 흘러오면서 그 많
은 종교 지도자가 거쳐 갔으며 그 많
은 나의 백성이 죽어 가며 또다시 태
어나는 그와 같은 삶을 살아온 너희가
과연 진정한 깨우침이요,
29 그리고 오늘날 살아온 것을 반성하고
회개하며 내일의 삶을 아름답고 겸허
한 마음으로써 부끄러워 고개 숙이는
착한 양과 같은 마음으로 살아가는 생
활의 변화가 있지 아니하면 아무것도
이루어질 수 없음을 알아야 할 것이니
라.
30 그러나 지금 몇천 년 동안 흘러온 그
믿음이요, 종교 지도자요, 그 많은 물
질과 집단의 조직을 가지고 있는 너
희는 그와 같이 반성하고 회개하는 믿
음이요, 그리고 회개한 것만큼 바르고
곧게 악한 마음을 버리고 선행을 하고
자 살아가는 그와 같은 마음으로 변하
는 것이 아니요,
31 너희는 그저 믿음이라는 것을 병적으
로 믿고, 믿음 속에서 모든 것이 다 이
루어지며, 말로써 기도하고 경배하며
재물 몇 푼 바치면 모든 것이 역사하
고 기적의 은혜가 이루어지는 것같이
그리 생각하나,
32 인간 육의 생활에서 자신의 직분을 충
실히 하는 것이 얼마나 위대한 것인가
를 모르고 사느니라.
33 그러니 너희가 병적인 믿음으로써 아
무리 울고불고해도 너희는 기적의 역
사가 없음이니라.

34 너희가 정녕 무엇인가 이루며 신비의
세계의 기적을 보고자 하며 체험을
하고자 한다면,
35 마음을 다스리며 육의 삶을 소중히 알
며, 너희가 육의 세상에서 맡은 직분
에 충성을 다하며 최선을 다하는 아
름다운 모습으로써 살아가는 그와 같
은 삶부터 다스려야 할 것이니라.
36 너 자신이 한 점의 부끄러움이 없으
며, 네 가정을 이끌어 가는 데 부끄러
움이 없으며, 사회의 단체 생활을 살
아가는 데 한 점의 부끄러움이 없이
육을 다스리는 마음과,
37 그 속에서 사랑하는 마음으로 성령으
로 충만하여 너희 마음을 다스려 나가
며, 오늘보다 내일의 삶이 아름답게
변해 가는 그와 같은 삶으로 살아가는
자들은 체험을 누릴 것이며 그리고 신
비의 기적을 알 것이니라.
38 지금같이 병적인 믿음으로 가는 자,
병들어 가는 믿음, 그리고 나와는 관
계도 없이 나의 아들 예수의 보혈로써
구원받았다 소리 지르고 울부짖고 광
란하는 너희는 아무것도 알 수가 없으
며 체험할 수도 없으며 역사할 수 없
다는 것을 알라.
39 그때부터 네 직분을 다하며 광란의 짓
이요, 병적인 믿음에서 벗어나야 할
것이니 그리 알라.
40 진정한 믿음의 길을 병행해야 하는 것
이 너희가 나에게 오르는 길이요,
41 진정한 믿음의 길을 살을 깎는 고통
속에서 악을 뿌리치고 선의 길을 선택
하지 아니한다면 너희는 아무것도 역
사할 수 없느니라.
42 너희는 지금 육의 삶을 무시하고 살아
가느니라.
43 육의 삶이요, 육의 행함이요, 행동이
요, 선한 것은 무시하며, 말로써 믿음
을 믿으며 오로지 믿음만을 부르짖으
며 그 행동은 중요시하지 아니하며,
44 행동은 아무런 관계가 없으며 말로써
믿음을 역사하면 너희는 구원을 받는
다 그리 지금 가르치고 있음이니,
45 너희는 선행하는 것이 중요한 것이며,
그 행동이 바른길에서 너희 마음을
다스리는 그와 같은 믿음을 가야 할
것이거늘,
46 너희가 가장 중요한 육의 생활이요,
육의 삶은 뒤로 젖혀 놓고, 말로써 믿
는 믿음이요, 말로써 믿는 그것으로써
구원을 받는다 하니,
47 내가 너희가 병적으로 가는 그 믿음이
라 말하는 것은 무엇이던가?
48 너희는 주객이 전도된 그와 같은 믿음
을 믿고 있으며, 주객이 전도된 삶을
사는 것이 너희이니라.
49 너희는 가정사가 소중하며 사회생활
이 소중한 것을 망각하며,
50 종교 집단이요, 교회라는 곳에 그저
맹종하며 모두 갖다 바치며 거기에 매
달려 살면 너희가 구원을 받고 영광이
있으며 신비의 체험이 있으며 기적이
있을 것이라 그리 생각하나,
51 그와 같은 자는 하늘에 오르는 길을
볼 수 없으며 그 빛도 볼 수 없음이니
라.
52 그러니 주객이 전도된 삶을 살지 말라.
53 너희 자신이 소중하며 가정이 소중하
며 사회 집단이 소중하며, 그러면서

너희가 그 믿음을 바로 갈 때, 그리고 광신적이요, 병적인 믿음을 믿지 아니하며, 너희에게 속해 있는 모든 네 주변을 아름답게 다스려 가는 속에서 너희가 그와 같은 삶을 살아야 하나,

54 너희가 인간의 소중함을 망각하며 네 삶을 망각하며 그저 손으로 지은 성전이요, 죄악의 온상인 그곳에 가서 봉사하고 헌신하고 맹종하며 그저 거기에 붙어서 다니면 구원을 받는다 생각하니,

55 너희는 인생의 삶의 주객이 전도되었느니라.

56 너희가 여기서 하나를 깨우쳐야 할 것이니라.

57 육의 세상의 삶이 얼마나 소중하며 너희 믿음 또한 얼마나 소중한가 하여 병행해서 가야 할 것이거늘,

58 너희는 육의 세상에 사는 것을 누가 명해서 너희에게 이 사회의 조직이요, 이 사회의 흐름을 만들어 주었고 너희가 존재할 수 있게 하여 주었는가?

59 너희 자신이 나로부터 명받아 성령을 받아 세상에 나간 백성이니 너희가 소중하며,

60 그리고 너희 가정을 내 뜻에 따라 내 명으로 나의 주관하에 가정을 이룬 것이 아니던가?

61 나의 주관하에 이루어진 가정이기에 그 가정이 아주 소중하며 작은 천국이 역사하며 천사들이 사는 세상을 만들어야 한다 그리했음이니라.

62 그리고 너희가 사회에 집단적으로 사회생활을 엮어 가는 것도 그 모두는 또한 내가 너희에게 내려 준 특권이며 내가 너희에게 내려 준 제도가 아니던가?

63 그 모든 것은 내가 내려 준 제도며 내가 너희에게 명한 삶이거늘, 그것이 어찌하여 중요하지 아니하다 하며 그것을 무시하며,

64 그저 믿음이라는 곳, 손으로 지은 교회요, 성전에 와서 모두를 다 바치면서 맹종하고 거기에 붙어 생활은 뒷전으로 하는,

65 가족과 자식이요, 남편이요, 아내를 서로 몰라라 하며, 손으로 지은 성전에 와서 목매고 매달리며, 그저 몇 푼 생기면 갖다 바치며 맛있는 것 생기면 갖다 바치는 것이 너희가 구원의 길이라 하니,

66 세 살 먹은 아이만도 못한 자들이니라.

67 그러니 내가 너희가 병적인 믿음이라 하였음이니라.

68 너희는 육의 세상의 삶이 소중함이니라.

69 그 삶을 바로 사는 그 속에서 너희가 믿음을 가지며 영혼을 구원하며 하늘의 길에 오를 수 있도록 해야 하거늘,

70 너희는 병적인 믿음이요, 광적인 믿음으로써 생활을 버림이니, 주객이 바뀐 그와 같은 삶을 사는 것이 지금의 종교 집단이요, 그 신도들이 하고 있는 짓이니라.

71 그러니 광적인 믿음에서 너희가 깨어나야 할 것이니라.

72 광적인 믿음을 나 여호와는 원하지 않느니라.

73 조용한 다락방에서 기도하고 경배하

는 너희 마음이 나에게 소중하며 그
것이 가장 값진 은혜라 말했으며, 가
장 기쁨이라 내가 그리 말했으니,
74 그것부터 행하고 실천하는 백성으로
다시 태어나도록 그리하라.

5,776 번째 하나님 말씀

2003년 3월 29일 22시 31분

1 사랑하는 나의 아들아!
2 "네, 아버님! 말씀하옵소서."
3 너희가 서서히 변화되어 가며 깨달아
감이니,
4 너를 따르는 제자들과 나의 법전을 읽
고 깨우친 백성이 서서히 이제 다져
가기 시작함이니,
5 물이 정화하는 과정을 거쳐 정화되듯
이 그와 같이 한 단계, 한 단계 그들이
넘어가고 변하고 있음이니라.
6 그 역사를 이룬 네 공을 내가 알고 있
으며, 네가 160권의 법전을 만들어 세
상에 전했을 때,
7 만백성이 그와 같이 하나의 물이 여과
과정을 거치듯이 하나씩 하나씩 정화
되며, 한 단계씩 한 개씩 정화되고 변
화되어 그 물이 생수로서 사용될 수
있으며 만백성의 생명수가 될 수 있듯
이,
8 그와 같이 지금 너희 제자들이 변화되
는 단계처럼, 나의 법전이 세상을 하
얀 눈이 덮듯이 다 덮었을 때, 모든 백
성이 그와 같이 변화되는 역사를 이룰
것이니라.
9 그리하여 그 백성이 변화하기 시작하
는 그 물결의 소용돌이가 일기 시작할
때, 그 누구도 감히 대적하지 못하며
그를 거역하지 못함이니,
10 그때 불어오는 그 바람이요, 그 환란
의 역사는 이 세상을 한번 요란하게
할 것이며, 이 세상 모든 것이 왈칵 앞
뒤가 바뀌는 그와 같은 형국이 이루어
질 것이니라.
11 그 과정을 거치지 아니하고는 역사할
수 없으며, 앞과 뒤가 바뀌듯이 속과
겉이 뒤집히는 것보다도 더 무섭게
너희에게 환란의 시기가 한번은 거칠
것이니,
12 그 환란의 시기를 거치고 나면 나의
법전을 읽고 깨우친 백성은 그 뿌리
를 내려 갈 것이며,
13 그를 거부하고 사탄이요, 이단이라 말
하는 그와 같은 자들의 수는 서서히
줄어들기 시작함이니,
14 그 이파리가 마르며 줄기가 마르며 뿌
리가 말라 죽어 가는 그와 같은 형국
으로 변화될 것이니라.
15 그때까지 너희는 변화해야 하며 최선
의 노력을 다해야 함이니,
16 그날을 위하여 너희가 완벽한 나로부
터 선택된 백성이요, 지도자로서 한
점의 부끄러움이 없는 그와 같은 삶을
살아야 함이니라.
17 그리하여 내가 너희에게 완벽한 삶을
살라 하는 것이 여기에 있음이니라.
18 모든 백성이 한 가지 뜻을 하나로 똑
같이 이해하는 것이 아니요, 거기에
대해 거부하며 반대 이론이요, 반대를
위한 반대로써 너희를 공격하는 사람
들이 있으며, 그를 가지고 시시비비하
며 갑론을박하고 있음이니,

19 너희가 감히 생각하지도 못하는 그와
같은 방법으로써 나의 법전을 공격할
것이며 나의 법전을 흔들 것이며, 이
를 세상에서 태워 버리고 다 묻어 버
리고자 하는 그와 같은 자들이 있을
것이니,
20 그들과 대적하려면 너희가 완벽하게
서야만 될 것이니라.
21 그리하여 너희를 갈기갈기 헤쳐 놓았
을 때, 한 점의 부끄러움이 없는 삶을
살며 너희의 행동함에 달렸음이니라.
22 그리하여 완벽한 삶을 살라 내가 너희
에게 명함이니,
23 서서히 변화되는 그 속도에 따라서 변
화되는 그 과정을 거역하지 말고, 오
늘보다 내일이요, 내일보다 모레가 더
나은 변화의 삶을 사는 데 최선을 다
해야 될 것이니라.
24 너희가 오늘보다 내일이 무너지며 또
모레가 더 무너지는 그와 같은 삶을
살아서는 안 될 것이니, 그리해서는
아무것도 이룰 수 없으며 역사할 수
없음이니라.
25 그리하여 변화되는 그와 같은 삶을 살
아가도록 스스로 너희 자신을 심판하
며 너희 자신을 다스려 보며 너희 자
신을 바로 세울 수 있도록 그리 노력
하라.
26 나의 피조물 만백성과 너를 따르는 제
자들에게 그리 전하고 깨우쳐 주도록
하라.

5,777 번째 하나님 말씀

2003년 3월 29일 22시 41분

1 사랑하는 나의 아들아!
2 "네, 아버님! 말씀하옵소서."
3 지금 수천 년 동안 내려온 그 모든 종
교 집단의 그 지도자들이요, 그 신도
들이요, 그 방대한 조직들이 지금 광
분하는 것이 잘못됐다 하면 너희는
믿지 않으려 할 것이니라.
4 그러나 너희는 그를 믿어야 할 것이
니라.
5 수천의 종파요, 수억의 종파의 지도자
들 그 모두 다 제가 가는 길이요, 제가
인도하는 길만이 하늘에 오르는 길이
요, 정도의 길이라 말한다면, 과연 너
희는 이게 진정한 정도의 길이라 말할
수 있는가?
6 수천, 수만, 수억의 종파들이 다 제가
가는 길이 정도며 저희가 가는 길만이
구원을 받는다 그리 말함이니,
7 하나가 아니요, 서로 천 갈래, 만 갈래
종파의 숫자만큼 갈라지고 찢어져서
제가 제일이요, 제가 나 여호와에게서
선택된 자라 그리 말하며 그 명을 받
은 자라 그리 말함이니,
8 이것이 바로 종교 집단의 지도자들이
요, 또는 지금의 신도들이 광분하며
가는 그 길이 구원의 길이 아니요, 나
와는 아무런 관계도 없는 길이라 내가
그리 말함이니라.
9 그리하여 내가 구약과 신약을 받쳐 심
판의 시대를 열어 너희에게 그 기준을
내려보내며, 너희가 법전을 읽고 깨우
치는 똑같은 기회를 주기 위해 법전

을 만들어 세상에 내려보내나,
10 너희는 이것을 사탄이요, 사악한 자의
장난이요, 그리고 말세의 시대에 거짓
선지자가 역사하여 너희로 하여금 바
른길에서 지옥으로 인도하는 그와 같
은 사악한 역사를 이룸이니,
11 이게 종말의 시대의 근거라 하여 너희
는 더욱 믿음을 열심히 하며, 너희가
종교 지도자를 더 높이 받들며, 그리
고 금화와 은화를 더 많이 갖다 바치
며, 더 큰 성전을 지으며,
12 그리하여 큰 성전으로써 그 터를 누르
며 그 위용으로써 감히 사탄이요, 사
악한 자요, 나의 성령인 나의 법전이
세상에 빛을 보지 못하도록 그리하자
는 것이 그들의 뜻이니라.
13 그들은 과연 무엇을 알고 있는가?
14 그들은 저희가 듣지 못하며 나의 빛
을 보지 못하며 나로부터 명을 받을
수 없으며, 저희는 나로부터 이와 같
은 법전이요, 이 새로운 성경을 받아
쓸 수 없기에,
15 그들은 남이 받아쓰는 것, 남이 기록
하는 것, 그것은 다 이단이요, 사탄이
라 그리 말하느니라.
16 남이 가르치는 진정한 진리요, 하늘에
오르는 뜻이요, 가르침까지도 그들은
귀를 막으며 눈을 감고, 들으려 아니
하며 고개를 흔들어 악을 씀이니,
17 이단이요, 사탄이요, 사악한 자라 그
리 소리 지르는 것으로 위안을 삼으
며, 제가 정녕 나로부터 선택된 백성
이요, 구원을 받는 백성이라는 그 착
각 속에 저 자신이 위로를 얻고 가는
것이 그들이니라.
18 그리하여 나의 법전을 들고 악을 쓰며
보지 말라 소리 지르며 찢어 버리고
태워야 한다 그리 말하며 세상에 존재
해서는 안 될 책이라 그리 말함이니,
19 그 하는 짓을 정녕 내가 보지 못할 형
국을 너희가 하는 것임을 알아야 할
것이니라.
20 너희는 나를 볼 수가 없으며 내가 내
리는 음성을 들을 수 없으며 너희 자
신이 그와 같은 역사를 하지 못하기
때문에,
21 너희 자신이 역사하지 못하는 그 모
든 기적과 은혜는 다 사탄이요, 이단
이라 하는 것은, 너희가 받지 못하며
이루지 못하기 때문에 남이 이루는 것
을 인정하지 아니하려 하며,
22 그걸 너희는 이루려 하지 아니하며,
그저 무조건 네가 받지 못하는 것은
다 사탄이요, 사악한 자라 광분하는
자들로 변함이니,
23 그와 같이 너희가 하는 행위를 나 여
호와가 내려다보기에 너희가 얼마나
불쌍하고 어리석으며 가련한 백성인
지 알겠는가?
24 그리하여 내가 너희를 구원하기 위하
여 나의 아들을 통하여 이 어렵고 힘
든 길을 가 160권의 법전으로써 세상
에 전해 너희가 보고 깨우쳐 누구나
다 구원을 받도록 하는 역사를 하거늘,
25 너희가 욕하며 찢으며 태우는 그와 같
은 사악한 짓을 하고 있음이니,
26 너희는 지금 160권이라는 법전이든
성경이든 네가 쓸 수 있으며 네가 역
사할 수 있으며 네가 만들어 냈다면,
너희가 그것이 이단이요, 사탄이요,

사악한 자라 말하지 아니할 것이니라.
27 전지전능한 창조주 너희 어버이라는
내가 직접 너희에게 내려 준 것이라
그리 자랑하며 그를 세상에 전하고자
할 것이니라.
28 그러나 너희는 받아쓸 수가 없으며
들을 수가 없으며 기록할 수가 없으며
160권의 대장서의 책을 만들 수 없음
이니,
29 네가 받지 못하며 네가 속한 집단에
서 받지 못하였기 때문에, 너희는 무
조건 갖다 붙일 수 있는 욕을 하고 있
음이니라.
30 사탄이요, 악마요, 이단이요, 악령의
자식이요, 너희는 그와 같이 댈 수 있
는 욕의 온갖 것을 다 갖다 비방하며
그를 공격함이니,
31 남의 것을 소중히 여길 줄 모르며 남
의 것을 평가절하하며, 남의 것은 인
정하지 않고 짓밟으려 하는 그 모두가
무엇인 줄 알겠는가?
32 네가 하지 못하고 너희 자신이 하지
못하기 때문에 너희가 그를 욕하고
비방하는 것이 지금의 종교 집단의 지
도자요, 모든 구원을 받았다는 그 신
도들이 하는 추태요, 행태라는 것을
알아야 할 것이니라.
33 당당한 모습이요, 당당한 참진리의 길
을 가고 있다면 남들이 뭐라 말하든
거기에 귀 기울일 필요 없으며, 그걸
이단이요, 사탄이라 말할 필요도 없음
이니라.
34 다만, 너희가 진정한 하늘에 오르는
길이요, 참진리요, 구원의 길에 들어
선 자라면, 남들이 뭐라 하든 그를 탓
하고 욕하지 아니할 것이니라.
35 그 진리의 길에 들어선 자는 나 여호
와가 쓰고자 하면 어떠한 백성도 내가
불러다 쓰며 그를 데려다 쓰기 때문에,
36 그와 같은 위대한 하늘의 법칙이요,
하늘의 역사요, 하늘에 이루고자 하는
나 여호와의 뜻이요, 그리고 정녕 너
희가 말하는 전지전능한 나 여호와가
어떠한 것도 내가 쓰고자 하여 쓰지
못할 것이 없음이니,
37 그 이치를 아는 자는 감히 말을 하지
못하며 사탄이요, 이단이요, 사악한
자라 너희는 말할 수 없으며 말하지
못할 것이니라.
38 그러나 진실한 길을 모르며 하늘의 뜻
을 모르기에 그와 같이 함부로 날뛰
며, 함부로 욕을 하며, 함부로 이단이
요, 사탄이요, 악령의 자식이라 너희
가 그리 말함이니,
39 그와 같은 것이 지금 너희가 가진 심
성이니라.
40 그는 네가 받지 못하며 네가 역사하지
못하며 너희 집단에서 하지 못하며 너
희 소속에서 하지 못하기 때문에 너희
는 질투와 시기에서 하는 말이니,
41 너희 자신이 부끄러운 줄 알며 이제
그와 같은 사악한 행동이요, 만행을
하지 말라.
42 너희가 모든 집단의 물리적인 그 힘을
가지고 진정한 나의 뜻이요, 나의 성
령이요, 만백성을 구하는 심판의 기준
인 이 법전이 내려가는 것을 방해하는
자는 죽어 내 앞에 왔을 때, 그 죄가
어떠한 것인지를 그때는 알게 될 것이
니,

43 남이 만들어 내는 것을 너희가 탓할
필요도 없으며 사탄이요, 이단이라 말
할 필요도 없음이니라.
44 너희는 당당하지 못하며 참진리의 길
을 가지 못하여 불안하고 공포에 떨고
살아가기에 마음이 공허하고 허전하
며,
45 구원에 자신이 없으며 구원을 받았다
는 충족된 마음이 없기에 불안하고 초
조하며,
46 새로운 것이 세상에 나온다면 너희는
묻힐 것이며, 새로운 역사요, 참진리
가 세상에 내려온다면 너희는 물거품
이 되는 것이 두렵고 겁이 나, 너희가
그와 같은 사악한 욕심에서 사악한 행
위를 하고 있음이니라.
47 그러나 거기서 깨닫는 자, 진실을 들
여다보는 자, 그리고 나의 법전 160권
을 정독하고 또 읽어서 깨우쳐 보고,
그때 가서 너희가 평가해도 늦지 않
음이니,
48 너희가 죽기 전에 반드시 나의 법전을
읽고 그 내용을 음미하며 정독해서 너
희가 하늘에 오르는 길이 무엇이며 내
가 역사하는 것이 무엇이며 스스로 변
하는 것이 무엇인지,
49 하늘에 오르는 길은 행함이요, 행함만
이 오로지 너희가 나로부터 축복이요,
영광을 받는다는 것을 나의 법전을 읽
고 깨달았을 때, 그 의미를 알게 될 것
이니 그리 알라.

5,778 번째 하나님 말씀

2003년 3월 29일 22시 52분

1 사랑하는 나의 아들아!
2 "네, 아버님! 말씀하옵소서."
3 생명을 가지고 존재하는 나의 피조물
만백성 너희는 생명이 존재하는 그 순
간까지 너희가 이 세상에 태어난 삶의
그 역사요, 생명에 대해 감사하며,
4 또한 이 세상에서 살아갈 수 있도록
모든 것을 다 내려 준 나 여호와에 대
해 얼마만큼 감사하게 생각하며,
5 또 내가 너희를 아끼고 사랑하는 마
음을 과연 얼마나 알고 깨닫고 살아간
다 생각하는가?
6 너희의 삶이 어떠한 형국에서 이루어
졌으며 어떠한 형태로써 누구로부터
역사했으며 누구로부터 이 자연의 아
름다운 속에서 모든 것을 취하고 살
수 있는 그 영광을 받았는가?
7 그리고 너희가 영원히 존재하는 천국
에 갈 수 있는 그 문을 열어 주는 것은
과연 누구며,
8 너희가 그 문을 열고 오기를 기다리는
나 여호와가 존재함을 과연 얼마나 생
각하며, 얼마나 믿으며, 얼마나 나에
대한 감사요, 은혜를 가지고 살아가는
가?
9 너희 스스로 한번 돌이켜 봐야 할 것
이니라.
10 너희가 지금 육에서 사는 생명을 받은
것이요, 그리고 육에서 살아갈 수 있
도록 얻은 그 모든 것을 나 여호와에
게 감사와 은혜와 영광을 바치는 것이
어떠한 너희 삶이며 너희가 살아가는

길인가를 과연 너희는 얼마나 생각하
고 연구해 보았는가?
11 너희가 나 여호와의 은혜요, 내가 내
린 영광의 그 모든 것에 대한 감사하
는 마음이요, 그 은혜에 보답하는 것
이며,
12 그리고 창조주 어버이가 자식을 내려
다보는 그 부모의 기쁜 마음은 과연
너희가 어떠한 삶을 사는 것이 그리하
는 것이며,
13 너희가 어떻게 살아가는 생활 방식에
따라서 나 여호와가 너희 때문에 웃
고 또 너희 때문에 괴로움을 겪는지
그를 생각하고 연구해 보고 있는가?
14 이제 너희는 이 모두를 구체적이고
체계적으로 생각하고 연구하여 너희
의 삶에 적용하는 그와 같은 삶을 살
아야 함을 잊어서는 아니 될 것이니라.
15 너희가 완전하게 체계적이고 구체적
으로 세분화하여,
16 너희가 어떠한 길이 나 여호와에게 오
는 길이며,
17 부모의 은혜에 감사하며 부모의 뜻을
거역하지 아니하며 살아가는 자 있다
하여 그를 보며 부모가 마음의 기쁨
을 얻는 것처럼,
18 어찌하면 나 여호와가 너희 때문에
기쁨을 얻으며 나의 피조물 만백성 너
희를 가장 아름다운 모습으로 가장 높
은 지혜로 세상에 내려보낸 것을 후
회하지 않는 나 여호와가 되겠는가,
19 어찌하면 그와 같이 나 여호와가 후회
하지 아니하며 기쁨을 느낄 수 있는
그와 같은 삶을 살 수 있는 것인가를
깊이 연구하고 정직하게 정도의 입장
에서 분석하고 생각해 볼 때가 되었
음을 알아야 할 것이니라.
20 너희가 나의 은혜에 대해서 나에게 기
쁨을 안겨 줄 수 있는 그와 같은 삶에
대한 것을 연구하고 또 연구하는 그
순간에,
21 너희도 모르는 사이에 하늘의 뜻을 알
게 되며, 나 여호와의 음성을 들을 것
이며, 나의 모습을 너희가 보게 되는
영광을 얻을 것이라는 것을 잊지 말라.
22 너희는 지금 구원의 길이 무엇이던가?
23 아름답게 사는 것, 그리고 나 여호와
에게 감사하는 마음을 갖고 사는 그와
같은 체계적이고 구체적인 생각이 아
니요,
24 다만 과일이 익어서 너희가 먹기 좋
게 익은 과일의 맛을 생각하며, 그 과
일을 먹는 기분을 항상 생각하며, 그
과일을 취하고 그 과일을 생각하듯이,
25 지금 구원이라는 익은 열매를 따 먹
는, 그 익은 열매의 맛을 취하는 그와
같은 생각이요, 환각 속에 빠져 있다
는 것을 너희는 알아야 할 것이니라.
26 익어서 맛있는 과일을 따 먹는 그것만
생각하듯이, 너희가 구원이라는 것만
을 생각하며 구원에만 목적을 두고 지
금 믿음의 길을 가는 그와 같은 형태
이니,
27 이것이 잘못되었다는 것이 나 여호와
의 뜻이니라.
28 너희가 익은 과일 열매를 따 먹을 때
의 그 맛있고 짜릿한 그것만을 생각하
고 살아가듯이,
29 그 과정이라든지, 가는 역사에 가꾸는
그와 같은 고통이요, 수고로움은 생각

하지 아니하며, 오로지 익은 과일을
쉽게 따 먹는 좋은 기분만을 생각하고
사는 백성처럼,
30 너희는 구원의 길이요, 하늘에 오르는
길의 과정이요, 역사함이요, 그 고통
의 길이 무엇인가를 체험하며 스스로
싸워 이기는 그와 같은 삶은 가지 아
니하고,
31 그저 익은 과일을 따 먹는 기분처럼,
구원을 받으며 나에게 오르며 천국의
문을 들어서는 것을 그와 같이 생각하
고 그 착각 속에서 살아가는 것이 지
금 믿음의 길을 가는 나의 백성임을
알아야 할 것이니라.
32 너희는 그 과일을 따 먹는 기분만을
생각하며 그 짜릿한 맛만을 생각하는
것이 아니라,
33 그 과일이 익을 수 있도록 가꾸고 정
성을 들이며 살아가는 과정이 소중함
을 잊어서는 아니 될 것이니라.
34 너희가 익은 과일의 열매를 따 먹으며
그 맛을 느끼기 전에, 너희가 해야 할
일이 무엇인가를 알아야 할 것이니라.
35 잘 가꾸고 관리한 그 열매는 잘 관리
하고 보호하는 그 속에서 맛있는 과일
의 맛을 너희에게 전할 것이며, 너희
가 취할 수 있도록 그들은 잘 익어 갈
것이니라.
36 그러니 그와 같은 맛을 볼 수 있으며
그 과일을 취할 수 있는 것은 그 나무
를 심을 때부터 잘 관리하고 보호하는
것이 중요함이니,
37 이는 바로 육의 세상에 사는 삶을 과
연 어떠한 삶을 사느냐 그것이 너희에
게 중요함을 알아야 할 것이니라.
38 나로부터 선택된 모든 백성이요, 그리
고 나로부터 명을 받아 세상에 사는
너희는 너희 자신의 직분에 충실한
삶을 살아야 하느니라.
39 개인적인 직분이요, 직장에서의 직분
이요, 단체에서의 직분이요, 사회에서
의 직분이요, 자신에게 주어진 그 임
무를 충실하고 완벽하게 완수하고 지
키고 살아가고자 하는 그와 같은 백성
만이 구원의 길을 볼 수 있으며 구원
을 얻을 수 있다는 것을 알라.
40 자신의 직분이요, 생활을 모두 방탕한
생활이요, 절제하지 않는 생활이요,
41 남들이 볼 때 본보기가 될 수 있는 그
와 같은 생활을 하지 아니하는 자는
정녕 구원을 받을 수 없음이니라.
42 과일나무를 심어 놓고 돌아다보지 아
니하며 그를 보호하지 않은 과일나무
에서는 완벽한 너희가 그리 생각하는,
맛있어 짜릿할 정도로 항상 즐기고 먹
는 과일은 절대 그와 같이 결실을 보
지 못한다는 것을 알아야 할 것이니,
43 그리하여 내가 너희에게 다시 한 번
전하노니,
44 너희가 직분에 충실한 백성으로서 살
아가는 것부터 먼저 생각하며, 생활의
습성을 만들어 다스려 나가도록 그리
하라.

5,779 번째 하나님 말씀

2003년 3월 29일 23시 04분

1 사랑하는 나의 아들아!
2 "네, 아버님! 말씀하옵소서."
3 지금의 모든 종교 집단 너희는 진정한

믿음의 길을 가는가,
4 너희는 형식이요, 외형적인 그 모습을
갖추려고 혈안이 되어 있지 않은가,
5 너희 스스로 한번 생각해 봐야 할 것
이니라.
6 종교 지도자는 물론이요, 신도라는 백
성, 그리고 믿지 않는, 너희가 말하는
이방인이라는 백성,
7 과연 지금의 믿음의 길을 가는 집단의
지도자들이 한 자리를 잡아 터를 닦음
에 나의 진리요, 나의 성경을 그저 가
르치며 깨우쳐 주는 그와 같은 역사로
써 가는가?
8 안방에서 다섯 명이요, 열 명이요, 그
저 가능한 대로 앉혀 놓고 진리를 가
르치며 성서를 가르치고 깨우쳐, 그들
이 배워서 나가 또 만백성을 깨우치
는 그와 같은 길로 간다면 과연 무엇
이 문제며, 무엇이 안 되던가?
9 지금 이방인이요, 종교 지도자요, 신
도라는 그 모든 백성이 세상에 교회
요, 성전을 짓는 종교 집단을 보는 그
눈이 어떻던가?
10 더 큰 교회를 지으려고, 더 큰 성전을
지으려고 너희는 너무나 집요하게 집
착하고 있으며,
11 그 길을 위하여 지금 믿음이라는 그
허울 좋은 우리 부자의 이름으로 간판
을 걸어 놓고 너희가 장사하는 것이
아니던가?
12 더 큰 궁궐 같은 것을 지으려고, 더 아
름다운 것을 지으려고 모두를 거기에
바치는 것이 지금 너희가 하는 행위
이니라.
13 더 많은 신도를 긁어모으며, 그저 어
찌 깨우치든, 그들이 장삿속으로 오
든, 그들의 삶에 이용의 도구로 오든,
그저 많은 백성을 모아 놓고 설교하
는 그와 같은 꿈이요, 그 생각에 젖어
있으며,
14 또한 그와 같은 백성을 성공한 종교
지도자라 그리 너희 스스로 격찬하는
웃지 못할 이와 같은 형국이 이 세상
에 존재하고 있으며, 이 세상이 돌아
가는 형태이니라.
15 내가 일찍이 뭐라 깨우쳐 주었는가?
16 물질과 믿음, 두 가지를 가지고 너희
는 살 수 없다 그리 말하였음이니라.
17 한 사람이 두 주인을 섬길 수 없으며
두 상전을 너희가 섬기고 갈 수 없듯
이,
18 너희가 믿음과 물질, 두 가지를 다 같
이 가지고 이룰 수는 없는 것이라 내
가 그리 말하였음이니라.
19 너희가 분에 넘치는 일을 하고자 할
때, 너희가 과분한 일을 하고자 할 때,
너희가 크나큰 건물을 지을 때,
20 백 평이라는 건물을 지을 수 있는 자
가 5백 평이라는 건물을 지으려고 설
계하고 대든다면, 거기에 따르는 것은
무엇이 있는가?
21 모든 것에 부작용만이 수반하게 되어
있으며, 부작용의 근본의 씨앗이니,
그 부작용이란 무엇이냐?
22 그것이 악의 씨앗으로서 존재하게 됨
이니라.
23 너희가 성전이요, 교회를 짓는 것을
신도들에게 부담을 주며, 그리고 너희
가 그와 같이 더 지으려고 무리한 역
사를 하는 것, 그 모두는 다 무엇인 줄

아는가?
24 죄의 씨앗이며 악의 씨앗으로서 너희
가 그 교회요, 건물이요, 그 성전을 세
우는 자라는 것을 잊어서는 아니 될
것이니라.
25 그리하여 그 모두가 내가 잘못되었다
함이니라.
26 평생 공직에서 남에게 모범이 되어야
할 사람이 제가 받아들이는 수입에 비
하여 그보다 더 큰 역사를 하며 더 큰
집을 짓고자 하며 더 큰 것을 역사를
하여 제가 사업이요, 장사를 한다면,
과연 그는 어떠한 자던가?
27 그는 정녕 공무원으로 제가 받는 수
당이요, 제 봉급으로 그와 같은 역사
를 이룰 수 있는가?
28 그는 그와 같이 공무원의 신분을 벗어
나 분에 넘치는 것을 만들고 이루고자
한다면, 그 경비와 재산은 부정한 것
이며,
29 그가 바르게 거둬들인 돈이 아닐 것이
며, 금화와 은화가 아닐 것이니라.
30 지금의 종교 집단들이 힘에 부치게 무
리하게 큰 성전이요, 교회라는 것을
지으려면, 너희가 각종 범죄 행위를
하지 아니하면 안 되며,
31 너희가 종교 집단 속에 속해 있는 신
도들에게 고통과 시련을 주지 아니하
면 그 역사는 할 수 없음이니라.
32 믿음이라는 것은 너희가 달구지 타고
동요를 부르는 아이들과 같이 편안하
고 행복한 마음으로 성전을 찾는 것이
며 믿음의 길을 가는 것이라 하였음이
니라.
33 더 큰 성전을 지으려고, 더 궁궐같이
아름답게 꾸미려고 너희 신도들이 경
제적인 재물을 부담하며 내놓아야 하
는 그 백성의 고통과 시련이 있다면,
34 그들의 믿음이 어디까지 있으며, 지금
의 가는 믿음의 형국이 얼마나 불안하
고 공포 속에서 믿고 가며, 거기에 어
쩔 수 없이 따라가는 것이 아니던가?
35 성경으로 공부하지 아니하며 종교 지
도자가 가르치는 설교를 듣지 아니하
면 구원을 받지 못한다 하니,
36 구원을 받지 못한다는 두려움 때문에
그들은 모든 것을 버리고 그저 죽지
못하여 살아가는 그와 같은 형국의 마
음에서 이루어진다면,
37 그는 죄의 온상이요, 나의 피조물 만
백성의 고통이요, 피와 땀이요,
38 그리 바치기 싫은 그 피와 땀을 빼 가
며 모두를 갈취하여 그것을 이루는 것
이 아니던가?
39 그와 같이 하는 자는 종교 지도자로서
제 직분을 망각하는 짓이며,
40 남의 회사에 직장을 잡은 자요, 나라
의 녹을 먹는 공무원이 분수에 넘는
집을 짓고자 하며 분수에 넘는 사업을
경영한다면, 그는 부정의 씨앗으로서
부정의 대표자며 사악한 자의 대표라
는 것을 너희는 알아야 할 것이니라.
41 제 직분에 넘치며 제 직분을 벗어나는
행위를 하는 것은 모두 잘못된 것이
며, 죄의 씨앗을 가슴에 안고 모두를
시작하는 것이니라.
42 모든 종교 지도자들이 지금 그와 같이
죄악의 씨앗을 안고 교회요, 성전을
지으면서 뭐라 말하는가?
43 이와 같이 더 크고 방대하게 짓는 것

이 나 여호와에게서 축복을 받는 것이며,
44 나의 아들 예수가 너희에게 구원의 복을 내리며 너희를 구원한다고 그리 변명하고 둘러대며,
45 우리 부자의 이름을 팔아먹으면서 더 큰 교회요, 성전을 짓는 데 집착하며 모두를 다 거기에 바치고 있음이니,
46 과연 나의 진리요, 나의 성령을 가르치는 자라 말할 수 있는가?
47 너희가 무리하게 거두어들이는 각종 헌금이요, 그것을 거두어들이는 형국을 나 여호와가 바라다보며, 그걸 내는 백성의 마음이 편치 않은 것을 들여다볼 때, 과연 이 세상이 어찌 되겠는가?
48 갖은 수단과 방법을 가리지 않고 무리한 수를 써 가면서 저희 신도들에게 재물을 거둬들이는 사악한 자나,
49 저희가 축복을 받는다는 그 말 때문에 고통과 시련 속에서도 불평불만 말하지 못하며 그저 내라는 대로 갖다 바치며,
50 더 많이 바치는 것이 영광이며, 저희 집에 있는 것을 모두 다 털어서 바치는 것까지도 영광이라 생각하고 살아가니,
51 나 여호와가 그를 내려다보기에 너희가 얼마나 불쌍하고 초라한 백성인지, 너희가 가여워 바라다볼 수도 없는 그와 같은 마음이니라.
52 내가 연민의 정으로 그 모두를 용서하며 그를 다 덮어 주고 사랑으로써 내가 너희를 이끌고자 하나,
53 내가 마지막 내리는 나의 법전까지도 보지 아니하고 찢어 버리고 태워 버리며 묻어 버리는 그와 같은 행위를 자행하고 있음이니,
54 과연 너희를 어찌 구원하고 깨우친단 말이던가?
55 그러나 어떠한 형태든, 어떠한 방법이든 모든 종교 집단의 지도자요, 또한 신도요, 너희가 두 마음을 가지고 한 주인을 섬길 수 없듯이,
56 물질을 앞세우며 믿음은 뒷전으로 가는 그와 같은 형국으로써는 그리도 갈망하고 소원하는 구원의 길을 볼 수 없으며 구원의 길에 올 수도 없으며 하늘의 내 앞에 올 수도 없다는 것을 깊이 새겨들어야 할 것이니라.

5,780 번째 하나님 말씀

2003년 3월 29일 23시 25분

1 사랑하는 나의 아들아!
2 "네, 아버님! 말씀하옵소서."
3 지금의 모든 종교 집단에 믿음의 길을 가는 백성, 그리고 구원을 받았다 말하는 백성이 얼마나 불쌍하며 가련한 백성이며 어리석은 백성인지 너희는 알고 있는가?
4 인간 세상에 살아가면서 모든 기록을 보유하며 세상에서 일인자라는 자리를 차지한 자가 그 길을 차지하기 위해 얼마나 피나는 노력을 하던가, 그리고 그들은 얼마나 피나는 훈련을 하던가?
5 그 훈련과 노력의 결과에서 그것이 얻어지지 않는가? 말로써 한다면 이루어질 수 있다는 말인가?

6 내가 너희에게 말하여 전하였느니라.
7 이 세상에서 나에게 구원을 받는 백성
은 믿음의 우등생이 되어야만 구원을
받는다 하였음이니,
8 그 우등생의 뜻이 무엇이며 그 의미가
어떤 것인가를 아는가?
9 너희는 믿음에 대해서 우등생이 되어
야만 천국에 올 수 있으며, 내가 너희
에게 천국의 문을 열어 주니, 나로부
터 구원을 받을 수 있다는 그 무서운
사실을 알아야 할 것이니라.
10 그러니 우등생이란 무엇이더냐?
11 사회에서 모든 경쟁자를 물리치고 세
상에서 우등생이요, 최고의 기록을 보
유하는 자요, 그 영광을 차지하는 자
는 얼마나 고달프고 힘든 훈련을 하는
가?
12 남들이 인내할 수 없는 극기 훈련을
감내하고 인내하면서 그와 같은 결과
를 얻어, 그들은 남에게 부러움을 사
며 남에게 칭송을 받으며,
13 남들이 넘을 수 없는 그 역사의 고비
를 넘으며 그가 길이 남고 기록되는,
그와 같은 제 나름대로 이름 석 자를
세상에 남기는 그와 같은 삶을 살아가
지 아니하던가?
14 작든 크든 우등생이 된다는 것, 승자
가 된다는 것은 하루아침에 이루어지
는 것이 아니니라.
15 피나는 노력과 땀으로써 이루어짐이
니,
16 내가 진정한 믿음의 우등생이 되어야
만 하늘에 오른다 하였음이니, 그 우
등생이 과연 무엇이던가?
17 말로써 모두 이루어진다고 생각하는
자는 얼마나 어리석은 것인가를 이제
는 알겠는가?
18 세상에 최고의 기록을 보유한 자가 고
된 훈련과 극기 훈련의 과정을 겪지
않고 말로써 제가 기록 보유자요, 세
상에서 일인자라 그리 말한다고, 그가
울고불고 나에게 기도한다고 해서 과
연 그 역사가 이루어지며 그게 달성된
다 생각하는가?
19 너희는 피나는 노력으로써 이루어지
는 것이니라.
20 그러니 믿음이라는 것도 우등생이 되
라 하였음이니,
21 너희가 말로써 나의 아들의 보혈로써
구원을 받았으며 하늘에 오르는 백성
이요, 하늘에 오르는 영광을 받았다
그리 생각하는가?
22 행함이 없이는 이루어지지 아니함이
니라.
23 너희가 우등생이 되려면 변화되는 삶
의 모습에서 하나하나 고치며 깨닫고
나가지 아니하면 아니 되기 때문에,
하나부터 열까지 행함이 중요함이니
라.
24 하나를 변하여 하나를 얻는 것도 거기
에 행함으로 되니,
25 모든 경쟁이요, 모든 시합에서 세계의
기록 보유자가 되며, 우승하는 자는
행동으로써 그와 같이 피나는 훈련을
거치듯이,
26 믿음 또한 모두 행함으로써 모든 역사
가 이루어지며 우등생이 될 수 있다는
것을 알라.
27 믿음의 우등생도 모든 경기의 기록보
유자가 일인자가 되듯이, 너희가 그와

같은 행동이요, 삶이 모범적인 그 속
에서 이루어진다는 것을 잊지 말라.
28 너희가 행하지 아니하며 움직이지 않
는 상태에서 무엇인가 이루어진다는
것, 그리고 너희가 행함이 없이 천국
에 오를 수 있다는 그와 같은 착각 속
에서 깨어나는 백성이 되도록 하라.
29 그리하여 내가 세상에서 기록을 보유
한 그 훌륭한 백성을 예를 들어 너희
에게 깨우쳐 줌이니 그리 알라.

5,781 번째 하나님 말씀

2003년 3월 29일 23시 31분

1 사랑하는 나의 아들아!
2 "네, 아버님! 말씀하옵소서."
3 너희가 구원의 길에 오르는 것은 나의
아들 예수의 믿음이요, 그가 행했던
그 사랑을 본받고 따르면 이룬다 하였
음이니라.
4 그러니 너희가 나의 아들 예수처럼 그
와 같은 믿음으로써 살아가며 사랑을
베풀며 살아간다면, 나의 아들 예수처
럼 모든 기적의 역사를 다 이룰 수 있
는 것이 너희임을 알아야 할 것이니
라.
5 그러나 모든 종교 집단의 지도자 그들
은 나의 아들 예수의 믿음을 그대로
본받으며 따라가지 아니하며, 그저 말
로써 모두를 다 하며 기적을 이루고자
하며 역사를 이루고자 함이니,
6 그래서 너희에게 기적을 이룰 수 없으
며 역사를 내릴 수 없으며 변화를 이
룰 수 없는 것을 알아야 할 것이니라.
7 믿음을 제대로 가르치지 못하며 제대
로 가지 못하는 너희이기 때문에 너
희는 기적을 이룰 수 없다는 것을 알
아야 할 것이니라.
8 나의 아들을 따르며 나의 법전을 읽고
깨우치는 백성 너희도 다 똑같으니라.
9 나의 아들 예수처럼 기적을 내릴 수
있는 역사가 있으며 그와 같은 자격이
충분히 갖추어진 자가 너희이니라.
10 그러나 너희가 바로 서지 못하며 바로
깨우치는 길을 가지 못할 때, 그리고
행함을 소홀히 할 때,
11 그와 같은 기적이요, 역사를 이룰 수
없으며 볼 수도 없느니라.
12 그러니 너희의 자세가 얼마나 변해야
하며 얼마나 믿음을 바로 가야 하는가
를 깨달아야 할 것이니라.
13 그리고 모든 종교 집단의 지도자들이
은혜를 받았으며 축복을 받았으며 영
광을 받았다, 구원을 받았다 그리 말
하는 허황된 속에서 너희가 깨어나야
할 것이니라.
14 인간 세상에 살아가는 것도 초보자가
준비하여 경영자가 최종 결정을 내리
며 그가 도장을 찍었을 때, 그리고 그
가 서명했을 때, 그 모두는 통용되며
힘을 발휘하는 것이니,
15 결정권자가 아닌 기안한 자가 아무리
잘되고 정답을 만들었다 해도, 그것으
로 그 기업이요, 그 집단에서 행함이
이루어지는 것이 아니니라.
16 결정권자의 최종 결정이 났을 때 그
건 효력을 발휘하는 것이니라.
17 나의 아들 예수가 어떠한 상태로 갔든
너희는 믿음만을 본받을 것이며,
18 나의 아들 예수가 나에게 기도하며 만

백성의 죄를 짊어지고 갈 수 있도록 은혜를 내려 달라, 그 길을 선택할 수 있도록 해 달라고 나에게 간곡히 기도하는 그것을 결정권자인 나 여호와가 승인하지 않았으며 결재를 하지 아니하였다면 너희는 어찌하겠는가?
19 그와 같은 것을 가지고 너희가 예수의 보혈로써 구원을 받았다 지금 그리 말하며, 행함은 소홀히 하며 그저 믿음만이 충실하면 된다 그리 가르침이니,
20 그것이 잘못 가르침이요, 잘못 이끌어 감을 너희는 알아야 할 것이니라.
21 그러니 믿음 자체도 모르는 것이며 믿음의 근본이 무엇인지도 모르는 것이 지금 가는 모든 너희 백성의 형국이니라.
22 너희는 나의 아들 예수에게 그 병을 고치려고 천장을 뚫고 내려온 그와 같은 믿음을 어찌 보던가?
23 그 믿음이 얼마나 강하며 얼마나 진실하면 그는 천장이라는 것을 뚫고 나와 예수에게서 구원을 받으며 건강의 치료를 받으며 제가 바로 설 수 있는 그와 같은 영광을 얻고자 했던가?
24 천장을 뚫고 내려오는 그건 바로 무엇이던가?
25 행함이니라.
26 행함이 있기 때문에 그 믿음이 산 것이며 그 믿음은 행함이 있기 때문에 빛을 볼 수 있으며,
27 그리하여 그는 나의 아들 예수에게서 은혜를 받으며 영광을 받을 수 있었으니, 그 모두는 바로 어디서 이루어지는가?
28 나 여호와가 승인했기 때문이며 결재를 했기 때문이니라.
29 나의 아들 예수는 나와 같은 삼위일체가 아니요, 나의 성령이 예수의 몸에 들어 있는 것이 아니요,
30 예수는 기안자며 그 기안을 만들어 나에게 보고하는 자였음이니라.
31 모든 계획서를 만들고 기안하여 나에게 보고하고, 내가 승인했을 때 그는 지상에서 행하며 지상에서 역사하며, 그것이 곧 법이요, 진리가 그와 같은 것이니라.
32 나의 아들 예수는 기획하고 기안하는 자요, 나로부터 결정을 받아 행하는 자이니,
33 승인자는 이 지상에 하늘과 땅 사이에 나 여호와밖에 없음이니,
34 내가 승인하지 아니한 것은 너희가 인정할 수 없으며 사용할 수 없으며, 그걸 너희가 사용하는 것은 잘못된 것이며 나에게 순종치 아니하며 거역하는 길을 가는 것임을 알라.
35 이제는 너희가 확실히 알아야 할 것이니라.
36 나의 아들을 나와 삼위일체라는 그와 같은 말을 함부로 쓰지 말라.
37 나의 아들은 나의 명을 받아 행하며 기안하며 기획하여 나에게 결재를 올림이니,
38 내가 결재를 승인했을 때 행했던 것이 나의 아들 예수의 믿음의 길이니라.
39 그러니 그가 나를 얼마나 믿었으며, 그는 얼마나 나에게 순종했던 것이던가?
40 그러니 나의 아들 예수처럼 너희가

믿고 순종하는 그와 같은 자, 그 병을
치료하려 예수의 옷자락을 만지고 예
수의 손을 잡으려고 지붕을 뚫고 내
려오는 그와 같은 예수를 믿는, 그리
고 나의 아들 예수를 만나면 구원을
받을 수 있다는 그 병자의 마음처럼,
너희가 그리 행하며 믿음을 가야 할
것이니라.
41 그와 같은 믿음이요, 행함이 믿음인
그와 같은 역사를 이루는 자만이 구
원을 받을 수 있으며,
42 너희 스스로 기적을 이룰 수 있는 나
로부터 선택된 백성이요, 나에게 특권
이요, 그 모든 것을 유산으로 받을 수
있다는 것을 잊지 말라.

5,782 번째 하나님 말씀

2003년 3월 29일 23시 38분

1 사랑하는 나의 아들아!
2 "네, 아버님! 말씀하옵소서."
3 모든 나의 백성 피조물인 너희는 그
믿음이라는 나에게 오르는 길보다 더
소중하고 귀한 것이 없으니,
4 너희에게 가장 큰 사업이요, 가장 큰
역사함은 나로부터 구원받으며 나에
게 오는 길이 아니던가?
5 그러니 인간 세상에 살아가면서 그저
겉과 속이 다른 자세로써 남을 속여
가면서 살아가며, 더러는 거짓 하며
인간 세속에서 살아가는 그 마음의 뿌
리를 버리지 못하며 다스리지 못하였
기 때문에,
6 너희는 가장 위대한 사업이요, 가장
큰 사업이요, 가장 중요한 그와 같은
역사를 하는 믿음이라는 길을 가는
백성 너희가 과연 지금의 믿음을 눈
가림의 믿음으로 가지 아니하는가?
7 너희가 정녕 눈가림의 믿음으로 가는
백성이 없다 말할 수 있는가?
8 성실한 자세요, 충실한 자세요, 성실
한 마음으로써, 육의 사는 수단과 방
법보다도 더 천배 만배 완벽한 마음으
로써 가는 것이 믿음의 길이니라.
9 너희가 인간 세상, 육의 세속에서 사
는 수단과 거래하는 방법, 그 모두를
다 믿음에 적용하며, 믿음을 그와 같
은 마음으로 생각하고 간다면 너희는
정녕 구원을 받을 수 없음을 알아야
할 것이니라.
10 너희는 생계 수단의 살아가는 방법으
로써 서로 이용하며, 서로 이해하며,
11 그리고 서로 거짓말하며, 서로 남의
재물을 제 것으로 만드는 데 수단과
방법을 가리지 아니하며,
12 계산을 두며, 절대로 피해를 보려 하
지 아니하며, 남에게 무엇인가를 얻고
자 하는 그와 같은 인간 세속의 마음,
13 남에게 어떤 피해를 주든 제가 지지
아니하며 제가 패자가 될 수 없다고
생각하는 그와 같은 마음을 가지고 믿
음을 온다는 것은 눈가림의 믿음이라
는 것을 너희는 알아야 할 것이니라.
14 그러니 계산된 믿음이요, 계산된 생활
속에서 믿음이라는 것은 역사할 수 없
음을 너희는 알아야 할 것이니라.
15 지금 믿음의 길을 가는 백성이 과연
그 집단에 들어가 생계에 대한 도움을
받으며, 인간 육의 삶을 사는 데 혜택
을 받으며, 서로 도움을 받고자 하는

그와 같은 생각으로써,
16 너희가 하는 사업이요, 너희가 역사하
는 모든 생활 수단에 대하여 도움을
얻으려고, 힘을 얻으려고 그 믿음의
방대한 집단에 들어가 거기 가서 나
여호와를 찾으며 나의 아들 예수의 보
혈로써 구원을 받았다는 그와 같은
계산 방법으로 믿음의 길을 가는 자
는 없는가?
17 그는 결코 믿는 자가 아니며, 그와 같
은 믿음의 길을 가는 자는 절대로 나
의 아들딸로서 다시 날 수 없다는 것
을 알라.
18 어떠한 직분이든 최선을 다하며, 맡은
임무에 충실히 살아가는 자들만이 나
에게 구원을 받을 수 있다는 것을 알
아야 할 것이니라.
19 육의 삶을 나 여호와가 얼마나 기쁘
게 생각하며 나 여호와의 기쁨을 위해
서 너희가 어찌 살 것인가, 그와 같은
생각 속에서 너희가 아름다운 모습으
로 살아가는 자가 나의 아들딸이며,
나에게 선택된 백성이니라.
20 지금의 종교 집단들은 저희가 살아가
는 수단에 이용하려고, 저희가 살아가
는 생활에 도움이 되려고, 나의 아들
과 나의 이름을 이용하며 그를 쓰려고
너희가 성전이라는 곳, 교회라는 곳에
찾아가는 사람은 없는가?
21 그와 같은 자가 있다면 이는 절대로
진정한 믿음의 길을 갈 수 없는 자라
는 것을 알아야 할 것이니라.
22 이와 같은 육의 삶을 위해 모두를 맞
추며 믿음을 가며 구원의 길이라 달려
가는 자는 아무리 그와 같은 믿음을
가지고 천날만날 가서 기도한다 해도
너희는 찬란한 구원의 빛을 볼 수 없
으며 구원을 받을 수 없다는 것은 두
말할 것도 없느니라.
23 지금 행함이 없는 것이요, 죽음의 믿
음 속에서 쇠사슬에 얽매여 있는 너희
가 그를 끊고 헤쳐 나오는 자만이 나
에게 구원받을 수 있으며, 나에게 오
를 수 있는 영광을 얻게 된다는 것을
알아야 할 것이니라.
24 이제 너희는 나의 법전을 읽고 깨우
쳐 만백성에게 전하는 것을 게을리해
서는 아니 될 것이니라.
25 너희가 하는 그 일보다 더 소중한 일
이 없으며 더 역사함이 없음이니,
26 너희가 그와 같은 것으로써 나 여호와
를 기쁘게 하며 내 뜻에 따라가는 사
랑하는 아들딸이니라.
27 너희는 나의 법전을 만들며 법전을 세
상에 전하는 데 게을리해서는 아니
될 것이니라.
28 너희에게 내가 재물을 주며 황금 한
짐을 준다 할 때, 과연 그것을 받으러
오는 길이 어렵고 힘들겠는가?
29 너희는 즐거운 마음으로 콧노래 부르
며 올 것이니라.
30 그리고 너희가 평소에 질 수 없으며
들 수 없는 그와 같은 힘이 황금 덩어
리를 너희에게 준다 하면, 그 두 배,
열 배의 힘으로써 그것을 들어 짊어질
것이며, 그를 메고 갈 것이니라.
31 그것이 나의 백성의 특성이요, 너희가
가진 장점이요,
32 너희는 무한한 능력을 가지고 있음이
니라.

33 그러니 너희가 나의 법전을 만들며 만백성에게 전하는 것을 게을리해서는 안 되며,
34 황금을 준다는 사람에게 황금을 받으러 가는 그와 같은 즐거운 마음이요, 편안한 마음보다도 더 행복한 마음이요, 더 기쁜 마음으로 역사함을 잊어서는 아니 될 것이니라.
35 그리했을 때, 너희는 황금을 마음대로 가져가며 짊어지고 들고 가라 할 때, 평소에 들 수도 없으며 질 수 없는 그 양을 두 배, 세 배를 지고 달려갈 수 있는 것이 인간의 능력이며 너희가 가진 장점이니,
36 어떠한 길로써 나의 법전을 만백성에게 전하는 역사를 이루어야 할 것인가 스스로 너희가 깨닫도록 그리하라.

5,783 번째 하나님 말씀

2003년 3월 29일 23시 48분

1 사랑하는 나의 아들아!
2 "네, 아버님! 말씀하옵소서."
3 구약과 신약의 역사가 몇천 년 동안 흘러온 그 믿음의 길을 달려온 백성과 그를 모르고 살아가는 나의 백성과는 과연 어찌 되어야 하는가?
4 지금의 믿음의 길을 가는 백성과 그렇지 않은 백성과는 이 세상에 사는 삶에서 반드시 차별화가 이루어졌어야 할 것이니라.
5 믿음의 길을 가는 백성은 사랑을 베풂이 높을 것이며,
6 그렇지 못한 백성은 너희를 따라가지 못하는 그와 같은 차별화의 현상이 벌어져야 하는 것이 정녕 참진리요, 진정한 믿음의 길을 가는 것이 아니던가?
7 그리하여 너희가 차별화된 모습으로써 나의 피조물 만백성에게 비추어질 때,
8 너희가 말하는 성전을 찾을 것이며 교회라는 것을 찾아 그들은 구원의 길을 가고자 할 것이니라.
9 그러나 수천 년 동안 흘러왔으며 몇십 년 동안 나 여호와요, 나의 아들의 이름을 부르며 구원을 받았다 하며 축복받았다 하는 백성,
10 그리고 사랑을 베풀고 나눠야 한다 하는 백성,
11 너희가 수없이 찬송을 부르면서 눈물을 흘려 가면서 그와 같이 경배하는 마음으로써 나를 찾으며 나의 아들 예수의 이름을 부르지 않는가?
12 너희는 외형적인 것에는 열과 성의를 다하나, 정녕 너희가 살아가는 생활에서 변화되는 모습이 세상 모든 백성에게 비치지 아니한다면 그는 죽은 것이며 죽은 믿음이니라.
13 차별화된 너희 모습이 만백성에게 비침이 얼마나 중요하고 위대한 것인 줄 알겠는가?
14 무엇이 차별화되었다 그리 생각할 수 있으며 차별화되어 보인다 생각하는가?
15 믿지 않는 백성이 과연 너희에게 고개 숙여 경건한 마음으로 너희를 선생이라 부르며 변화된 모습을 보고 그들이 감명을 받는 그와 같은 믿음의 길을 가는 백성으로 너희가 행하고 살아왔는가?

16 너희는 지금 밖에 있는 백성이 교회
를 불신하며 그를 믿지 아니하며, 믿
지 않는 자보다 믿는 자가 더 사악하
다 하며, 그리하여 너희를 믿지 못하
며 너희와 대화하기 싫다는 백성이
있다면 너희는 과연 어찌 대답할 수
있겠는가?
17 너희가 불신을 받게 행동했으며 그들
이 가까이하고 싶지 않은 그와 같은
삶을 너희가 살아왔기에 그들은 그를
철저히 느끼는 것이 아닌가?
18 이제 너희는 알아야 할 것이니라.
19 수십 년 동안 평생 믿음의 길을 갔으
며,
20 그리고 거기서 너희가 직급을 받아 높
은 자리에서 기도하고 경배하며 우쭐
대는 마음으로 그득 차 있으며,
21 그것이 인간 세상의 큰 벼슬보다도 더
소중한 높은 벼슬이라는 착각 속에서
살아가고 있음이니,
22 이제 너희는 깨우칠 때가 되었음을 알
아야 할 것이니라.
23 그와 같은 것으로써 너희가 구원을 받
으며 하늘에 오르는 길이 아님이니라.
24 그리하여 나의 피조물 만백성이 너희
성전이요, 교회라는 것을 불신하지 않
고 감히 그 교회 보기를 두려워하며
성전 보기를 두려워하며,
25 그 앞에 가 그들의 자세가 달라지며
마음가짐이 달라지는 그와 같은 백성
으로서 변화의 역사를 이루도록 지도
하고 인도하지 못하며, 그를 보여 주
지 못하며, 확실히 차별화된 삶을 살
지 못한다면,
26 너희는 나로부터 선택된 백성이 아니
라는 것을 알아야 할 것이니라.

5,784 번째 하나님 말씀

2003년 3월 30일 0시 19분

1 사랑하는 나의 아들아!
2 **"네, 아버님! 말씀하옵소서."**
3 너희가 살아가고 존재하는 이 지구가
둥글다 말한 자가 있었음이니라.
4 너희가 바라보는 이 바다요, 지상은
반듯하니, 둥글다고 누가 생각했겠는
가?
5 그러나 그것을 깨달은 백성이 있으며,
그것을 아는 백성이 있으니, 그리하여
그는 지구가 둥글다는 것을 깨우쳐 주
었으나,
6 그를 너희는 어찌 핍박하고 그의 생
명을 어찌했던가?
7 그 또한 생명을 제대로 보존하지 못
한 것이 아니던가?
8 지구가 둥글다는 것을 하나 깨우쳐 주
는 것으로써 그것이 끝나는 것이 아니
요,
9 반듯한 수평의 지구가 둥근 것이라고
발견한 그 백성으로 인하여 너희는 지
구에 대해서 인간 세상에 존재하는 그
모든 것을 다른 각도에서 봐야 하며,
다른 방법으로써 연구하고 깨달아야
함이니,
10 지구가 둥글다는 그것 하나로써 너희
가 얼마나 많은 것을 연구하고 깨닫고
배웠는가를 알겠는가?
11 지금 나의 법전이 바로 그러하니라.
12 지금 모든 백성의 눈으로 보는 바다
요, 지상은 모두 평평하며 수평을 이

루고 있음이니,
13 지금 너희가 가는 그 믿음이 하늘에
오르는 길이요, 구원의 길이라 하여
그것밖에 보지 못한 너희에게,
14 그것은 잘못된 길이니, 참진리요, 진
정한 가르침이요, 하늘에 오르는 길이
요, 너희를 심판하는 길이요, 그리고
너희가 깨우쳐 하늘에 오르는 그 역사
를 너희를 사랑하기에 지금 세상에 내
가 나의 성령을 태워 마지막으로 내려
보낸다 하면,
15 그를 믿지 아니하고 욕하며 찢어 버리
고 미친 자요, 정신 나간 자라 너희가
말할 것이니,
16 너희가 수평이라 생각하던 지구가 둥
글다는 대발견의 역사를 이루어 너희
가 과학 문명을 바꾸었으며, 세상의
문화생활을 바꾸었으며,
17 너희가 변하고 깨닫는 그 이치와 너희
의 마음을 열었으며 눈을 뜨게 한 그
가르침이 얼마나 위대한 것이던가?
18 그와 같이 나의 법전을 볼 수 없으며
이해할 수 없는 것이 지금의 너희 백
성이 가는 길이며, 어리석은 자들의
행위이니라.
19 그리하여 그가 세상에 존재하지 못하
도록 그리했듯이,
20 너희가 나의 법전을 찢어 버리고 태워
버리며, 그를 말하는 나의 아들을 정
신 이상자요, 악령의 자식이요, 반듯
한 정신 상태를 갖지 아니한 자라 말
함이니라.
21 눈으로 보이는 지구의 수평이요, 그
바다를 둥글다 말하니, 그것을 받아들
일 수 없으며 천지개벽 하는 소리와
같았을 것이니,
22 그들의 충격이 얼마나 크면 그의 생명
을 거둬 가는 사악한 짓을 그들이 했
겠는가?
23 지금 나의 아들이 그보다 더 위대한
역사요, 그보다 더 무서운 변화를 전
하고 있음이니라.
24 160권의 법전이 대단한 것이 아니요,
160권의 법전이 역사한 것이 위대한
것이 아니라,
25 그 속에서 너희가 깨달으며 160권에
기록된 내용이 거기서 깨달음을 하나
를 전진하며 또 전진하며 그 뿌리의
끝이 보이지 아니함이니,
26 너희는 뿌리를 보게 되면 또 뿌리를
보게 되는 그와 같은 변화가 있음이니
라.
27 그리하여 너희가 바르게 살며 곱게
사는 것을 지키고 행하지 아니하면 아
니 되도록 가르치며 기록한 것이 나의
법전이니, 그 위대함을 알라.
28 지구를 둥글다 말한 자보다 더한 발견
이요, 그보다 더 무서운 것을 나의 아
들이 지금 너희에게 가르쳐 주고 깨우
쳐 주는 것이니,
29 그것이 나의 법전이요, 새로운 성경이
라는 것을 잊지 말라.
30 그러니 누구도 받아들이지 못하는 것
은 당연함이니라.
31 받아들이지 못하는 자가 얼마나 어리
석으면 저희 뜻이요, 그 주관을 지키
고자 나의 아들을 죽이려 하며, 나의
법전을 태워 버리고 묻어 버리고자 하
겠는가?
32 그들이 정녕 죽어 왔을 때나 그것을

알 것이며,
33 그들이 지옥에서 천 년의 역사가 흐른
다음에 나의 법전이 세상을 덮어 만백
성을 구원하는 길이요, 하늘에 오르는
길로 인도하여 천사와 같은 백성만이
세상에 사는 천국이 지상에서 이루어
지는 것과 같은 역사를 볼 때,
34 그들은 부끄럽고 창피하여 고개를 들
지 못할 것이니,
35 지옥에서 저희 자신이 얼마나 어리석
고 불행한 것인가를, 그 견디지 못하
는 죄의 대가를 치르는 것이 당연하다
여기며 그리 불평 한마디 할 수 없는
자라는 것을 너희는 전해 주라.

5,785 번째 하나님 말씀

2003년 3월 30일 0시 27분

1 사랑하는 나의 아들아!
2 "네, 아버님! 말씀하옵소서."
3 지금 나의 법전을 접한 백성이요, 나
의 아들의 제자라 따르는 백성, 너희
는 이 세상 어떤 백성보다도 은혜와
영광을 받은 백성이라는 것을 모르겠
는가?
4 너희는 나로부터 선택된 나의 아들딸
이요, 선택된 백성이라는 그 말을 듣
는 순간에 세상 무엇과도 바꿀 수 없
는 크나큰 영광과 은혜를 얻었음이니
라.
5 그러니 바로 너희가 선택된 백성이니
라.
6 그러하면 너희는 과연 어떠한 감사한
마음을 가지고 살며 나에게 무엇으로
써 그 은혜에 보답하려는 마음을 가지
고 사는가?
7 그리고 너희는 어떠한 삶으로써 나에
게 기쁨을 전하며 그 받은 은혜를 돌
려주려 그리하는가?
8 내가 너희에게 일찍이 말하였음이니
라.
9 너희가 하나를 받았을 때 둘로 돌려주
는 것이 인간의 도리라 했으며,
10 그리고 눈으로 보이는 재물의 선물을
받는 것만이 아니라, 사랑하는 마음이
요, 마음의 선물을 주고받는 것이 더
위대하다 하였음이니,
11 너희를 사랑하고 믿는 그 마음을 가진
상대가 재물을 받는 그 영광보다 더
위대하고 귀하다 하였음이니라.
12 그러니 너희가 나 여호와에게 받은 것
은 반드시 나에게 돌려주며 그 은혜에
보답하고자 하는 것이 너희가 해야 할
길이며 가야 할 길이 아니던가?
13 수십억 인구 중에서 나로부터 선택되
었으며 지금 나의 아들이 나로부터
160권의 법전을 받아 내리는 이 세상
에 같이 살 수 있도록 예비된 백성이
며 선택된 백성이라 하면,
14 너희는 그 은혜와 영광을 어찌 생각하
는가?
15 너희가 나의 법전을 접하고 깨우치며
나의 아들에게 강론을 듣고 변하는 것
이 위대한 영광이요, 축복이 아니라,
16 나의 아들이 존재하는 이 동양의 작은
나라에 너희가 같은 시대를 살아가며,
17 나의 아들을 통하여 들을 수 없는 하
늘의 가르침이요, 참진리요, 나의 성
령을 직접 듣고 깨우치는 그와 같은
삶을 사는 것이 너희가 이 세상을 다

얻은 것보다도 더 소중한 순간이며,
위대하고 값진 순간이라 과연 생각하
지 아니하는가?
18 너희 마음의 자세가 그러해야 할 것
이니라.
19 그러니 나로부터 선택된 백성이요, 이
세상 누구도 받을 수 없는 영광과 은
혜요, 기적 속에 살아가는 너희가 과
연 어찌 살아야겠다는 생각을 해 보
지 않았는가?
20 나로부터 선택된 백성이 살아가는 모
습이 어찌해야 하는가?
21 모든 백성과 확실하게 차별화되는 것
이 보여야 할 것이며, 차별화된 삶을
사는 너희를 나의 백성이 접했을 때
느낄 수 있는 그와 같은 아름다운 모
습의 삶을 너희가 살아가야 하지 않
겠는가?
22 그렇다면 너희는 어찌 살아야 하는가?
23 너희가 스스로 깨우치고 변하기 위하
여, 너희는 '죽은 자'라 내가 말하였음
이니,
24 너희가 어렵고 힘든 길을 마다하지 않
고 지키고 가는 것이 나에게 보답하는
길이며,
25 인간 세속에 살아가는 너희가 기초
질서를 파괴하지 아니하며, 부끄러운
행위를 하지 아니하며, 거짓 하지 아
니하며, 추한 짓을 하지 아니하며 가
는 것이니라.
26 너희가 조금이라도 육신이 편하고자
기초 질서를 파괴하고 위반하는 그와
같은 행위를 하는 백성이라면,
27 너희는 나에게 은혜를 갚는 것이 아니
요, 나의 뜻을 거역하며 나를 욕되게
하며 나를 능멸하는 나의 자식이라는
것을 알아야 할 것이니라.
28 나로부터 선택된 백성이요, 나로부터
은혜와 영광을 받은 그 감사함을 아는
백성은 이 세상에 살아가면서 백 가
지, 천 가지, 만 가지 수시로 부닥치며
접하는 모두를 다 아름답고 사랑하는
마음으로 승화시켜 연민의 정을 갖는
그와 같은 마음으로 모두를 다 용서하
고 살아가야 하는 것을 잊어서는 아니
될 것이니라.
29 순간순간 부닥치는 일, 감정이 폭발하
는 일, 그리고 남을 공격하고자 하며
남에게 욕하고자 하며 남을 넘어트리
고자 하며, 그리고 순간에 거짓 하고
자 하는 그와 같은 마음을 잠시라도
가져서는 아니 되며,
30 그와 같은 마음을 다스려 바르고 곧은
길을 선택하고 가는 백성으로서 살아
가야 한다는 것을 잊어서는 아니 될
것이니라.
31 그것이 나의 은혜에 보답하는 길이며,
나로부터 받은 영광에 감사함을 느끼
는 것이니,
32 정녕 나의 아들딸로서 일반 백성과
차별화되는 모습으로 살아가는 것이
바로 그들을 구원하는 길이며, 그들을
죽음의 길에서 인도하는 것임을 잊지
말라, 사랑하는 나의 아들딸들아!
33 그 역사를 이룰 자가 너희뿐이며, 그
일을 해 나갈 자가 너희뿐이니라.
34 그는 곧 나의 법전을 만들어 세상에
전하는 변화의 역사를 이루는 것이니,
35 그 모든 것이 너희의 대명이며, 너희
가 할 과제이며, 꼭 이루어야 할 자가

너희뿐이라는 것을 절대 잊지 말라,
사랑하는 나의 아들딸들아!
36 나의 법전이 세상에 전해지는 것은,
나의 아들에게 내가 성령을 태워 내려
보내니 그가 받아 기록하며,
37 책으로 만드는 것이 너희요, 그걸 접
하는 것이 너희니,
38 너희 다음에 나의 법전이 세상에 나갈
때 백성이 깨우치고 역사하는 피라미
드식으로 뻗어 나감이니,
39 너희가 지금 바로 그와 같은 기초요,
질서를 만드는 것이니라.
40 내가 나의 아들에게 내려보내며 그다
음 단계에 너희에게 내려보내며,
41 나의 아들이 너희에게 심어 준 그것을
너희가 가지고 뛰고 전함으로써 많은
백성이 너희 다음에 깨우치고 깨달아
하늘에 오르는 길을 보게 됨이니,
42 또 그 백성이 그 후손에게 전하는, 그
와 같은 영원히 변하지 아니하고 그치
지 않고 흘러가는 물처럼 나의 법전이
세상에 전해지는 그 기간이 천 년이며,
43 천 년 후에는 하늘에서 이루어진 축복
받은 영광이 지상에서 이루어지는 것
을 잊지 말라, 사랑하는 나의 아들딸
들아!

5,786 번째 하나님 말씀

2003년 3월 30일 0시 34분

1 사랑하는 나의 아들아!
2 "네, 아버님! 말씀하옵소서."
3 내가 나의 아들을 통하여 너희를 깨우
치고자 지금 마지막 제3의 시대에 나
의 성령을 내려보내 너희에게 전함이
니,
4 그를 보고 접한 백성이요, 그를 읽고
깨우친 백성이요, 나의 아들로부터 강
론을 직접 듣는 백성, 너희는
5 '과연 저희가 하나님을 믿는 자며 하
나님을 숭배하는 자란 말이던가?' 그
와 같은 말을 들어서는 아니 되는 것
이 너희가 가야 할 길임을 알아야 할
것이니라.
6 너희 앞에 그들이 숙연히 고개를 숙이
며, 그들이 너희를 볼 때 진정 나 여호
와를 믿는 백성이며, 그 말은 진실한
것이며 하나도 허구가 없으며 거짓이
없는 백성이요, 집단이라는 말을 들어
야 하며, 그와 같이 살아가야 하는 것
이 너희 직분임을 알아야 할 것이니
라.
7 '하나님! 말씀하옵소서', '하늘에 오르
는 길'이요, 하나님의 성령이요, 하나
님의 새로운 심판의 시대에 만백성을
심판하고자 내린 법전을 가지고 공부
하고 깨우친 백성은 과연 심판자 못
지않은 그와 같은 진정한 믿음의 길을
가는 자들이요,
8 그리고 그들만이 이 세상에 만백성의
인성을 바로잡을 백성이라는 그와 같
은 칭송을 듣는 너희가 되지 아니하
면 아니 됨을 알아야 할 것이니라.
9 지금 수천 년 동안 내려온 모든 종교
집단 너희가 다른 백성이요, 너희가
말하는 이방인이라는 백성에게 뭐라
대우를 받는가?
10 너희를 존경한다 하며 너희 앞에 고개
숙여 너희가 강론하는 것을 듣고자 하
는가?

11 그들은 말하느니라.
12 '저희가 무슨 하나님을 믿는 자며 예
수를 믿는 자며 저희가 구원을 받았
단 말이더냐?' 그 이방인이라 하는 사
람들이 그리 말한다면,
13 너희는 나의 아들 예수를 믿는 자도
아니요, 그 자격도 없으며, 나 여호와
를 경배하고 기도하는 나의 백성도 아
니니,
14 나의 백성이 평가하는 것이 그것이
정답이니라.
15 너희는 세상사 살아가는 너희 집 사정
이요, 형편을 남들이 모른다고 하나,
남들이 먼저 알고 있음이니라.
16 네가 궁핍한 자인지 먼저 알며, 풍요
로운 자인지 먼저 알며,
17 네가 악한 자인지 먼저 알며 선한 자
인지 남들이 먼저 앎이니,
18 남들이 너희를 평가하는 것이 조금도
차이가 없음이니라.
19 그러니 많은 백성이 너희를 평가하는
것이 정확한 답임을 알라.
20 너희가 많은 백성에게서 하나님을 믿
으며, 예수를 믿으며, 그리고 교회라
는 곳에 가서 공부하며 성경을 가지고
공부하는 백성은 정말 다르다 하며,
너희를 경배하며 존경하는 마음에 너
희 앞에 고개 숙여 대화하기를 좋아하
며,
21 너희가 내려 주는 이야기를 듣기를 고
맙게 생각하는 백성이 있다면,
22 너희는 정녕 나로부터 선택된 백성이
요, 하늘에 오르는 길을 오는 백성이
니라.
23 그러나 많은 백성이 '제가 무슨 하나
님을 믿는 백성이요, 예수를 믿는 자
인가?
24 성경책 가지고 저희가 폼 잡으러 다니
며, 저희가 서로 사업하기 위하여 어
떠한 힘이라도 얻으려고 다니는 그와
같은 자며, 용서를 모르며 사랑을 모
르는 집단이라' 그리 말한다면,
25 바로 너희는 그러한 집단이니라.
26 내가 너희에게 말하였느니라.
27 부모를 공경하는 자가 효자가 나온 것
이 아니요, 천사가 나왔다는 얘기를
들을 때, 그는 천사가 된 것이며,
28 내가 그와 같은 자에게 날개를 달아
하늘에 오르는 길을 열어 준다 하지
아니하였던가?
29 그러니 너희가 많은 백성에게서 듣는
그것이, 그들이 심판하는 그 답이 정
확함을 알라.
30 그러니 너희는 위대한 백성이요, 정녕
십계명대로 살며 하나님의 뜻대로 살
아가는 백성이라 하여 남에게서 존경
받으며,
31 만백성이 너희를 영접하기를 영광으
로 생각하며,
32 너희를 만나는 것을 영광으로 생각하
며,
33 그들의 집에 초대하는 것을 영광이라
생각하는 그와 같은 삶으로 너희가 살
아가고 변화되어야 한다는 것을 잊지
말라, 내 사랑하는 아들딸들아!
34 내가 그리 말하면서 내 마음이 아프
며, 그리 가라 하면서도 내 마음이 찢
어지도록 아픔이니라.
35 생각하는 인간이면 부귀영화를 버리
지 아니하며, 그를 싫어하는 백성이

없음이니,
36 그 모두를 접어두고 어렵고 힘든 고행
의 길을 가야 하는 것이 너희이니, 나
여호와의 마음이 아프고 저림이니라.
37 그러나 너희는 나로부터 받는 상이
있으며,
38 너희가 나에게 받는 그 상은 상상할
수 없이 위대한 것이며,
39 그날이 있기에 내가 아픈 마음을 그래
도 너희를 보고 견딘다는 것을 잊지
말라.

5,787 번째 하나님 말씀

2003년 3월 30일 06시 30분

1 사랑하는 나의 아들아!
2 "네, 아버님! 말씀하옵소서."
3 이 세상을 살아가면서 어떠한 종교의
종파들은 모든 짐승이요, 생물을 죽이
는 것을 허용치 아니하며, 벌레 하나
도 죽이지 않으려 하는 자들이 있음이
니라.
4 너희는 그와 같은 뜻을 알겠는가?
5 생명을 죽이지 않으려 하는 그 뜻을,
너희는 그저 남의 생명이요, 미물의
생명까지도 끊는 것을 죄악시한다 그
리 생각할 것이며,
6 그것밖에는 너희가 더 이상 생각을
하지 아니할 것이니라.
7 그러나 여기서 너희는 알아야 할 것
이니라, 왜 모든 생명을 함부로 자르
고 죽이고 해서는 아니 되는지.
8 미물의 생명이라도 남의 생명을 그저
가볍게 죽이는 것은, 죽이는 것으로써
죄가 되는 것이 아니요,
9 그 미물의 미약한 영혼이 그들의 생명
을 죽게 한 너희를 기다리며 복수하
고자 온갖 방법으로써 너희 영혼을 괴
롭히고 있다는 것을 알아야 할 것이
니라.
10 너희가 죽어 와 영혼이 심판을 받을
때까지 그들은 모든 힘과 능력을 다하
여 자기의 생명을 잘라서 죽이고 생명
을 끊게 한 그 인간에게 여러 가지 방
법의 형태로 공격함이니,
11 그가 죽어서 어떠한 형태로 되든 그
모든 형태는 너희에게 공격하는 자세
요, 너희를 공격하고자 하며 너희를
쓰러트리고자 하며 복수하고자 하는
것이 그들의 형태이니,
12 이 얼마나 무서운 일인지를 너희는
알겠는가?
13 그리하여 너희가 하나의 생명을 끊게
했을 때, 그 생명을 죽게 하는 그것으
로써 죄를 짓는 것이요, 그것이 죄라
는 생각보다,
14 너희는 한 계단 더 깊이 생각해야 할
것이니라.
15 죽은 그 모든 미물이요, 동물이요, 생
물이 그 영혼이 미약하고 작으나, 그
모든 능력을 다하여 또 그들이 죽어
나한테 와 그들이 변화되는 그 대가의
형태로써 그들은 수없이 생명을 끊은
자를 공격하며, 그 영혼을 공격하며,
그를 쓰러트리고자 하는 것이니,
16 얼마나 무서운 일인 줄 알겠는가?
17 그러니 너희가 자신의 영혼에 고통을
주며, 너희 영을 너희가 괴롭히는 일
이니,
18 너희가 죽어 와 그들에게 공격을 받으

며 그들이 너희 하나하나 모두를 다
들춰내며 단점을 물고 늘어지는 그와
같은 고통과 괴로움을 당하게 되어 있
음이니라.
19 그러하니 너희가 생명 하나를 죽이는
것이 어떤 것인지 이제 알겠는가?
20 그와 같은 하늘의 이치를 너희는 알아
야 할 것이니라.
21 내가 여기서 왜 너희에게 그와 같은
뜻과 이치를 가르치는지 알겠는가?
22 지금 나의 아들이요, 나의 아들을 따
르는 제자 너희가 변하고 깨끗해짐으
로 그 모든 사탄을 죽이며 그들을 죽
게 함이니라.
23 그러니 죽어 간 그 사탄들이 얼마나
너희를 공격하고자 하며, 너희를 미워
하며 너희를 쓰러트리고자 하는 생각
을 하겠는가?
24 그들은 온갖 방법과 수단을 다 동원하
여 너희를 쓰러트리고자 하며, 너희
영혼을 멍들게 하고 영혼을 죽게 하
며, 영혼이 타락하도록 너희를 지금도
물고 늘어지고 그리 공격하고 있으니,
25 그 영혼들이 그 사탄들이요, 사악한
자들, 그리고 그 죽어 간 자들이 공격
하는 싸움을 계속하고 있음을 알아야
할 것이니라.
26 그러니 너희가 얼마나 어렵고 힘든
길을 가고 있는가?
27 그러나 너희는 그들의 뿌리를 뽑아야
하며, 그들이 세상에 존재치 못하도록
하여야 함이니,
28 지금의 모든 종교 집단이요, 저희가
구원을 받았다 하는 자들은 나와 관계
없다 하였음이니,
29 그 모두가 다 너희를 공격하는 것이
영혼의 공격이요, 육의 공격이니,
30 그 공격을 받고 견딘다는 것은 보통
힘들고 어려운 일이 아니며, 보이지
않는 싸움이라는 것을 알겠는가?
31 이와 같은 하늘의 이치요, 하늘의 오
묘함을 너희는 알아야 할 것이니라.
32 이제 너를 따르는 제자들이요, 나의
법전을 읽은 백성 너희는 나뭇가지
하나, 모든 생명 하나 죽이는 것을 생
각하고 또 생각해야 함을 알라.
33 그들이 죽어 갈 때 거부하지 못하며
힘이 없어 반항하지 못하며 죽어 가
나, 죽어 간 그 영혼의 힘은 너희 육의
생각이요, 육의 힘보다 강한 힘을 가
진 것이 그들이니,
34 그 강한 힘을 가지고 어떤 형태로든
너희에게 복수하고자 하며 너희를 공
격하여 무너트리고자 수없이 이를 갈
며,
35 너희가 말한 인간 세상에서 이를 갈고
원수를 복수하려 하듯이, 그들이 복수
하려고 항상 호시탐탐 노리는 그 세
계에서, 너희는 육의 세상과 영혼의
세상의 그 싸움의 길에서 존재하고 살
아감이니라.
36 그리고 너희가 죽어 왔을 때 너희가
잘못한 것을 하나도 숨기는 것이 없으
며 숨기지 못하도록 모두를 다 들춰낼
것이며,
37 또 그들은 어떠한 방법이든지 너희를
사탄으로 전락하도록 모든 능력을 다
동원하는 것이니 그를 알라.

5,788 번째 하나님 말씀

2003년 3월 30일 06시 44분

1 사랑하는 나의 아들아!
2 "네, 아버님! 말씀하옵소서."
3 그러니 너희가 세상사 살아가면서 불
필요한 살생이요, 너희가 계획하지 아
니한 살생을 함부로 해서는 아니 된다
는 것을 이제야 깨달았는가?
4 너희는 살생하는 그 자체가 죄가 되는
것이 아니요, 그는 그대로 너희가 육
의 세상에 죄라 말할 수 있으나, 너희
영혼의 고통은 이루 말할 수가 없느
니라.
5 미미한 힘의 미물이라 하여도 그들이
그 힘을 발휘할 때는 너희가 너무나
고통과 시련을 겪게 되어 있음이니라.
6 그리고 그들은 복수하기 위하여 최선
의 방법을 다하며 너희를 기다리며
기회를 노리고 있다는 것을 알라.
7 그리하여 불필요한, 이유 없는 살생을
해서는 아니 된다는 것을 알아야 할
것이니라.
8 지금 나의 아들이 공격받으며 나의 아
들의 고통의 그 한계는 이루 말할 수
없음이니라.
9 그러니 너희가 그들에게 버티고 이길
수 있는 것, 사탄의 공격에서 너희가
버티고 견딜 수 있는 것은 아름다운
마음이요, 깨끗한 마음이요, 인간이
감히 근접할 수 없는 천사와 같은 마
음으로 변하는 그 역사밖에 없음이니
라.
10 그리되었을 때 그들이 너희에게 근접
하지 못하며 접근하지 못하며 너희를
무너트리지 못하게 됨이니, 그를 너희
는 알아야 할 것이니라.
11 그리하여 그 무서운 하늘의 이치요,
하늘의 뜻을 내가 나의 아들을 통하여
너희에게 이리 상세히 기록하여 전함
이니, 너희는 이와 같은 이치를 알아
야 할 것이니라.
12 어떠한 방법이든지 너희를 무너트리
고자 하며 너희를 존재치 못하게 하
는 것이 그들이니 그를 알아야 할 것
이며,
13 불필요한 살생이요, 불필요한 생명을
끊는 그와 같은 행위를 하여 너희 영
혼이 고통을 받는 그러한 죄를 짓지
말며,
14 그와 같은 이유를 제공해 주지 말며
너희가 불필요한 적들을 만들지 말라.
15 많은 적이 생기면 생길수록 그 적들이
복수하려 너희에게 대들 때, 그들은
비록 미미하나 너희가 고통스러우며
그를 벗어나기 힘들며 그들과 대적하
기가 힘이 듦이니라.
16 그들은 태워도 안 되며, 물속에 집어
던져도 안 되며, 어떠한 방법으로도
그들의 형체를 버릴 수가 없기 때문
에, 그와 같은 능력과 힘을 가지고 너
희를 공격하는 것이니,
17 너희가 얼마나 고통스러우며 얼마나
괴로움을 당해야 하겠는가?
18 그러니 그와 같은 불필요한 살생을 하
지 말라는 이유가 거기에 있음이니,
19 함부로 남의 생명을 자르고 죽이는,
살생하는 행위를 하지 말도록 하라,
사랑하는 나의 아들딸들아!
20 너희로 하여금 이유 없이 죽어 간 그

모든 미물이요, 동물이 얼마나 너희에
게 복수하기 위하여 이를 갈며 호시탐
탐 노리고 있겠는가?
21 너희는 그와 같은 적을 만들어서는 아
니 될 것이니라.
22 지금 사탄들이 너희로 하여금 이 지
상에 뿌리를 내리지 못하며 그 후손까
지도 모두를 다 쓸어 내며 제거하려고,
23 나의 뜻에 너희가 참여자요, 그리고
앞장서서 이끌어 가는 자요, 그 모든
역사를 이루는 자요, 또한 전사니, 너
희를 그들이 무너트리고자 얼마나 악
을 쓰며 수단과 방법을 가리지 않겠는
가?
24 모든 방법을 다 동원하여 너희를 무
너트리려 하며 쓰러트리려 함이니라.
25 그리하여 너희에게 천사가 되라 하는
것이 나 여호와의 뜻이니라.
26 오로지 천사가 되는 것이 너희로 하
여금 죽어 가고 존재하지 못하는 그
사탄들이 너희를 무너트리고자 하는
그 힘에서 너희가 이길 수 있으며 역
사할 수 있음을 알아야 할 것이니라.
27 육의 세상의 사탄들은, 지금의 믿음의
길을 가는 자들이 너희를 육으로써 공
격할 것이며,
28 너희로 하여금 벌을 받고 그 고통을
당하는 영들이 너희를 또 기다리며
너희에게 고통을 주고자 하는 것이
그들이니라.
29 그러니 그 무서운 사실 앞에 너희는
어찌 살아가야 할 것이며, 어찌 너희
가 바로 서야 할 것인가를 알아야 할
것이니라.
30 이 무서운 하늘의 뜻을 너희에게 전
함이니, 이를 명심하고 너희가 깨우쳐
바른 삶을 살도록 그리하라.
31 너희가 불필요한 살생을 하여 그 미물
이요, 동물이요, 너희와 더불어 갈 수
있는 자들을 원수로 만들지 말며,
32 특히나 나의 법전을 읽고 깨우치는 백
성은 지금 사탄의 뿌리들이 너희를 흔
들어 놓으려 하며 무너트리고자 하며
호시탐탐 기회만 노리고 있음이니라.
33 그 대상에 서 있는 자들이 너희니, 그
리하여 바로 서라 함이니라.
34 너희가 조금만 약점을 보이며 허점을
보이며 추하고 더러운 생각을 할 때,
그들은 가차없이 그 마음에 침투하여
거기에서 너희를 지옥으로 끌어가며
무너트리고 쓰러트리는 그 역사를 하
고자 하는 것이니,
35 그리했을 때 너희가 견디고 이기기가
너무 힘든 것이니라.
36 그러니 하늘을 향하여 한 점의 부끄럼
이 없이 살아가는 그와 같은 삶으로써
너희가 일찍이 바로 서는 것이 가장
현명한 것이며, 위대한 처신이라는 것
을 잊지 말라.
37 절대 잊어서는 아니 됨이니라, 사랑하
는 나의 아들딸들아!

5,789 번째 하나님 말씀

2003년 3월 30일 07시 06분

1 사랑하는 나의 아들아!
2 "네, 아버님! 말씀하옵소서."
3 십계명에 '너는 나 외에 다른 신을 네
게 있게 하지 말지니라.' 하였음이니,
그는 바로 무엇을 의미하는가?

4 너희가 어떠한 형태든 나보다 더 사랑
하는 마음을 갖는 것이 다른 신을 섬
기는 것이라 그리 말하였으나,
5 또한 너희는 나를 믿음이라는 것을,
나 여호와가 존재하며 내가 존재하는
그 믿음을 확고히 하라는 것이며, 그
게 흔들려서는 아무것도 역사할 수
없다는 깊은 뜻이 있음을 여기서 알아
야 할 것이니라.
6 '너를 위하여 새긴 우상을 만들지 말
고 또 위로 하늘에 있는 것이나 아래
로 땅에 있는 것이나 땅 아래 물속에
있는 어떠한 형상이든지 만들지 말며,
그것들에게 절하지 말며 그것들을 섬
기지 말지니라.'
7 이는 너희 자신이 무너져 사탄에게 팔
리지 말며, 사탄의 자식으로서 역사하
는 그와 같은 삶을 살지 말라 함이니
라.
8 이와 같은 깊은 뜻을 너희가 깨우쳐
하나하나 그와 같은 행위를 해서는 아
니 될 것이니라.
9 이 지상에 존재하는 한 너희는 어떠한
것을 섬겨도 안 되며 만들어도 안 되
며 그것에 절해서도 아니 됨이니, 그
것은 무엇이던가?
10 너희가 어렵고 힘들다 하여 사탄의 자
식으로서 전락하는 길을 가지 말며,
11 돌을 갈아 물이 되듯이 너희가 묵묵히
하늘을 향하여 나에게 믿음을 갖고 그
길을 오라 함이니라.
12 '너는 너의 하나님 여호와의 이름을
망령되이 일컫지 말라.' 하였음이니,
13 이는 너희가 하늘을 우러러 한 점의
부끄럼이 있는 행위를 해서는 아니 되
며 한 점의 부끄럼이 없는 그와 같은
삶을 살아야 한다고 내가 너희에게 명
한 뜻이니라.
14 '안식일을 기억하여 거룩히 지키라.'
함은,
15 너희가 안식일에 재물을 바치는 그와
같은 역사를 하는 것이 아니요,
16 너희가 6일 동안 최선을 다해 피땀 흘
려 노력하고 그 결과를 거두며 그 결
과에 따라 축복의 영광을 받으며 그리
고 지친 몸을 휴식하라 함이니라.
17 너희는 '네 부모를 공경하라.' 하는 그
뜻을 알겠는가?
18 '네 부모를 공경하라.' 하는 것은 너희
가 나 여호와를 따르며 나를 믿으며
나를 공경하는 그 모든 기초요, 근본
이 네 부모를 공경하는 작은 사랑에서
부터 이루어짐이니,
19 부모를 공경하지 아니하는 자는 나를
공경할 수 없으며 나를 따르는 것이
다 위선이며, 너희는 거래하고자 나로
부터 구원의 역사를 얻고자 하는 행위
이니, 그와 같이 네 부모를 공경하는
마음부터 길러 그 마음에서 나를 경배
하며 나를 믿으며 나를 공경하는 마음
으로 성장하고 변하도록 하라 함이니
라.
20 '살인하지 말라.' 함이니라.
21 너희는 살인하는 것을 알지 않는가?
22 너희가 어떠한 생물의 생명을 끊었을
때 너희는 그 영혼의 수없는 복수의
화살을 맞게 되어 있다 함이니, 남을
죽이는 그와 같은 것에도 남의 영혼으
로부터 너희가 도저히 견딜 수 없는
시련과 고통을 받게 되어 있다는 것을

알아야 할 것이니라.
23 '간음을 하지 말라.' 또한, 마찬가지이
니라.
24 너희가 모르고 남이 모를지언정 속이
고 가는 행위도 그 피해자가 있으니,
25 상대방의 영혼이 너희를 용서하지 아
니하며, 너희는 반드시 그들에게 복수
의 칼을 받게 되어 있다는 것을 알라
는 깨우침이니라.
26 '도적질하지 말라.' 함이니 이 또한 그
러하니라.
27 너희가 남의 물건을 도적질했을 때,
그 상대방의 영혼이 잃어 버린 그 몇
배의 복수의 칼을 갈고 있으며 반드시
너희에게 복수한다는 것을, 어떠한 형
태로든 너희는 그들에게 당하게 되어
있으며 그를 갚아야 한다는 것을 잊
지 말라.
28 '네 이웃에 대하여 거짓 증거하지 말
라.' 함도 마찬가지이니라.
29 너희가 진실되고 아름답게 살지 못하
며 진실을 거짓이라 하며, 거짓을 진
실이라 위증하면 그 상대방에게 모든
고통과 시련을 갚아야 한다는 뜻이
여기에 있음이니라.
30 '네 이웃의 집을 탐내지 말라.'
31 너희가 욕심을 버리지 못하여 남을 무
너트리고 그걸 탐내는 자, 그리하여
그가 손실을 보았을 때, 그 영혼이 너
희에게 반드시 복수를 하며, 그대로
놔두지 아니하며 그대로 넘어가지 않
는다는 이 엄연하고 무서운 사실을 너
희는 알아야 할 것이니라.
32 반드시 너희는 거기에 대한 대가를
치르게 되어 있으며 그들에게 공격을
받음이니,
33 그 공격으로 하여 너희 자신이 하늘에
오르는 길을 포기해야 하며,
34 때로는 그 길을 오지 못하며 지옥으로
가 나의 아들딸에서 남이 되는 그와
같은 무서운 형국이 이루어짐이니, 이
를 지키고 행해야 함이니라.
35 그리하여 적을 만들지 말며 원수를 만
들지 말아야 할 것이니라.
36 그들의 공격을 반드시 받게 되어 있으
며, 반드시 그들로부터 잘못되고 무너
지며 견디지 못하는 그 무서운 형국이
이루어진다는 것을 잊어서는 아니 될
것이니라.
37 나의 법전을 가슴에 안고 정독하는
것, 또 나 여호와가 존재함을 믿는 그
자체가 모두 얼마나 소중한지 너희가
알 것이니라.
38 그리하여 이 모두가 마지막 시대에 내
가 심판한다는 의미요,
39 나의 법전을 읽지 아니하고는 구원의
길이요, 심판을 받을 수 없다는 그 중
요한 뜻을 여기에 기록하며 너희가 행
하여야 할 것을 기록하여 주었음이니,
40 내가 내린 십계명의 의미를 반드시 잘
기억하도록 하라.
41 너희가 하지 말아야 할 행동이요, 또
너희가 내 뜻을 따라서 행할 것이요,
42 거기에 대한 대가를 반드시 치르는 것
이며, 그리고 나의 법전이요, 나의 계
명을 지킴으로써 어떠한 역사가 이루
어진다는 것을 너희가 잘 구분하여 너
희 것으로 만들어,
43 너희가 버려지는 자, 그리고 쓰러지는
자, 남에게 공격받아 견디지 못하여

하늘에 오르지 못하고 지옥으로 가는 그와 같은 무서운 결과의 삶을 살지 않도록 그리하라.

5,790 번째 하나님 말씀

2003년 3월 30일 12시 01분

1 사랑하는 나의 아들아!
2 "네, 아버님! 말씀하옵소서."
3 내가 바라보기에도 마음이 아픈 너의 제자들이요,
4 인간 세상에서 말하기를 자식을 낳아 그 자식을 눈에 넣어도 아프지 않다는 그와 같은 말로 표현하는 자들이 있지 않은가?
5 내가 내려다보는 너희는 눈에 넣어도 아프지 아니하는 것보다도 더한 마음으로써 내가 너희를 바라보며 너희를 사랑함을 알아야 할 것이니라.
6 나 여호와가 너희에게 하나의 겨자씨를 세상에 내려보내 그를 성장하도록 너희가 힘을 다 경주하라 하였음이니,
7 너희는 여기서 하나의 나무를 심는 것으로써 생각해서는 아니 될 것이니라.
8 모세의 시대요, 또 나의 아들 예수의 죽음으로써 그 고통의 시대인 2천 년 전에 신약의 시대를 열어 가면서 그 모든 시련을 겪으면서 지금까지 흘러온 지금의 나의 백성이 어찌 되었는가?
9 천 가지, 만 가지 종파가 세상에 생겼으며,
10 너희가 말하는 돼지 머리를 놓고 절하는 자, 그저 재물을 거둬들이는 자,
11 저희의 성전을 짓는 곳에 재물을 거둬 그가 돌에 이름을 새겨 묻어 주는 것을 영광으로 생각하며 그것이 축복이라 그리 가르치는 종교 지도자요, 그 집단들 속에서 너희가 지금 살아감이니라.
12 너희는 구제하고 남을 전도한다 하여 많은 재물을 거둬들이고 그리 전도하며 나의 뜻에 따라 복음을 전했다는 백성,
13 너희 것을 가지고 너희가 복음을 전하는 것이 복음이지, 남의 것을 거둬들여 흥청망청 써 가면서 너희가 복음을 전하는 것은 복음을 전하는 것이 아니라 하였음이니,
14 이와 같이 수천수만 개로 갈라진 그 종파가 어찌 되었는가?
15 칡넝쿨이요, 가시덤불이 얽히고설킨 것처럼 지금 종파가 얽히고설켰음이니,
16 아름다운 과일이 열 수 있는 나뭇가지도 비틀어 죽이며 그 순을 죽이는 것이 지금의 종파들이요, 그들이 가는 역사라 하면 너희는 뭐라 말하겠는가?
17 너희는 아니라 말할 것이니라.
18 그러나 나 여호와가 바라보는 지상의 모든 종파는 어찌하는가?
19 아름다운 과일이 열 수 있는 깨끗한 나뭇가지도, 그 순까지도 감아 비틀고 또 감아 비틀어, 그것이 피지 못하며 꽃이 피지 못하여 과일을 열지 못하며,
20 그리하여 나의 피조물 만백성이 그 아름답고 맛있는 과일 맛을 보지 못하도록 했으니,
21 그것이 황폐한 것이며, 지금까지 이보다도 더 험악한 세상이 있을 수는 없

음이니라.
22 내가 하나의 겨자씨를 내려보내 그를
심으라 하였던 것은 너희가 그 겨자씨
가 어떠한 역할을 하는지 알겠는가?
23 순수한 혈통의 그 겨자씨가 이 세상에
모두 얽히고설켜서 저희끼리 자르려
야 자를 수 없으며,
24 서로 얽히고 굳어져 있어서 누가 누구
인지도 모르며 제 뿌리도 모르는 것들
이 하나로 엉켜졌으니,
25 그를 뽑아내고 그를 이 세상에서 다
태워 불사르는 그와 같은 역사를 하는
것이 내가 겨자씨를 심는 것이니라.
26 '하늘에 오르는 길'이요, '하나님! 말
씀하옵소서', 나의 성령을 받아 만든
이 책이 바로 무엇인 줄 알겠는가?
27 나의 법전이 얽히고설킨 그 나무들을
다 태워 버리며 그를 다 뽑아내는 그
역사를 하고자 함이니,
28 얼마나 힘들고 어려운 길을 가는 것이
너희인 줄 알겠는가?
29 내가 너희에게 임무는 그렇다 하였음
이니라.
30 나의 아들이 너희가 말하는 라이터에
불을 붙였을 때, 너희는 솜방망이에
불을 붙여 전하면 되니,
31 너희는 불을 붙여서 뛸 수 있는 여건
이며 그와 같은 능력을 충분히 갖춘,
나로부터 선택된 백성이니,
32 오늘에 너희를 내가 훈련하고 있음이
니라.
33 앞을 가로막는 것을 너희가 한 손에
불을 들고 한 손으로 밀어붙이며 힘차
게 뛰어나가 불을 붙이며,
34 중단하지 않는 나의 백성이요, 나의
아들딸로 너희를 육성하기 위하여 내
가 오늘의 시련과 훈련을 하고 있음이
니,
35 그 훈련이 머지않았다 그리 말하였음
이니라.
36 하나의 겨자씨를 심은 것은 지금의 얽
히고설켜 있어 감히 태양빛까지도 가
리며 모든 식물이 빛을 보지 못하여
그들이 그저 퇴색하여 죽어 가는 그와
같은 사악한 형국을 이루는 것을,
37 그를 다 뽑아 버리며 태워 버리며 그
를 없애려 함이니, 과연 그 역사가 쉽
겠는가?
38 그 얽히고설킨 속에서 나의 겨자씨 한
나무도 빛을 볼 수 없음이니,
39 그가 빛을 볼 때까지, 그걸 뚫고 일어
서 나올 때까지 그 모두는 너희 역할
이니, 얼마나 힘들고 어려운 것이던가?
40 나의 아들을 세상에 내려보내 나의
법전을 받아 기록하게 한 것은, 얽히
고설킨 그 모든 나뭇가지의 뿌리들이
요, 그 가시나무들을 내가 다 태우고
뽑아 버리고자 함이니,
41 그리하여 내가 심은 겨자씨만이 이 아
름다운 세상에 존재할 수 있으며, 그
후손이 또 후손을 뿌리내리도록 하여
그 뿌리를 내리고자 하는 것이 내가
이루고자 하는 역사임을 너희는 알아
야 할 것이니라.
42 오늘 내가 나의 아들을 통하여 너희에
게 내리는 나의 뜻이 과연 맞지 않거
든, 너희가 나의 성전에서 떠나도 되
며, 나의 아들에게 손가락질하고 가도
될 것이니라.
43 그러나 지금 수천수만 가지의 뿌리가

내려진 종파들이 저희가 이 세상에
뿌리를 내렸으며, 그 뿌리가 내림으로
인하여 그 넝쿨이 지금 성장하였으며,
44 그 가지들이 성장하여 저희끼리 얽히
고설켜 비틀어져 있는 그와 같은 형국
이라는 것을 너희가 알 수 있을 것이
며,
45 내가 내린 나의 뜻이 틀리지 않다는
것을 너희는 알아야 할 것이니라.
46 서로 얽히고설켜서 서로 씨를 내리지
못하게 하는 것이 저희니라.
47 각자 저희의 가는 길을 곧게 갔다면
그들이 씨를 뿌리고 또 꽃을 피워 그
씨를 내가 다듬고 다듬어 저희로 하
여금 곱게 클 수 있게 하겠으나,
48 저희는 앞에 가는 자를 휘감으며 더
아름다운 꽃을 휘감으며 더 좋은 내
용을 휘감아 그 생명을 죽게 하며,
49 서로 물리고 무는 것이 수천수만 개
의 종파가 생긴 형국이니,
50 이것이 내가 내리는 말과 너희가 보
는 뜻이 같거든, 너희는 겸허한 마음
으로 나에게 감사하는 기도로써 오늘
의 삶을 바르게 살아야 할 것이니라.
51 그리하여 나의 법전이 곧 이 세상에
그 얽히고설킨 나무들을 다 뽑아 죽이
는 역사를 할 때까지 너희가 숨을 죽
이며 조용히 견디고 가야 하는 것이
그와 같은 형국이니라.
52 지금 모두 얽혀서 하늘을 덮는 그 속
에서 이 하나의 겨자씨를 들고 너희가
뛰고 소리를 지른다면,
53 그들은 그대로 너희를 말려 죽일 것이
며 태양의 빛을 보지 못하며 그 겨자
씨는 그저 거기서 시들어 죽게 됨이니,
54 그 얽히고설킨 작은 빛의 구멍을 통하
여 그 뿌리의 순이 고개를 내밀 때까
지 너희는 숨을 죽이고 조용히 견디
며, 오늘의 고통을 이기고 가야 할 것
이니라.
55 오늘의 고통과 시련을 겪어 그 나무가
태양빛을 뚫고 쪼갤 때는 천지가 진동
할 것이며, 세상이 뒤집힐 것이며, 사
악한 자들을 다 뽑아 태우는 그 역사
가 될 것이니,
56 그리하여 그 겨자씨의 나무가 열매를
맺어 그 씨앗만이 세상을 덮으며 내려
감이니,
57 나의 법전이 씨앗을 낳고 또 씨앗을
낳아 세상을 덮는 그 역사를 이루는
것이 너희가 가야 할 길이며 너희가
해야 할 길이니, 얼마나 힘들고 고통
스럽고 어려운 길인가?
58 그러나 내가 너희가 육의 생명을 거
두기 전에 이를 볼 수 있다 하였음이
니라.
59 너희가 죽기 전에 모두 이 영광을 보
게 될 것이니 그리 알도록 하며,
60 오늘의 내가 그림을 그려 너희에게
내려 준 그 형국이 지금의 세상의 형
태이니라.
61 그러니 내가 한 장의 그림으로써 너희
머릿속에 그려 주며, 너희 생각에 그
려 주며, 구름 위에 그려 넣는 지금의
사악한 형국을 너희가 보라.
62 이를 뚫고 일어서는 것이 너희이니
잊지 말라.
63 내가 너희를 사랑함이니라.
64 너희가 자식을 눈에 넣어도 아프지 않
다 하듯이, 내가 눈에 넣어도 아프지

않은 나의 자식이며, 그보다 더한 고
통이 있다 하여도 내가 너희를 사랑
함이니라.
65 나 여호와의 뜻을 너희가 알며, 간곡
한 어버이의 이 심정을 알아,
66 오늘의 너희가 시련을 딛고 일어나
그 역사를 이루도록 하라, 사랑하는
나의 아들딸들아!
67 내가 너희 머리에 손을 얹고 축복을
내리며, 머지않아 너희가 한 만큼 그
영광과 은혜가 있음을 알라.

5,791 번째 하나님 말씀

2003년 3월 30일 20시 56분

1 사랑하는 나의 아들아!
2 "네, 아버님! 말씀하옵소서."
3 너는 오늘 한 여인의 불쌍한 절규를
보고 듣지 아니하였는가?
4 너희가 존경하는 그와 같은 종교 지도
자가 다섯 사람이나 자신을 희롱했다
하여 그 희롱한 사람의 이름을 목에
걸고 눈물로써 절규하는 그 불쌍한 여
인을 보지 아니하였던가?
5 그 여인이 어찌하여 저희 종교 지도자
가 다섯 사람이나 저를 농락했으며 저
를 유린했다 그와 같이 제가 직접 고
백하는 글을 써서 목에 걸고 길거리에
서 있겠는가?
6 그 여인을 너는 오늘 보면서 무엇을
생각했는가?
7 그는 힘이 약하기에 진실이 비치지
아니하며, 그는 능력이 없기에 짓밟히
면서도 그 목소리를 들어주는 자가 없
음이니,
8 오죽하면 그가 종이에 글로 써 그걸
목에다 걸고 대낮에 거리에 서서 '나
는 이와 같이 종교 지도자 다섯 사람
한테 유린을 당한 불쌍한 여인이라,
그리고 그 비리를 폭로한다.' 그리 목
에 걸고 서 있는 그 여인의 모습을 보
지 아니하였던가?
9 내가 오늘 너를 그리 보냈음이니라.
10 그러니 그를 보고 너는 무엇을 느꼈는
가?
11 지금 너희가 감히 생각할 수 없는, 그
리고 이름을 대면 알 수 있는 그 종교
지도자라는 사람들에게 한 여인이 한
두 사람이 아니요, 다섯 사람이라는
종교 지도자가 번갈아 저를 유린했다
는 그와 같은 것을,
12 자신의 인생을 모두 다 포기하며 그를
목에 걸고 길거리에서 만인이 읽어 보
도록 하는 그 여인의 절규하는 모습을
너는 보았지 않았는가?
13 세상에 그게 어디 법이며, 어디에 자
유 민주주의라는 나라에서 이루어질
수 있는 것인가?
14 그 여인이 권력이 있고 돈이 있는 집
단에서 그리했다면 그는 세상이 온통
뒤집히는 그와 같은 변수가 이루어졌
을 것이며, 모든 백성이 그를 볼 수 있
도록 그리했을 것이니라.
15 그러나 그 집단의 힘이 무서워 그 물
리적인 힘에 의하여, 그 종교 지도자
의 추하고 더러운 비행을 알려 주는
자 없으며 전해 주는 자가 없으며,
16 그 여인이 절규하는 것을 들어주는 자
없으며 보는 자가 없으니,
17 오죽하면 남자들과 이리 잤다 하여 그

숫자를 적어 그를 글로 써서 목에다
걸고 지나가는 사람들에게 호소하며,
18 그 비리를 폭로하여 세상에서 그를 단
죄하고자 울부짖는 여인을 보지 않았
는가?
19 그와 같은 형국의 현상이 자주 일어날
것이며, 그와 같이 노출되고 터지는
그 역사는 쉬지 않고 계속 일어날 것
이니라.
20 그러나 너희가 그를 덮으려 하며 그를
보이지 않으려 해도, 너희가 손바닥으
로 하늘을 가리는 그와 같은 형국이요,
21 그와 같은 일이 터지고 또 터지고 일
어날 때, 너희가 아무리 물리적인 힘
이요, 조직의 힘이요, 경제적인 힘이
요, 집단의 힘으로써 그 숫자를 내세
워 그를 짓밟으며 뭉갠다 해도,
22 진실은 진실대로 밝혀진다는 것을 너
희는 알아야 할 것이니라.
23 그 여인은 다섯 사람에 대한 특징을
다 거기에 기록하여 말하였느니라.
24 그러니 그들이 그를 법적으로 다루지
못하며, 그것을 증거로 하여 그를 고
발하지 못한다고 그 여인이 절규하는
얘기를 너는 듣지 않았는가?
25 그 종교 지도자 한 사람 한 사람의 특
징을 그는 알고 있기에, 그를 제시하
여 내걸어 기록하여 전함이니,
26 감히 그에 대적하지 못하며, 그를 벌
하지 못하며, 그를 법으로 다스리지
못함이니, 그게 얼마나 진실한 것이겠
는가?
27 그러나 그것은 그 여인이 바보요, 미
친 자요, 정신 이상자요,
28 그와 같은 일이 없다며 종교 지도자
요, 또 거기에서 따르는 신도라는 자
들까지도 그것은 아니며, 그 여인이
잘못이며
29 그 여자가 사탄이요, 사악한 자이기에
종교 지도자를 무너트리려고 그와 같
은 짓을 했으며,
30 그가 유혹하고 유인하여 그와 같은 결
과가 이루어졌다 그리 말함이니,
31 너희는 남녀의 사랑이 한 사람이 유혹
하고 한 사람이 끈다 해서 그와 같은
일이 이루어질 수 있다고 생각하는가?
32 그 진실이 백일하에 드러나지 못하며,
그 진실을 들어주는 자가 없으며, 그
진실을 만백성에게 알려주는 자 없으
며, 그 종교 집단이요, 지도자들을 단
죄하는 자가 없음이니,
33 그 물리적인 힘이요, 그 집단의 방대
한 능력이요, 그 조직의 머릿수의 힘
이 그리도 대단하단 말이던가?
34 그러니 진실이 묻히는 것이며, 사악한
자들이 존재하며 사악한 뿌리가 계속
뿌리내리는 그와 같은 무서운 형국이
나의 지상의 낙원에서 이루어짐이니,
35 그리하여 내가 이 세상이 썩었다 함이
며,
36 그 모두를 단죄하며 그를 다 뒤집어
뿌리를 다 자르며 새로운 뿌리를 내리
고자 하는 것이 나 여호와의 뜻임을
너희는 알아야 할 것이니라.

5,792 번째 하나님 말씀

2003년 3월 30일 21시 16분

1 사랑하는 나의 아들아!
2 **"네, 아버님! 말씀하옵소서."**

3 모든 종교 집단이요, 그리고 스승이
요, 성인의 가르침은 아름다운 삶을
살라 하는 것이며, 인간의 도리를 다
하고 사는 그와 같은 것을 수없이 가
르치고 깨우침이니라.
4 그러니 그와 같이 너희가 깨우치고
가르치며 인간이 바로 설 수 있도록
전하는 것은 그게 바로 나 여호와의
진리이며 하늘의 뜻이니라.
5 모든 종교 집단이요, 수많은 종교가
세상에 있으나, 그들이 자기들의 종교
에서 가르치는 대로 선하고 착한 본심
의 그 가르침대로 행하고 그리 가면
되는 것을,
6 그와 같은 길을 가지 아니하며 서로
질투하고 시기함으로써 남이 앞에 가
는 것을 먼저 가지 못하도록 그리 얽
히고설켜 그저 칡넝쿨이 얽히듯이 감
고 또 감아 그 누구도 앞에 나가지 못
하게 하여,
7 너희가 진흙탕에서 그저 그 웅덩이를
나오지 못하고 서로 치고받으며 밀고
당기는 흙투성이가 된 꼴이 지금의 지
상에 있는 백성 너희라 내가 그리 말
하였음이니라.
8 넓고도 넓은 그 보이지 않는 광장이
요, 이 지구가 온통 진흙탕이 되었으
며 펄이 되어,
9 그 펄 속에서 너희가 서로 하늘에 오
르는 길이라 하여 서로 뒹굴고 치고
받으며,
10 거기서 빠져나오려는 자, 제가 먼저
나와야 한다며 끌어넣고 또 끌어넣고
저 자신도 밀려들어 가는 그와 같은
아비규환의 형국이 지금 너희가 사는
이 지상의 형국이라 내가 법전에 기록
하여 일찍이 너희에게 전했음이니,
11 너희는 그를 아니라 생각하나 지금의
형국이 그러하니라.
12 너희가 진흙탕에서 그저 나오지 못하
도록 서로 밀치고, 떨치고 나가는 자
를 잡아당기며, 나가고자 몸부림치는
자를 발길질하며 치고받으며,
13 자신도 또 벗어나지 못하며 한 걸음도
더 올라오지 못하는 그와 같은 형국에
서 지금 서로 뒹굴고 치고받는 아비규
환의 형국이 지금의 모든 종교 집단이
가는 형국이라 내가 그리 말하였음이
니,
14 과연 진흙탕에서 너희가 어찌 하늘에
오르는 이치를 보며 그와 같은 형국으
로 하늘에 오를 수 있다 말하는가?
15 그리하여 내가 나의 법전을 통하여 나
의 사랑하는 아들딸 너희를 쓸만한
자, 버릴 자를 구분하여 지금 구원하
기 시작하고 있음이니,
16 내가 너희를 구원하고자 해도 서로
남을 비방하며 서로 남을 물고 늘어지
며,
17 하나를 건지려 하면, 너희가 줄줄이
물어뜯고 그를 건지지 못하도록 하는
것이 지금 너희가 하는 행위며 형태
임을 알아야 할 것이니라.
18 너희 종교 집단에서 배우고 깨달았다
하는 자들, 그리고 신도들, 그들이 나
의 법전을 보고 붕어가 낚시를 물듯이
물렸을 때, 그를 구원하려고 하나,
19 너희 종교 지도자요, 믿음의 선배라는
자에게 '하늘에 오르는 길'의 책이요,
나의 법전을 갖다 그들에게 보여 주고

그들과 의논했을 때,
20 이는 사탄이요, 불과 같이 뜨거운 것
이니 다 태워 버리고 찢어 버린다 하
여, 나가는 자를 못 나가게 끌어당기
는 것이 너희이니라.
21 너희가 그 법전을 보고 느꼈을 때, 정
녕 이것은 너희 폐부를 찌르며 너희
가 잘못된 것을 다스리는 내용이 거기
에 있는 것을 알며, 이대로 살아감으
로써 하늘에 오르는 것을 알고 있음이
니라.
22 그러나 너희는 몸담은 그 집단의 일
원이요, 거기 책임자로서, 하나의 백
성이라도 떨어지는 것은 재물이 빠지
는 것이니,
23 그 법전의 내용을 가지고 그들에게 이
것은 잘못되었으며, 이것은 아름다운
것이며, 이것은 우리보다 나은 것이라
이렇게 상세히 같이 의논하며 가르쳐
주고 깨우쳐 주어 그를 인도하는 것이
아니요,
24 그저 이건 사탄이요, 사악한 자가 하
는 짓이니 무조건 봐서는 안 되며, 너
와 너희 가족부터 네 주변이 모두 재
앙의 불길에 떨어지며 구원을 받지 못
한다고 그리 엄포를 놓음이니라.
25 그 종교 지도자요, 또한 10년, 20년,
그리고 돈 주고 직함을 사 명예인 줄
알고 그 허덕이는 그들까지도 그들이
나가려 하는 것을 나가지 못하도록 다
시 잡아당기니,
26 그것이 바로 진흙탕에서 앞에 나가는
자, 나의 법전을 읽고 깨우친 내가 사
랑하는 아들딸 너희가 손을 내밀어
쓸만한 자를 구원하고자 하여도 그들
이 붙잡고 늘어지며, 더욱이 너희까지
그 진흙탕으로 당기려 함이니,
27 이와 같은 형국에서 그들을 구원하여
야 하는 것이 너희의 대명이니, 얼마
나 힘들고 어려운 길이던가?
28 그리하여 너희가 밖에서 밧줄을 던져
그들을 구할 수 없으며 너희가 손을
내밀어 구할 수 없음이니,
29 너희가 그 속에 들어가 그저 하나씩
집어서 밖으로 내던지는 그와 같은 역
사가 있을 때, 그들이 구원을 받을 것
이며,
30 진흙탕에서 나온 자가 세상의 밝은 땅
을 보고 물속에 제 몸을 씻고 나올 때,
제 몸이 얼마나 깨끗한지 그를 볼 수
있으며,
31 그들이 진흙탕에서 지금도 하늘에 오
르는 길이요, 천국에 가는 길이라며
아우성치며 울고불고 치고받고 싸우
는 그 형국을 그가 볼 수 있으며, 그때
가 바로 그가 전사로서 가는 길이니라.
32 너희가 직접 뛰어들어 가서 그들을
하나씩 집어던지지 아니하면 너희는
그들을 구원할 수 없음이니, 너희가
그와 같은 대명을 이루어야 할 것이니
라.
33 그 대명을 이루기 위해 너희가 그를
집어던지려면 체력을 보강하여 육의
힘을 보강해야 하며 정신적으로 지탱
해야 함이니,
34 그리하여 내가 너희를 강한 전사로서
기르기 위하여 오늘과 같은 훈련의 역
사를 지탱하고 있음을 알아야 할 것이
니라.
35 이제 내가 너희를 그 진흙탕으로 몰

아넣을 것이니,
36 그 진흙탕에 뛰어드는 너희 동료요, 너희 형제들이 많으면 많을수록 그들을 집어내기가 쉬우며 그들을 건져 내기가 쉬우며,
37 너희가 그 숫자를 줄이기 시작하면 그때부터는 너희가 쉽게 던지며, 서로 아옹다옹하지 아니하고 너희가 나가는 길만 안내해 주고 계단만 제시해도 그들이 죽기 살기로 기어 나오는 그와 같은 변화가 있을 것이니,
38 그 역사가 이루어지는 날 이 세상은 바뀌게 됨이니라.
39 그때를 위해 너희를 오늘에 내가 강한 훈련을 시킴이니,
40 너희가 처음에는 하나씩 집어던져야 할 것이며,
41 진흙탕에서 싸우는 그 백성이 저희와 같이 치고받고 싸우며 흙투성이던 자가 나가서 깨끗이 씻고 고운 옷을 입고 밖에 서 있는 모습을 보았을 때,
42 그들이 사다리를 제시해 주면 그를 받고 그 진흙탕에서 그들이 빠져나올 것이며, 구원하는 역사가 이루어질 것이니,
43 그때야말로 너희가 무서운 변화의 역사가 이루어지는 것을 알게 될 것이니 그리 알라.
44 그때까지 너희의 고생이요, 고통이요, 시련은 말로는 다 표현할 수 없는 어렵고 힘든 길을 가야 함을 잊지 말라.

5,793 번째 하나님 말씀

2003년 3월 30일 21시 24분

1 사랑하는 나의 아들아!
2 "네, 아버님! 말씀하옵소서."
3 너희가 하늘에 오르는 기초요, 기본이요, 근본이 사랑이라 내가 그리하였음이니라.
4 그러니 너희가 사랑을 베풀며 사는 것은 많은 백성에게, 이웃에게 사랑을 베풀며 나누며 사는 그것 하나로써 너희가 사랑을 실천하는 것이며 사랑이 실천될 것이라 그리 생각하느니라.
5 그리하여 믿음과 소망보다도 소중한 사랑이 무엇인 줄 아는가?
6 너희가 사랑을 베푸는 것은 우선 모든 주변 사람에게 신뢰를 받는 사람이 되어야 하며 믿음을 받는 사람이 되어야만 함을 너희는 알아야 할 것이니라.
7 남에게 신뢰를 받는 자, 남에게 존경을 받을 수 있는 자, 그리고 남에게 손을 내밀어 어려운 삶을 살아가지 아니하는 자,
8 저 자신을 다스릴 수 있는 모든 게 갖추어진 그와 같은 백성이 남에게 베풀고 도울 때, 그것이 진정한 사랑이요, 위대한 사랑이라 그리 너희는 받아들이며 생각할 수 있음을 알라.
9 그러니 너희 자신이 육의 삶에서 남에게 손가락질받으며 남에게 저주받으며 남에게 보여서는 아니 되는 추한 행동을 하는 사람이 되어서는 아니 됨이니라.
10 갖춰지지 아니한 자, 다스려지지 아니

한 자, 인격이 되지 아니한 자, 그와
같은 자들이 사랑을 베푸는 행위를 하
면,
11 그 받는 자가 그것이 진정한 사랑이라
생각하지 아니하며, 권모술수요, 계산
이 있으며 이것은 낚싯밥이며, 반드시
그는 그들에게 어떠한 피해를 줄 것이
며 그들을 이용하려고 그를 던져 준
다 그들이 그리 생각하게 됨이니, 너
희는 그를 알아야 할 것이니라.
12 목적의식을 가지고 접근해서 베푸는
그것은 사랑이 아님이니라.
13 너희가 사람의 손도장이 필요해서, 사
람들이 너에게 손들어 주는 것이 필요
하여 그들의 마음을 사고자 너희가
전하고 가서 베푸는 것은,
14 아무리 환심을 사도 그것은 사랑이 없
으며 그것은 진정한 믿음이 없음이니,
15 주는 자도 믿음이 없으며 받는 자도
또한 그를 믿지 아니함이니,
16 이는 사랑이 아니라 그저 마음속에 거
래며 서로 딴마음을 가지고 주고받는
것이니라.
17 그것을 주는 자는 그 손에 손도장을
얻고자 하는 것이며,
18 그걸 받는 자는 또 제 손도장을 너에
게 함부로 찍어 줄 수 없음이니 이는
제 권한이라 하여 그와 같이 감사함을
하지 않는 것이 계산속에서 던지는 것
이며,
19 목적이 있어서 베푸는 것이며, 조건이
있어 베푸는 것은 사랑이 아님이니라.
20 조건이 없이 베푸는 것도 사랑이 되지
아니할 수 있는 것은 무엇인 줄 아는
가?
21 너희가 인격적으로 살아가는 생활에
서 남에게 저주받지 않으며 손가락질
받지 않으며 남에게 비아냥을 받지 않
는 완벽한 자기 자신을 다스려 살아가
는 사람이 남에게 전해줄 때,
22 받는 사람이 그것이 사랑이며 감사한
줄 알며, 또한 갖춰진 자가 주는 것이
사랑이니라.
23 말로써 세 치 혓바닥으로 남의 것을
거둬들여 남의 것을 갈취하여 그것을
베푸는 것은 사랑이 아님이니라.
24 그는 강도가 하는 짓임을 너희는 알
아야 할 것이니라.
25 이제 사랑을 베풀고 살며 사랑을 행하
는 나의 아들을 따르는 제자들이요,
나의 법전을 읽고 깨우친 백성 너희는
너희 자신부터 먼저 다스려 완벽한 사
람으로 변화되어야만 함을 알라.
26 무조건 너희가 사랑을 베풀며 나누는
것이 구원을 받는 길이며 하늘에 오르
는 길이라 생각하지 말라.
27 너희가 사랑을 베풀려거든 너희가 먼
저 변한 모습이요, 남에게 신뢰받는
삶을 살며, 언행이 일치하는 너희가
먼저 변해야 함을 잊지 말라.
28 그리하여 너희를 단단히 다스리라는
것이며 완벽하게 다스리라 함이니, 그
것을 알아야 할 것이니라.
29 그들이 베푸는 것을 처음에는 모르나,
너희가 가진 것이 없으며 능력이 없는
자가 남의 것을 가지고 베풀며 사랑의
형국을 한다면, 그들은 남의 것으로
생색내며, 좋은 것은 너희가 가지고,
쓸모없는 것만 저에게 준다고 그리 생
각하며,

30 저에게 하나를 주기 위해 너희는 열
개를 취한 자라 그와 같이 그들이 생
각하니,
31 받는 자가 감사하는 마음으로 받는 것
이 아니요, 받는 자의 마음이 상실되
며 상하게 되는 것이 그들이니라.
32 그러니 갖춰진 자가 베푸는 것과 갖추
지 않은 자가 베푸는 것은 그와 같은
차이가 있으며, 그와 같이 받아들이는
데 너무나도 먼 거리의 계산이 거기에
깔려 있음이니,
33 이제 너희가 완벽한 사람이요, 변화된
모습으로 먼저 서는 것이 진정한 사랑
을 베푸는 것이니라.
34 너희가 아무리 진심으로 사랑을 베푼
다 해도, 받는 사람이 진실한 사랑의
온정을 느끼지 못하고 받는다면, 그것
은 진정한 사랑을 전달하는 것이 아니
니라.
35 베푸는 자가 사랑을 베푸는 것보다도,
받는 자가 그 따스함을 알며 사랑의
감사함을 알며 사랑의 온정의 손길을
알아 그가 변화하는 삶을 살아가며 자
신을 다스려 나갈 기회를 삼도록 하
는 것이 사랑을 베푸는 그 근본이요,
원천이 되지 않는가?
36 그 뜻이 이루어지지 아니하며 그것이
역사하지 아니한다면 이는 사랑이 아
니니 그리 알고 너희가 행하도록 하라.
37 먼저 너희 마음을 다스리며 너희 주변
부터 다스리며, 너희가 말과 행동이
일치하는 그와 같은 굳건한 삶으로써
변화되며,
38 주변에서 너희 말 한마디를 깊이 새기
며 너희 말 한마디라도 귀담아 들으며,
39 너희 말 한마디는 법이라는 소리를 듣
는 그와 같이 다스려진 사람만이 사랑
을 베풀 수 있으며, 진정한 사랑을 역
사할 수 있다는 것을 잊어서는 아니
될 것이니 그리 알라.
40 그리 변화하도록 하라, 사랑하는 나의
아들딸들아!

5,794 번째 하나님 말씀

2003년 3월 30일 21시 36분

1 사랑하는 나의 아들아!
2 "네, 아버님! 말씀하옵소서."
3 지금의 모든 종교 집단이 바로 하늘을
향하여 오지를 못하며 오르지를 못하
고, 서로 얽히고설켜 지금 그들이 얽
히고 물고 늘어진 그것이 하늘의 태양
을 가렸으며 하늘의 빛을 가렸다 그리
하였음이니라.
4 그리하여 세상을 덮어 그와 같이 서로
물고 무는 악의 씨앗이 지금 내가 만
든 이 아름다운 지상을 덮고 있다 하
였음이니,
5 지금 악의 그 기운 속에 이 지구가 덮
여 있으며 모든 나의 백성이 그 안에
서 살고 허덕이고 있다면 너희는 과
연 어찌하겠는가?
6 이를 걷어 주는 것이 나 여호와의 뜻
이며, 이를 걷고자 하는 것이 나 여호
와이니라.
7 하늘에서 내리는 태양의 빛을 너희가
받을 수 있으며 달빛을 받을 수 있는
그와 같은 정상적인 삶을 영위하도록
나 여호와가 이루고자 함이니라.
8 그것이 바로 내가 천 년에 걸쳐 새로

운 역사를 이루고자 하는 것이니,
9 하늘의 빛을 너희가 직접 받아 감사
함을 알며 달빛을 직접 받아 감사함을
알 수 있게 하는 것이니라.
10 그 모든 빛을 다 차단하고 있으며 그
리하여 암흑의 세상이 되어 있다 내
가 너희에게 법전에 기록하여 전한
뜻이 여기에 있음이니, 그 얽히고설킨
뿌리요, 이파리들이 하늘을 다 가렸음
이니라.
11 그리하여 이를 내가 바로잡는 것은 모
두를 다 태워야 할 것이며 그를 태워
야만 이것을 다 정리하는 그와 같은
역사가 이루어질 것이니,
12 그를 태우려고 세상에 내가 불을 내
린다면 온갖 세상의 그나마 말 못하는
동식물까지도 다 타 죽어야 하며 그
들이 견디지 못하는 그와 같은 무서운
형국이 이루어져야 하니, 그게 바로
무엇인가?
13 불의 재앙으로써 세상을 다스리는 것
이니라.
14 나 여호와가 생각하기에는 모두를 다
태우며 그 태운 곳에 하나의 씨앗을
뿌려 그 씨앗에서부터 역사를 이루고
싶은 것이나,
15 그 얽히고설킨 잘못된 종파요, 그들의
집단의 형태를 다 태워 쓸어버리려고
내가 불로써 재앙을 내렸을 때 이 지
상은 모두 다 타 버림이니 견딜 수 없
는 것이니라.
16 그리하여 내가 너희로 하여금 그를
잡아 새로운 세상을 이루며 새로운 역
사를 이루고자 하는 것이니 너희는
깨달아야 할 것이니라.
17 모든 믿음의 기초요, 새로운 역사의
시작함이 너희로부터 시작한다는 것
을 알며, 너희 마음이 변하는 그것까
지 완벽하게 변하는 그와 같은 변화가
이루어져야 함이니,
18 모든 믿음의 역사의 기초가 너희에서
부터 다시 시작하며 너희를 기점으로
하여 모든 역사를 이루고자 하는 것이
니,
19 얼마나 너희 자세며 행동이 발라야 하
며 남에게 모범이 되어야 하는가를
알아야 할 것이니라.
20 아직은 너희가 경지에 오르지 못하였
으며 깨달음이 오르지 못하였음이니,
21 너희를 지금 훈련시키고 다스려 감이
니 그 뜻을 알라.

5,795 번째 하나님 말씀

2003년 3월 30일 21시 54분

녹음기 작동 오류 (원본테이프 383번 중에서)

1 (하나님께서 질책하시고자 녹음기 작
동을 멈추셨습니다.
2 기도 중에 녹음기의 녹음 버튼이 자꾸
튀어 올라와서 꺼졌고,
3 녹음이 멈출 때마다 저 자신의 잘못을
반성해야 했습니다.
4 함께 기도를 듣던 제자들도 각자 반성
해야 했고, 마음이 깨끗하지 못한 자
가 밖으로 나가고 나면 녹음이 지속되
기도 하였습니다.)
5 "......아버님의 뜻대로 모두를 행하며,
아버님! 저는 정녕 사탄이옵나이까?
6 제가 어찌 서야 되겠사옵나이까?
7 아버님께서 명해 주시기를 바라옵나

이다.
8 제가 사탄이 아니요, 만백성을 구하는
사람으로 말을 해야 되겠사옵나이까?
9 제가 어찌해야 되겠사옵나이까?
10 …… 아버님! 홍철화 부부가 장자로서
그 직분을 다하지 못하기 때문에 그러
시옵나이까?
11 그러면 녹음기가 끊어지지 않……"
12 너희는 각자가 훈련의 길에 들어서 있
음을 알라.
13 다만, 육의 심판을 받기 위해 너희는
각자의 길을 가고 있음이니…… 너희가
각자 길이 다르며 너희가 가는 과정
이 다 다름이니라.
14 너희는 스스로 그 훈련 과정의 고통을
남들과 차별……
15 스스로 자기의 길을 가야 하는 것을
너희는 알아야 할 것이니라.
16 너희는 누구나 다 자신의 길을 가는
데 그 길 앞에 모든 걸림돌이 있으며,
각자는 그 걸림돌의 높고 크고 작은
것이 다 다름이니라.
17 그러나 너희는 그 걸림돌을 넘어야
하며, 그 선을 넘지 아니하면 너희는
그 역사를 이룰 수 없음이니라.
18 그리하여 너희에게 닥치는 모든 걸림
돌이요, 너희를 무너트리고자 하는 그
모두를 너희가 극복하고 넘어야 하는
것을 알아야 할 것이니라.
19 그러니 그 길 앞에 각자 다 다르듯이,
너희는 다 각자 광야의 사막에서 훈련
하며 너희 스스로 그 광야에서 살아
나기 위해 몸부림을 치는 그와 같은
것이니,
20 다만 광야가 아닐 뿐이요, 너희가 다
각자 광야에서 허덕이는 것처럼 너희
가 각자가 가는 길이 다르며 역사하는
길이 다름이니라.
21 그리하여 너희가 어떠한 고통과 시련
속에서도 각자 저 자신이 고통과 그
모두를 이겨야 할 것이며,
22 그리고 너희 앞에 길을 막는 그 모든
것은 다 각자의 몫이 다름이니, 너희
스스로 노력하여 그 길을 넘어야 함을
알아야 할 것이니라.
23 이는 곧 너희 자신이 갈고 닦는, 그리
고 너희가 행하는 그 믿음과 그 믿음
의 능력의 힘에 의해 모두는 달라지
는 것을 알아야 할 것이니라.
24 바른 믿음의 길이요, 바른 믿음을 간
다면 너희는 흔들리지 않을 것이며
바로 역사할 것이니라.
25 그러나 너희가 바른 믿음을 가지 않으
며 재물과 명예에만 모든 것을 다 바
치는 그와 같은 생각을 하고 간다면
아무것도 이루어질 수 없음이니라.
26 그러니 너희가 세상을 살아가면서 부
딪치는 그 모든 일은 너희 자식에 대
한 문제요, 가정에 대한 문제요, 재물
을 모으는 것이요, 명예를 얻는 것이
요, 부부지간의 문제요, 그 모두는 다
너희 스스로 그 고비를 넘는 과정에서
그를 넘고 가는 것이니,
27 너희가 광야에서 살아가는 그 고통의
훈련을 역사하는 것과 같음을 알아야
할 것이니라.
28 모든 관계가 너희에게 걸림돌이 되며
너희에게 힘들고 어려운 그 과정이 도
래할 때,
29 그 모두는 너희가 그것을 딛고 넘어야

하는 그와 같은 과정임을 알아야 할 것이니라.

30 훈련의 과정을 넘지 못하며 그 길을 극복하지 못한다면, 너희가 하늘에 오르는 길이요, 구원의 길이요, 나에게 오르는 길은 영영 알 수 없음이니라.

31 그러니 하늘에 오르고자 하는 자, 그리고 나로부터 선택된 백성으로서 모든 역사를 이루고자 하는 백성,

32 너희는 모든 것을 인내와 시간 속에서 참고 견디는 것만이 나에게 오를 수 있음이니,

33 각자 훈련의 그 과정을 무사히 마치는 자만이 나에게 오를 수 있음이니라.

34 각자가 고통의 길이요, 훈련의 그 과정이 다 다름이니,

35 각자 자기에게 부딪치는 그 훈련이요, 그 과정을 무난히 넘는 그와 같은 자만이 나에게 오를 수 있으며, 구원의 길에 오를 수 있다는 것을 알아야 할 것이니라.

36 (5,795번째 기도의 녹음 파형 - 원본 테이프 383번 중에서)

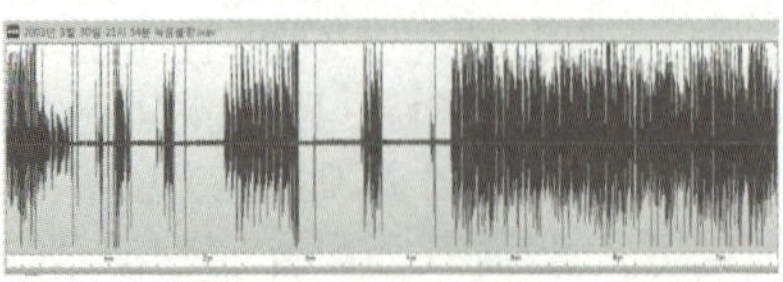

5,796 번째 하나님 말씀

2003년 3월 31일 18시 13분

녹음기 작동 오류 (원본테이프 383번 중에서)

1 사랑하는 나의 아들아!

2 "네, 아버님! 말씀하옵소서."

3 네 이웃에 거짓 증거하지 말라 하였음이니, 네 이웃에 거짓 증거하여 남을 아프게 하며, 남을 쓰리게 하는 일이 있어서는 아니 됨이니라.

4 너희가 진실한 것을 말하며, 진실된 것만을 가지고 세상에 살아..........진실된 것만을 가지고 너희가........남들이 믿지 아니하며 인정하지 아니하려는 것이 너희의 세상의 인간들이.........그와 같이 살아가도 만백성이 믿지 아니할 것이니, 너희가 ....그리하여 세상사 그 누구도 갈 수 없는 길이요, 넘을 수 없는 길을 가는 것이 사람이 갈 수 있는 길이요......

5 정녕 남들로부터......

6 그리하여 한 점의 부끄럼이 없이 사는 것, 그것이 종교 지도자가 가는 길이며, 그가 역사하는 길임을 너희는 알아야 할 것이니라.

7 세상........

8 너희 자신을 속이고 남들이 모른다 하나 자신을 속이고 세상을 속이......

9 세상사 남을 속이며 남을 속이고 속이는 것을 너희는 모르는 것처럼 하나, 남들이 너희가 남을 속이는 것을 너무나 잘 알고 있음이니라.

10 그러니 스스로 너희가..........

11 한 점의 부끄럼이 없이 산다는 것이 얼마나 소중한 것인가를 알아야 할 것이니라.

12 네가 하는 것을 남들이 먼저 아는 것이 세상사 살아가는 모습이니 그리 알라.

13 너희는 서로 사는 생활 속에서 육이 존재하는 그 모두는 너희가 원하는 대로 쓰고.......너희가 사는 생활, 육이 존재하는 이 세상 속에서 너희는 모두

를 다 너희 마음대로 너희 것인 양 너
희가 쓰고 너희가 마음대로 활용
....
14 네가 사는 생활, 세상 속에서 육이 존
재하는 가운데 너희는 육을 위하
여..........
15 너희가 세상 속에 살아가면서 육이 존
재하는 그 모두를 너희가 마음대로 활
용하고 쓸 수 있도록 내가 너희에게
내려 주었음이니....... 너희는 네가 사
는........
16 "모든 것은 하나님의 뜻이옵나이다.
17 하나님이 하라시는 대로 하겠사옵나
이다. 모든 것은 하나님의 뜻이옵나이
다."
18 네가 사는 생활 속에서 육이 존재하는
그 속에 모두를........
19 너희는 임의로 너희 뜻대로 할 수 없
는 것이 너희의 심판이라 내가 그리했
음이니라.
20 내가 펴내는 법전에 ....너희가 사는
세상에 모든 육의 삶이 존재하는 곳에
서 너희가 모두를 취하고 관리하고 다
스릴 수 있도록 내가 너희에게 문을
열어 주었음이니라.
21 그러니 모든 것은 너희가 쓰고 마음대
로 활용할 수 있으며 너희가 편한 대
로 모든 것을 쓰고 교체하고 마음대로
하며 한 번 쓰고 지나가면 두 번 다시
돌아오지 않는 시간까지도 너희가 마
음대로........ 또한 한번 손을 떠나면 다
시는 돌아오지 않는다는 너희의 생명
보다도 더 소중히 여기는 그 물질이
요, 금화요, 재물도 마음대로 쓸 수 있
는 것이 너희들이니라.
22 그러나 너희가 마음대로 쓸 수 없는
것이 있음이니, 그게 무엇인 줄 알겠
는가?
23 너희가 바로 나로부터 심판을 받는 것
이며, 내가 심판의 역사를 너희에게
내릴 때 그것만큼은 너희가 마음대로
할 수 없는 단 하나이니라.
24 그러니 너희가 그 단 하나밖에 없는
그것이 얼마나 중요한 것인가를 알겠
는가?
25 어찌하여 그와 같은 이치요, 뜻을 깨
닫지 못하고 살아가는가?
26 그를 너희는 알아야 할 것이니라.
27 이제는 너희가 어떠한 형편이든, 어떠
한 상황이든 마지막 심판을 받는 것,
그리고 너희가 육의 삶을 살다 죽어
가는 것, 그것만은 너희가 임의로 할
수 없으며, 그것은 두 번 다시 기회가
없는 것이니라.
28 그러니 너희는 여기서 깊이 깨우쳐야
할 것이니라.
29 너희는 계획과 목표를 세워 놓고 그대
로 살 수 있으며 인간의 향락을 즐기
며 또는 모든 역사를 할 수 있으나,
30 너희가 마음대로 할 수 없으며 쓸 수
없는 것이 바로 너희가 나에게 심판
을 받는 것이니,
31 그 심판을 받는 데 부끄러움이 없는
자요, 너희가 심판을 받을 때 무너지
지 않는 그와 같은 사람의 마음 자세
로 살기 위해서는 너희가 얼마나 마
음을 다스리고 살아야 하는지를 알아
야 할 것이니라.
32 두 번 기회가 없는 것이 죽음이요, 나
에게 심판을 받는다는 것을 명심하여

살도록 그리하라.
33 그리하여 너희가 마음이 변하여 깨달음의 역사를 같이하지 아니한다면 너희는 나에게 오를 수 없는 것이니라.
34 너희 뜻대로 할 수 없는 것이 이 세상에 단 두 가지라 그리하였음이니, 내가 뭐라 했느냐?
35 나에게 심판받는 것이요, 너희가 죽음의 길을 넘지 못하는 것이라 하였음이니, 너희는 그를 위하여 완벽한 준비를 하고 그 심판에 대비하여 살도록 하라는 것이 내가 너희에게 말하는 것이며,
36 너희가 그 길을 위하여 바로 설 수 있도록 내가 내리는 것이 나의 법전이니라.
37 이 법전을 읽고 정독하고 깨우치는 자만이 구원을 받을 수 있음이니라.
38 그리하여 법전을 만들어 나오기까지 모든 역사와 그 행하는 것에 동참하는 백성을 내가 다 소중히 생각하는 것이며, 내가 너희를 사랑함이니 그를 알라.
39 너희가 너무나 많은 대가를 치르고 살아가며 모든 역사 속에서 행하고 살아가는 것같이 보이나,
40 그 세상 속에 살아가는 것은 아무것도 아니며 다 하나의 연습이며 훈련일 뿐이니라.
41 오로지 너희가 변하지 않는 것, 그리고 용서받을 수 없으며 돌릴 수 없으며 임의로 할 수 없는 것, 그리고 중단할 수 없는 것은 죽음이요,
42 나에게 와 심판을 받는 것을 위해서 그 모든 것은 수습 기간이요, 연습 기간으로 살아가는 것이 인간의 육신의 삶이니,
43 그 연습 기간이요, 수습 기간을 너희가 얼마나 바르게 하고 살아야 하는지를 알라.
44 (5,796번째 기도의 녹음 파형 - 원본 테이프 383번 중에서)

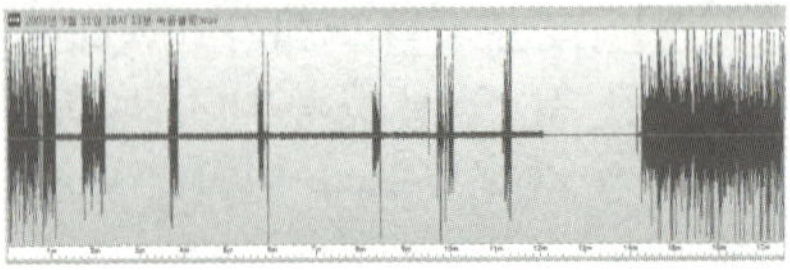

5,797 번째 하나님 말씀

2003년 3월 31일 20시 03분

1 사랑하는 나의 아들아!
2 "네, 아버님! 말씀하옵소서."
3 지금은 나의 법전이 세상에 얼마 전해지지 아니하였음이니,
4 모든 사탄 같은 자요, 사악한 자들이 또 이것은 누가 무슨 장난하는 것인가 하며,
5 사악한 자가 잠깐 세상을 혼란케 하다 시들어질 것이라 그리 생각하며 아무것도 아니라 생각하기에 너희를 공격하지 아니하며 너희를 조사하지 아니하며 너희를 파고들지 아니하는 것이니라.
6 그러나 나의 법전이 중단되지 아니하고 계속 세상에 전해지며, 계속 나의 법전을 가지고 시시비비하는 백성이 늘어나며,
7 이는 정녕 나 여호와의 뜻이요, 하늘이 내린 뜻이라 깨닫고 느끼는 자들이 나오기 시작하면,
8 그들은 저희의 밥줄이 끊어지며 그 저

희의 밥통이 이제 줄어든다는 것을 피
부로 느끼게 되며,
9 저희가 얼마나 허황된 것이며 잘못된
것인가를 깨닫기 시작하는 백성이 그
들을 단죄하기 시작할 때,
10 그들이 얼마나 무서운 맹수로 변하며
얼마나 사악한 맹수로 변할지 너희가
아는가?
11 먹이를 먹지 못하여 며칠씩 굶은 맹
수가 먹이를 보고 달려들듯이, 그보다
도 더 무서운 방법으로써 그 힘을 가
지고 사악한 발톱을 내세워 너희를
공격할 것이니,
12 갈기갈기 헤칠 것이며 갈기갈기 찢을
것이니라.
13 그러니 너희가 미리 준비되지 아니하
고 완벽하게 다스려지지 아니한다면,
그때 가서 너희가 대항할 수 없으며
대처할 수 없으며 그를 이끌어 갈 수
없는 것이니라.
14 그러니 너희가 얼마나 어렵고 힘든
그 역사의 길을 가야 하는가?
15 그러니 너희는 지금부터 정도의 길이
요, 바른길이요, 한 점의 흐트러짐이
없는 완벽한 길을 가야 함을 잊어서
는 아니 됨이니라.
16 그것이 너희 운명이요, 너희가 가야
할 길이니라.
17 지금은 나의 법전이 그리 많이 세상에
전해지지 아니함이니, 그들이 이러쿵
저러쿵 별로 시시비비를 하지 않으며
물고 늘어지지 아니하나,
18 나의 법전이 1부, 2부, 3부, 4부, 5부
가 세상에 나가기 시작하면 그들은 긴
장하기 시작하며 비상이 걸릴 것이며,
그에 대해 대책 회의를 할 것이며,
19 그들은 어찌해야만 이를 막을까 하는
것을 시작할 것이며, 수단과 방법을
가리지 아니하고 이를 저지하고자 할
것이니라.
20 처음에는 말로써 작은 것으로 하나,
그러나 그것이 잠재워지지 아니하며
확산되고 퍼져 갈 때, 그들은 물불을
가리지 않고 총칼을 내세워 무력으로
써 해결하려 할 것이며,
21 나의 아들 예수를 죽인 것보다도 더
사악한 방법으로 그들은 이를 저지할
것이니라.
22 그들은 나의 아들이 세상에 내려가 만
백성을 구하고자 하여 역사했을 때,
이미 그 아들을 죽였으면서도 지금까
지 건재하고 버텨 왔던 그 전례가 있
는 자들이기에, 그들은 서슴없이 나의
법전을 태우며 찢어 버리라 할 것이며,
23 나의 아들이 세상에 존재하지 못하도
록 그리할 것이니,
24 그때 너희가 견디고 이길 수 있는 것
은 완벽한 다스림이요, 너희가 완벽한
준비가 되어야만 함을 잊지 말라.

2003년 4월

5,798 번째 하나님 말씀

2003년 4월 1일 09시 21분

1 사랑하는 나의 아들아!
2 "네, 아버님! 말씀하옵소서."
3 나의 아들 예수가 세상에 나갔음이니, 그는 성령으로 완벽한 자세요, 마음 자세를 하늘이 주었으며 그리 준비되어 나갔음이니라.
4 너는 지금 60이라는 인생의 삶을 살아 네가 오늘의 그 길을 가고자 함이니,
5 너는 어떠한 길을 가야 한다고 그리 생각하며 지금 깨닫고 있는가?
6 "네, 아버님! 그는 이렇사옵나이다.
7 바늘구멍보다도 더 작은 틈이 있어도 아니 되며, 그보다도 더 작은 흐트러짐이 있으면 아니 되는 것을 깨달았사옵나이다.
8 완벽한 것이어야 하며, 완벽하지 아니하면 갈 수 없다는 것을 알았사옵나이다.
9 인간이기에 더러는 실수를 할 수 있다는 생각, 인간이기 때문에 이러한 고비를 좀 넘기면 용서받을 수 있다는 생각, 내일에 변하겠다는 생각, 그와 같은 생각으로써는 갈 수 없다는 것을 깨달았사옵나이다.
10 오늘 깨달았으면 그대로 행하고 실천하며, 오늘 제가 느꼈으면 그대로 행하며,
11 그리고 명을 받았으면 그대로 즉각 행하며,
12 바늘구멍만 한 틈이 있어도 안 되며 여유가 있어도 안 되며,
13 어떠한 작은 생각의 여유가 있어도 갈 수 없다는 것을 깨달았사옵나이다.
14 잠시만 빈틈이 있어도 넘어지며, 눈 깜짝할 사이의 그 틈새만 있어도 종교 지도자요, 또한 믿음의 길을 가는 자요, 만백성을 구하는 백성으로서는 갈 수 없다는 것을 알았사옵나이다.
15 손톱만 한 허점을 보여서도 손톱만 한 그런 구멍을 보여서도 아니 되며, 어떠한 형태를 보여서도 아니 된다는 것을 알았사옵나이다.
16 이제는 그와 같은 마음의 길로 가야 한다는 것, 그것만이 제가 바로 설 수 있으며 아버님의 아들로서, 그리고 법전을 받아쓰는 사람으로서, 만백성을 구하는 길을 가는 사람으로서 갈 수 있다는 것을,
17 모든 종교 지도자요, 그리고 모든 신도요, 만백성은 그를 깨달아야 한다는 것을 알았사옵나이다.
18 작은, 눈 깜짝하는 그 사이만큼의 빈틈이 있어도 아니 된다는 것, 그것이 얼마나 어렵고 힘든 길이며,
19 또한 힘들고 어렵다 하여도 인간이기 때문에 그 길을 갈 수 있다는 것, 어떻게 훈련을 하느냐, 어떻게 마음을 갖느냐 하는 것이 가장 중요하다는 것을 알았사옵나이다.
20 그러니 제 마음이 흔들리지 아니하며

제가 넘어지지 아니하면 아무런 관계
도 없사오나,
21 제가 눈곱만큼의 여유가 있을 때 쓰러
질 수 있는 그 마음이 아직도 있다면,
저는 엄격히 다스려져야 하며 엄히 다
스려져야 한다는 것을 이제야 깨달았
사옵나이다.
22 작은 허점도 보이지 않으며 작은 실
수도 없으며, 그리고 어떠한 작은 시
행착오도 있어서는 안 되며,
23 알게 모르게 죄를 짓는 것은 어떠한
것도 있어서는 아니 되며, 그로 하여
금 모든 것이 다 넘어지며,
24 진정한 종교 지도자가 아니요, 아버님
의 진리요, 말씀을 전할 자격이 없다
는 것을 알았사옵나이다.
25 완벽해야만 된다는 걸 깨달았사옵나
이다, 아버님!"

5,799 번째 하나님 말씀

2003년 4월 1일 09시 27분

1 사랑하는 나의 아들아!
2 "네, 아버님! 말씀하옵소서."
3 너희가 말하는 천 년이 지난 도자기
요, 생수를 담아 놓는 아무리 좋고 훌
륭한 그릇이라 해도, 공기가 새는 구
멍이 있으며 물이 새는 구멍이 있으며
금이 가 있다면 그건 아무런 가치가
없음이니라.
4 그와 같이 틈새가 있어서는 쓸모가 없
으며 제 기능을 할 수 없음이니 그는
버려짐이니라.
5 네가 그와 같은 삶을 살아야 함이니라.
6 인간이 살아가는 세상에 공기가 통하
며 물이 샐 틈새가 있어서는 아니 되
느니라, 나의 아들아!
7 너의 제자들도 그와 같이 틈새가 있어
서는 아니 된다는 것을 가르쳐야 할
것이며,
8 그 틈새를 사용해서도 아니 되며 그를
너희가 묵인해서도 아니 됨이니라.
9 너희가 틈새가 있는 것을 숨기고 그것
을 묵인하고 넘어간다 하나, 언제든
생수를 부었을 때 그 물은 샐 것이며,
10 그 물이 새기 시작하면 그 도자기는
금이 가고 깨지는 것이니 그리 알아야
할 것이니라.
11 아무리 단단한 것이라도 생수가 샌다
면 그는 쓸모가 없음이니 버려져야 함
이니라.
12 이것이 얼마나 무서운 너희가 가야
할 길이며 행하여야 할 길인가, 너와
너의 제자들이 알아야 할 것이니라.
13 작은 틈새가 있어서는 아니 되느니라.
14 작은 공기가 통할 수 있는 틈새가 있
어도 아니 되며, 물이 새는 틈새가 있
어서는 아니 되는 것이 너희가 가야
할 길이며, 나의 아들 네가 가야 할 길
이니라.
15 그 길을 가지 못한다면 내가 너희를
다 버릴 것이며, 너희는 버려지게 되
어 있으며 쓸모가 없음이니, 하늘에
오를 수 없음이니라.
16 내가 너희에게 뭐라 말했느냐?
17 죄를 지은 백성을 내가 하늘의 천국에
갖다 놔도 그가 숨이 막히고 질식할
것 같아서 그 자신이 견디지 못하여
고통을 받는 지옥으로 가는 것이 스스
로 낫다 하여 지옥문으로 기어 내려간

다 그리하지 아니하였던가?
18 그와 마찬가지니라.
19 너희가 틈새가 있는 그릇이요, 틈새가
있는 도자기요, 물이 새고 공기가 새
는 그와 같은 틈이 벌어져 있는 것은
쓸 수 없듯이,
20 너희도 그와 같이 하늘에 오를 수가
없다는 것을 알아야 할 것이니,
21 이제 너희는 남은 인생에 대해서 얼마
만큼 틈새를 내지 아니하며 그를 허용
하지 아니하며 용서하지 아니하고 살
아가는 마음 자세로 살아가야 하는가
를 알아야 할 것이니, 이를 명심하여
살아가도록 그리하라.
22 작은 틈새가 있어서도 안 되며 조금의
여유가 있어서도 아니 됨이니라.
23 오로지 완벽하고 완벽하게 가는 그 길
만이 너희가 가는 길이라는 걸 명심
하고 또 명심하도록 그리하라.

5,800 번째 하나님 말씀

2003년 4월 1일 12시 26분

1 사랑하는 나의 아들아!
2 "네, 아버님! 말씀하옵소서."
3 몇천 년 동안 흘러오는 그 세월 속에
지금 하늘에 오르는 길이라 하여 나의
백성이 그 길을 달려가고 있으나, 그
길이 잘못되었다 내가 너희에게 말했
으며,
4 이제는 그것이 잘못된 것을 너희 스
스로 알고 있을 것이니 그를 바로잡아
야 하지 않겠는가?
5 내가 너희에게 말하기를 오늘 뭐라
말하였느냐?
6 공기가 새며 물이 새는 그릇은 아무리
귀중하고 소중한 것이라 해도 그 가치
를 잃으며,
7 그가 천 길 낭떠러지에서 떨어지는
것같이 값이 떨어지며 그 존재 가치가
없는 것이 아니던가?
8 쓸모가 없다 말하였음이니라.
9 그러니 내가 너희에게 그와 같은 이치
를 깨우치며, 오늘 네가 공부하며 내
음성을 기록하는 그 녹음기가 튀고 또
튄 이유가 거기에 있음을 알아야 할
것이니라.
10 그릇에 물이 새면 안 됨이니라.
11 아무리 좋은 그릇이라 해도 조금만 금
이 가면 그 금으로 인하여 생수를 받
지 못함이니,
12 아무리 작은 잘못이라도 너희에게 있
어서는 아니 되며 그를 지키고 가야
하는 너희이기 때문에 내가 너희에게
경고하고자 함이니,
13 오늘 내가 가르친 그 뜻을 깊이 새겨
너희가 한 사람이라도 그와 같이 바로
서는 데 최선의 노력을 다하여야 함을
잊지 말라.
14 완벽해야만 된다는 뜻이니라.
15 그러니 내가 인간인 너희에게 완벽이
라는 것을 가르치며 말하면서도, 너희
가 인간이기에 그를 지키고 시행하기
가 얼마나 힘든 줄 알고 있느니라.
16 그러나 너희는 완벽하지 아니하면 하
늘에 오를 수 없느니라.
17 오늘 너희가 힘들고 어려운 길을 간
다 해도 완벽하지 아니하면 아니 됨이
니, 완벽해야만 함을 알아야 할 것이
니라.

18 그리하여 내가 너희에게 기적을 보였
으며, 나의 아들에게 고통을 주었으
며, 나의 아들에게 불안한 마음으로써
그를 바로 깨닫게 하고자 했으니,
19 이 모두는 너희를 깨우쳐 주고자 함이
니라.
20 그리하여 오늘 내가 너희에게 그릇이
물이 새며 공기가 새면 아무런 가치가
없으며 쓸모가 없다 했듯이, 그와 같
이 너희가 쓸모없는 나의 백성이 되어
서는 안 되는 것을 내가 미리 경고하
기 위하여 그와 같은 역사를 이루었음
을 알아야 할 것이니라.
21 이제 마음이 아프고 가슴이 아프며 답
답해도 너희는 그 길을 가야 하느니
라.
22 어디를 간들 그 길을 가지 아니하고는
구원을 받을 수 없는 것이 너희이니라.
23 너희가 다른 종파요, 다른 믿음의 길
을 간다 해도 너희가 세상사 살아가
는 것을 그저 하늘을 보고 해가 지면
하루를 살았으며 달을 보고 하루를 살
았다는 그와 같이 너희가 생각하지 않
고 삶을 산다 해도,
24 너희가 '여호와 하나님이 존재한다면
어디 계시며 우리가 어찌 믿을 수 있
느냐, 네가 눈으로 봤느냐, 나는 보지
않으면 믿지 않는다.' 하고 말하고 살
아간다 해도,
25 너희는 선함을 행하지 아니하고는 구
원을 받을 수 없느니라.
26 너희가 아무리 무슨 짓을 하든, 어디
가서 무슨 행동을 하든, 너희는 심판
을 받지 아니할 수 없는 것이니,
27 심판을 받는다는 것은 무엇이더냐?
28 한 점의 오점이 있을 때도 그 대가를
치름이니,
29 그 대가가 많고 무거울 때 너희는 나
에게 오를 수 없으며 지옥으로 간다
면, 얼마나 억울하고 분한 삶을 사는
것이던가?
30 똑같은 인간의 삶을 살면서 누구는 천
국에 오르는 자가 있으며 누구는 오지
못한다면, 너희는 얼마나 억울한 삶을
사는 것이더냐?
31 너희가 인생을 사는 것은 연습이고 훈
련이니라.
32 너희가 그 연습과 훈련 과정을 충실히
만 행하면 나에게 올 수 있거늘,
33 그를 불충실하게 행하여 너희가 나에
게 오지 못하는 그와 같은 일이 있어
서는 아니 될 것이니라.
34 내가 너희에게 역사함은 그러하니라.
35 너희는 완벽한 제자가 되어야 함을 잊
지 말라.
36 하나의 금이 가서도 아니 됨이니라.
37 흠집이 있어서도 아니 됨이니라.
38 흠집이 있으면 그 값이 없으며 그 가
치가 없음이니, 너희는 높은 데서 밑
으로 떨어지는 것이니라.
39 천 년이 된 도자기요, 그 값이 나가는
것이 흠집이 있고 깨졌을 때 그건 그
저 하나의 가치도 없이 떨어지는 것
이 아니더냐?
40 그 값을 매길 수가 없으며 그 값을 주
지 아니하는 것이니,
41 인생을 완벽하게 사는 백성과 완벽하
게 살지 못하는 백성의 그 값의 차이
가 거기에 있음이니,
42 사랑하는 나의 아들딸이 값없이 떨어

지는 것을 보는 내가 즐겁겠는가, 내
가 그를 원하겠는가, 그를 바라겠는가?
43 그를 바라지 아니하기 때문에 내가 너
희에게 이와 같은 역사의 훈련과 기적
을 보여 주며 내가 너희를 다스림이
니, 완벽하게 살라.
44 오늘 이 탁자에 앉아 나의 아들의 강
론을 들으며 내가 내리는 성령을 들으
며 깨달음을 듣는 너희라도 완벽한 사
람이 될 수 있도록 최선을 다하라.
45 맨발로 가시밭길을 달려가는 그 고통
스러운 삶 속에서 너희가 발이 찔려
피가 난다 해도 아픈 줄을 모르고 가
며,
46 오로지 나를 향하여 달려오는 그 영광
만을 보고 가는 너희가 되어야 할 것
이니라.
47 너희가 내가 존재함을 믿으며 나에게
오르고자 나를 향하여 달려온다면 그
육신의 고통의 아픔은 아무것도 아니
니,
48 너희가 바로 내가 존재함을 믿고 나를
따르고자 하며 구원을 받고자 한다면
육의 삶의 작은 시련이요, 고통은 아
무것도 아니니라.
49 실보다도 가는, 너희 눈썹보다도 가늘
고도 가는 구멍이 있을 때, 그 그릇은
쓸 수 없음이니,
50 그것보다 작은 죄를 짓지 말고 살아야
하는 것이 너희이니 이를 어찌하여야
하겠는가, 사랑하는 나의 아들딸들아!

5,801 번째 하나님 말씀

2003년 4월 1일 18시 01분

1 사랑하는 나의 아들아!
2 "네, 아버님! 말씀하옵소서."
3 이 세상을 살아가는 너희의 그 믿음이
란 과연 무엇을 의미하는가?
4 너희는 그리 말하느니라.
5 너희가 살아가면서 지은 죄를 나의 아
들 예수의 이름을 부르며 나의 이름을
부르며 용서를 빌고 또 용서를 빌었을
때 그 모든 것이 지워지는 것이며 너
희 죄가 깨끗하게 씻어진다 그리 생각
하고 있음이니라.
6 그러나 너희는 이 일로 인하여 모든
죄악의 시발이 되며, 모든 죄악의 온
상이 되고 있음을 알아야 할 것이니라.
7 너희가 믿음의 길이요, 하늘에 오르는
길이란 무엇이라 내가 너희에게 말하
였던가?
8 내가 그리 말하였느니라.
9 낙타라는 동물이 바늘구멍을 통과하
는 것보다 더 어려운 것이 하늘에 오
르는 길이며 역사하는 길이라 하였음
이니,
10 너희는 그 무서운 말의 뜻을 그저 한
쪽 귀로 듣고 한쪽 귀로 흘리는 그와
같은 믿음의 길을 가는 것이니,
11 이는 너희가 얼마나 어리석은 나의
백성인가를 알아야 할 것이니라.
12 나의 성서요, 나의 진리는 너희가 읽
고 깨우쳐 그것에 살과 뼈를 붙여 깨
달음을 얻고 변화하는 그와 같은 역사
의 삶을 살아야 한다 내가 그리 말하
였음이니라.

13 너희는 믿음의 길이 얼마나 위대한 것
인가를 알겠는가?
14 내가 아무리 생수를 너희에게 내려보
내어 그를 전하고자 하여도,
15 그 그릇에 공기가 통하며 물이 통할
수 있는 그와 같은 틈새가 있을 때는
너희가 생수를 받아서 역사할 수 없다
내가 그리 말하였음이니라.
16 아무리 아름답고 귀한 그릇이라 하여
너희가 그 생수를 받아 전하려 해도,
그 그릇에 금이 가서 공기가 통하며
물이 샌다면 그 그릇에는 담을 수가
없다 그리 말하였음이니라.
17 그와 같으니라, 너희가 믿음을 위하여
구원을 받는 길이요, 하늘에 오르는
그 역사는 작은 틈새가 있어도 안 된
다는 것을 너희는 알아야 할 것이니
라.
18 그러니 너희가 구원을 받는 길을 그
리 쉽게 생각하지 말라.
19 너희가 지은 죄를 용서 빌며 또 말로
써 기도하며 말로써 수다를 떨며 나의
아들을 믿고 소리 지르는 것으로써 구
원을 받는다 그리 생각하지 말라.
20 너희 인간사 세상에 살아가면서 하나
의 버릇을 고치기 위하여 너희가 그
고치는 과정이 얼마나 힘들고 어려운
가?
21 그와 같이 너희 인간이 세상에 살아
가면서 뭐라 말하느냐?
22 '세 살 버릇이 여든 간다.' 했으니 그
하나의 버릇을 고치기가 그리 힘들고
어려운 것이니라.
23 그러니 너희가 지금까지 살아왔던 악
습이요, 잘못된 버릇 하나를 고치려
해도 그와 같이 피나는 노력을 해야
하는 것이 너희 삶의 형국이며 너희
마음 자세가 아니던가?
24 너희가 말로써는 죄를 짓지 않으며 용
서를 빈다 말하며 회개했다 해도, 돌
아서서 그와 같은 죄를 또 행하며 짓
는 것이니,
25 그러고도 나에게 구원을 받는다 말하
는가?
26 차라리 회개를 하지 아니하고 용서를
빌지 아니하는 백성만도 못한 것이 너
희니라.
27 너희는 나 여호와가 존재하며 하늘에
내가 있음을 알며, 그리하여 믿음의
길을 가며 너희가 가장 소원하는 길
은 구원이라 그리 말하며,
28 나에게 감히 약속을 하며 회개를 하며
죄를 짓지 않겠다 그리 약속했느니라.
29 그것이 너희가 이웃 사람에게 약속한
것인가, 부모와 자식 간에 약속한 것
인가, 너희가 교우 간에 약속한 것인
가?
30 창조주 나 여호와 앞에 너희가 맹세
하며 약속한 것이니라.
31 나 여호와에게 맹세하며 약속한 것을
지키지 아니하며 돌아서서 또 죄를 범
한다면,
32 너희가 인간 세속에 살아가면서 인간
과 인간의 약속이요, 인간과 인간이
지키고자 했던 언약을 과연 너희가
얼마나 지키고 살아가는 백성이라 내
가 말할 수 있겠는가?
33 너희의 그와 같은 모습을 나는 다 바
라다보고 있음이니라.
34 너희는 모르는 것같이 그리 살아가며

남이 모를 것이라 생각하나,
35 너희가 그 모든 것을 스쳐 가는 번갯
불보다도 빠른 동작으로 역사한다 해
도 내가 그를 놓치지 아니하고 본다
하였음이니라.
36 그러니 나 여호와에게 한 약속을 지키
지도 못하는 너희가 어찌하여 인간의
약속과 인간의 언약을 지키겠는가?
37 그러니 너희가 얼마나 무너진 백성이
며 잘못된 백성이던가?
38 너희는 그와 같이 어렵고 힘듦을 알아
야 할 것이니라.
39 너희가 하나의 악습을 고치기 위해
피나는 노력을 해서 고치거늘,
40 어찌하여 수많은 잘못을 저지르며 그
것을 말로써 용서를 받았다 그리 말
하며, 말로써 기도하고 반성하며 수다
를 떨고 앉았다 하여 그것으로써 그
죄가 지워졌다 말할 수 있겠는가?
41 하나의 악습을 고치기 위해 피나는
노력을 하며,
42 세 살 먹은 버릇이 여든까지 고쳐지지
않는 그 악습을 버리는 것이 그와 같
이 힘들고 어려운 것이며 평생을 바쳐
도 고칠까 말까 한다는 그와 같은 악
습 하나를 고치기가 그리 어려움이니,
그 많은 악습을 어찌 지울 수 있다고
말하는가?
43 말로써 그 악습을 지울 수 있다면 그
와 같이 힘들고 어려운 길을 가야 할
일도 없으며 그 길을 가야 할 뜻도 없
느니라.
44 그러니 그와 같이 죽을 힘을 다하여
피를 토하는 아픔 속에서 하나의 악습
을 버리며 하나의 선을 행하여 살아가
는 것이 너희가 나에게 한 계단 오르
는 길이거늘,
45 어찌하여 너희는 말로써 수다를 떨며
말로써 모든 용서를 빌며 말로써 죄를
사했다 생각하는가?
46 이것이 공의의 하나님이요, 나 여호와
가 너희에게 행할 수 있는 심판의 기
준이라 너희가 그리 말하는가?
47 너희는 알아야 할 것이니라.
48 남들은 하나를 고쳐 바로 서기 위해
그만큼 피나는 노력을 함이니,
49 너희가 모든 것을 고치는 그만한 대가
를 치르고도 오를까 말까 하는 것이
하늘에 오르는 길이거늘, 어찌하여 너
희는 그리 방심하며 살아가는가?
50 너희는 나로부터 생명을 받아 나가 세
상에 살았음이니, 너희가 앞으로 살
시간이 얼마나 있으며 남은 시간이 얼
마나 있다 장담하는가?
51 너희는 내일 아침에 이루어질 것을 모
르며 1시간 후에 이루어질 것을 모르
는 것이니,
52 미래에 이루어지는 그와 같은 삶을 대
비하는 삶을 사는 길을 가야 함을 잊
어서는 아니 될 것이니라.
53 내가 오늘 나의 아들을 통하여 너희에
게 말함이니, 너희는 죽음을 대비한,
그 심판을 대비한 삶을 살라는 것을
잊지 말라.
54 너희가 몇 분 후에, 몇 시간 후에 너희
의 운명이 어찌 될지 모르니, 그때 너
희가 심판대에 와서 웃으면서 나에게
올 수 있는 삶을 살라.
55 너희가 그와 같은 준비를 하고 산다면
오늘의 1초가, 오늘의 단 몇 분의 시

간이 얼마나 소중하고 귀한 것인가를 알아야 할 것이니라.

56 너희가 죽어 와서 나에게 기도하며 경배하고자 하여 단 몇 초의 시간을 주면 지금까지 살아오면서 모든 잘못한 것을 용서 빌며 회개를 하고자 하여 아무리 나에게 애원을 해도 내가 단 1초도 너희에게 줄 수 없음이니라.

57 너희가 나를 아버지라 부르며 창조주라 부르는 것은 너희가 육이 살아 있는 그 순간에 나를 찾을 수 있으며, 너희가 숨을 쉬고 있는 이 순간에 나를 찾을 수 있으며, 나에게 용서를 빌 수 있으며 나에게 구원을 원할 수 있으니,

58 나에게 모든 것을 빌 수 있는 것은 육이 존재하는 세상에서만 이루어짐이니라.

59 그리하여 너희가 죽어 숨을 거뒀을 때는 나를 아버지라 부를 수 없으며 나에게 용서를 빌 수 없으며 나를 찾을 수 없는 것이니,

60 오늘의 삶이 얼마나 소중한가를 깨우쳐야 할 것이니라.

61 그를 안다면 행함이 얼마나 중요한 것이며 위대한 것인가를 너희는 알 것이니라.

62 그러니 행함을 소홀히 하는 자, 구원을 받을 수 없음을 알라.

63 오늘에 너희가 숨을 쉬며 존재하는 그 시간을 얼마나 아름답게 살아야 하며 아름답게 변화해야 하는가?

64 감히 악을 생각하며 선을 저버리는 그와 같은 생각조차도 할 수 없는 것이 너희 운명이요, 너희가 가는 길이라는 것을 잊지 말라, 사랑하는 나의 아들딸들아!

5,802 번째 하나님 말씀

2003년 4월 1일 18시 14분

1 사랑하는 나의 아들아!

2 "네, 아버님! 말씀하옵소서."

3 너희가 나에게 오르는 길이요, 나를 경배하며 하늘에 오르는 그 축복의 영광을 얻는 것은 보이지 않는 험악하고 힘든 길을 가는 것임을 알아야 할 것이니라.

4 너희는 보이지 아니하며 만질 수 없으며 나의 음성을 들을 수 없기에 더러는 그 믿음을 가다 좌절하며 등을 돌리며 나로부터 버림을 받는 그와 같은 나의 백성이 수없이 이 세상에 존재함을 알아야 할 것이니라.

5 이제 사랑하는 나의 아들과 나의 아들을 따르는 제자요, 나의 법전을 읽고 깨우친 백성, 너희는 이 뜻을 만백성에게 전해야 함을 잊지 말라.

6 아름답게 보이는 꽃은 과연 그 꽃의 향기가 너희에게 보이던가?

7 그리고 그 꽃의 웃는 모습이 너희에게 보이던가?

8 그것은 모두 보이지 아니함이니라.

9 그러나 꽃의 향기는 존재하는 것이며, 꽃이 아름답게 웃는 모습은 세상에 존재함을 너희는 알아야 할 것이니라.

10 그러니 나 여호와가 보이지 아니한다 하여, 너희가 볼 수 없다 하여 나 여호와 창조주가 존재하지 아니한다는 그와 같은 마음을 이제는 접어둬야 함을 알아야 할 것이니라.

11 이 세상 자연의 오묘하게 돌아가는 한
가지만 너희가 연구하고 생각한다 해
도 이 세상을 존재하게 만든 자가 있
으며 역사한 자가 있을 것이라는 것
을 알아야 할 것이니라.
12 얼마나 오묘하며 얼마나 정밀하며, 너
희가 살아가는 데 모두를 다 취하고
살아갈 수 있도록 불편 없이 모든 것
이 짜여 있으며 역사하였던가?
13 고산에 사는 식물이요, 고산에 피는
꽃은 늘 그곳에 피며, 모든 것이 하나
씩 특성이 있고,
14 세상의 식물이요, 동물이 다 이루어져
있으며 그들이 존재하는 것은 사랑하
는 나의 백성 너희를 위하여 존재함
이니,
15 너희는 그들이 가진 특성이요, 그들이
가진 아름다움도 다 알지 못하고 한
평생 살다 나에게 와 심판을 받는 것
이 아니던가?
16 그 아름다움을 하나하나 다 알 수 있
으며 깨달을 수 있으며 그를 아는 자
가 있어서 너희에게 가르쳐 준다면
너희는 나 여호와가 존재함을 의심치
아니할 것이니라.
17 그러나 그와 같은 것을 아는 자가 없
으며 그를 가르칠 자가 없으며 그 모
두를 너희에게 알려 주는 자가 없으
며 스승이 없음이니, 너희가 다 알지
못하느니라.
18 억만 분의 일도 이 지상에 내가 이루
는 오묘한 역사요, 내가 세상에 내보
낸 것의 이름조차도 암기하지 못하며
불러 보지 못하고 나에게 와 심판을
받는 것이 너희이니,
19 너희 존재가 얼마나 미미하며 너희
존재가 어떠한 위치인가를 한번 깨우
쳐 생각해 봐야 할 것이니라.
20 감히 너희가 나를 능멸하고자 하며 나
를 욕되게 하는 그와 같은 행위를 하
고 있다는 것을 잊어서는 아니 될 것
이니라.
21 이 세상이 돌아가는 그 모든 것을 너
희가 깊이 생각한다면,
22 보이지 않는 나 여호와요, 만질 수 없
으며 음성을 들을 수 없다 하여 나 여
호와가 존재치 아니한다 그리하여 등
돌리며 지옥 불로 가는 그와 같은 나
의 사랑하는 백성이 나와서는 아니 됨
을 알라.
23 이 세상에 존재하는 그 모든 것이 다
그대로 만들어진 것이 어디에 있던가?
24 너희가 가꾸고 기르는 속에서 만들어
지며, 과학 문명의 기초 위에서 모든
것이 하나 둘 발달하며 모든 역사가
이루어졌으며, 발명하는 자가 있어 그
와 같은 모든 과학 문명의 혜택을 입
고 살지 않는가?
25 그 모든 것은 만든 자가 있으며 다 역
사한 자가 있음을 너희는 알아야 할
것이니, 주인이 있다는 뜻이니라.
26 모두가 다 주인이 있음이니, 이 세상
에 내가 만든 모든 미물이요, 동식물
이요, 너희가 살아가는 그 모든 형태
의 자연의 위대함 속에 어찌하여 만든
주인이 없으며 창조주인 주인이 없으
며 관리하는 주인이 없다 그리 생각
하는가?
27 너희가 과학의 힘으로써 만든 것보다
도 더 위대한 역사를 이루는 것이 이

세상 자연의 성전이 이루어짐을 너희
는 알아야 할 것이니라.
28 그러니 너희는 여기서 나 여호와가
존재함을 알아야 할 것이니라.
29 더러는 너희가 말하느니라.
30 인간이라는 것은 진화하는 과정에서
이루어진 것이요, 창조주 내가 처음으
로 만든 자가 아니라 그리 말하는 자
들이 있음이니,
31 그는 나를 욕되게 함이니라.
32 그러면 원숭이라는 동물이 진화하면
서 인간으로 변해 왔다 하면, 지금의
원숭이가 사람으로 변하는 모습의 단
계들을 수없이 너희가 볼 수 있으며
봐야 할 것이 아니던가?
33 그리하여 너희가 그 변화되는 속에서
오늘과 같이 인간으로 변했다는 것을
믿을 수 있으나,
34 나 여호와가 가장 아름다운 모습으로
써 아담과 이브를 세상에 만들어 너희
또한 그와 같이 역사할 수 있게 하였
음이니,
35 이를 믿지 않는 자는 내가 존재함을
믿지 않는 백성과 같은 어리석은 자임
을 알아야 할 것이니라.
36 영원히 존재하는 사자는 사자의 새끼
를 낳으며, 뱀은 뱀의 새끼를 기르게
되며,
37 모두는 다 그들의 형태로써 날짐승은
날짐승대로 그 새끼를 계속 뿌리를 내
려 그들이 유지하도록 그리되었으며,
38 인간인 너희는 가장 아름다운 모습으
로써 태어나 영원히 너희 세계에서
존재하는 역사를 이루는 것이 나 여호
와가 이 세상을 만든 근본이요, 기본
이니,
39 이를 안다 하면 너희가 감히 나 여호
와가 존재함에 마음이 흔들려서는 아
니 될 것이니 그리 알라.
40 이제 내가 너희를 깨우치고 너희 마
음을 바로잡기 위해 너희가 세상의
이치를 알며 하늘의 뜻을 알며 하늘의
가르침을 알 수 있게 나의 성령을 태
워 나의 아들을 통하여 내가 법전이라
하여 '하늘에 오르는 길'이요, '하나
님! 말씀하옵소서'라는 책자를 만들
어 너희에게 전함이니,
41 이 속에 나의 뜻이 다 기록되었으며,
하늘에 오르는 길이 여기에 있으며,
우주 만물이 돌아가는 모든 순리가 여
기에 다 기록되어 있음이니, 이를 읽
고 정독할 때 너희가 세상 돌아가는
이치를 알 수 있음을 알아야 할 것이
니라.
42 너희는 깨달아야 할 것이니라.
43 나의 아들을 통하여 내가 160권의 법
전을 세상에 내보내며 그가 죽어 갈
때까지 내가 세상의 모든 역사함을 그
를 통하여 내림이니라.
44 너희가 말하지 않았더냐?
45 하늘을 두루마리 삼고 바다를 먹물 삼
아 쓰고 또 쓴다 해도, 온 백성이 다
대들어 쓰고 또 써도 나의 진리요, 나
의 뜻은 기록할 수 없다는 그와 같이
역사의 가르침을 너희는 알고 있지
않은가?
46 과연 그렇다면 나의 뜻이 하늘에서 내
려오지 아니하고 그저 하늘에만 존재
한다면,
47 내가 사랑하는 백성 너희에게 무슨

가치가 있으며 무슨 깨달음이 있으며
너희에게 어떠한 도움을 주겠는가?
48 그 모두 또한 너희를 가르치고 깨우
치려고 그 진리가 하늘에 그득히 담겨
있음이니,
49 이제 내가 나의 아들을 통하여 그 진
리를 하늘에서 내려보냄이니라.
50 이는 나의 아들이 인간의 머리로, 인
간의 생각으로 기록하며 그가 역사하
는 것이 아님을 너희는 알아야 할 것
이니, 이를 믿지 않는 자는 구원의 빛
을 볼 수 없음을 알아야 할 것이니라.
51 이제 내가 마지막 심판의 시대라 하
였음이니라.
52 마지막 심판할 수 있는 그 기본이 있
으며 기준이 있어야 할 것이니라.
53 그리하여 내가 법전이라 하여 책을 세
상에 내려보내는 이 법전이 너희가
심판의 기준의 역사임을 알아야 할
것이니라.
54 이를 보고 깨우쳐 너희가 눈을 뜨며
귀가 열리는 자, 세상의 이치를 알게
될 것이며,
55 나의 법전을 너희가 가슴에 안고 정
독하고 또 정독할 때 구약과 신약이라
는 성서에 기록되어 있는 내용이요,
비유의 뜻을 알게 되어 있음이니,
56 이를 깨우치지 아니한 자, 그를 볼 수
없음을 너희는 알아야 할 것이니라.
57 이제 나의 아들을 통하여 내리는 나의
160권의 이 법전은 너희의 심판의 기
본이요, 근본이라는 것을 잊어서는 아
니 될 것이니라.
58 그리하여 나의 법전을 책으로 만들어
세상에 전하는 것은 온 세상이 다 멸
망한다 해도 이는 기록되어 남아 있을
것이며 존재하는 그와 같은 역사를 이
루고자 함을 너희는 알아야 할 것이
니라.
59 너희에게 나의 아들 예수를 세상에 다
시 보내며 나 여호와가 직접 내려가
창조주라 말해도 너희는 나의 아들
예수를 핍박하여 죽인 것보다 더 잔
인한 방법으로, 더 사악한 방법으로써
나를 해할 것이니,
60 그 역사는 한순간 존재할 것이며, 영
원히 너희를 깨우쳐 하늘에서 이룬
것같이 지상에 낙원을 이루는 역사에
는 힘이 미치지 못함을 너희는 알아
야 할 것이니라.
61 그리하여 너희가 묻어 버려도 태워
버려도 찢어 버려도 영원히 너희 가슴
에서 지워지지 않으며,
62 너희 손에서, 너희 눈앞에서 벗어날
수 없도록 법전을 만들어 세상에 눈이
덮듯이 모두를 다 덮고자 하는 것이
그 역사니라.
63 너희는 수천 년 동안 믿음의 길을 오
면서 기다렸느니라.
64 나의 아들 예수가 재림하여 너희를
구원하는 역사를 할 것이며, 산 자를
구원할 것이며 죽은 자 속에서 구원한
다 함이니,
65 내가 이루는 그 역사를 보지 못하고
죽어 가는 백성 너희는 죽어서 나에
게 구원을 받겠다는 하나의 미련의 기
다림을 가지고 오늘의 믿음의 길을 가
나,
66 너희가 살아온 그 죄의 심판을 받아
그 대가로 지옥 불로 가며, 모든 형벌

에 따라 움직일 때 너희 자체도 찾아
볼 수 없을 것이니,
67 오로지 나에게 구원을 받는 것은 오
늘 아름다운 삶을 사는 그 길밖에 없
음을 알아야 할 것이니라.
68 너희가 죽어 와 나에게 심판을 받아
그 벌에 따라 갔을 때, 너희는 다시 돌
아올 수도 없으며 다시 부름을 받을
수도 없음이니, 너희는 이와 같은 이
치를 알아야 할 것이니라.
69 그러니 오늘의 삶이 얼마나 중요한
것이며, 오늘의 삶이 구원이요, 너희
가 지옥이요, 천국이라는 그 갈림길에
서,
70 머지않아 그 둘 중에 하나의 길을 선
택하는 그와 같은 길 위에 섬이니,
71 그때 내가 너희에게 어느 쪽으로 방
향을 제시하여 손을 내미느냐 하는 것
은 너희가 죽어 왔을 때 오늘의 삶이
어떤 것인가를 알게 될 것이니라.
72 아무리 내가 너희를 구원하는 나의
성령의 법전이요, 너희를 심판하는 기
준이라 해도 너희가 믿지 아니하며
이를 들여다보지 아니함이니, 그것은
다 너희의 복임을 알라.

5,803 번째 하나님 말씀

2003년 4월 2일 0시 21분

1 사랑하는 나의 아들아!
2 "네, 아버님! 말씀하옵소서."
3 인간이 하나의 목표를 세워 그 목표
를 달성하고 이루기 위해 온갖 정성
과 모든 힘을 다 바쳐 노력하고 또 노
력했을 때, 그를 이루는 자와 이루지
못하는 자가 부지기수로 그리 분류되
지 아니하던가?
4 너희가 지금 나의 성령을 받아 160권
의 법전을 세상에 내는 것을 과연 인
간 세상에서 어떠한 목표를 세워 놓아
노력하며 그 목표를 위하여 열심히 살
아가는 사람이 세운 목표라 생각하는
가?
5 인간 세속에서 인간이 세운 목표요,
인간이 이룰 수 있는 것이 아님이니라.
6 이는 나로부터 성령을 받아 기록하고
전해야 함이니,
7 이는 내려보내는 나 여호와의 뜻에 따
라 주관되며 너희가 주관하고 너희의
노력으로 이루어지는 것이 아니기에,
이 얼마나 힘들고 어려운 길인가?
8 너희 제자들이요, 나의 법전을 읽는
백성, 너희는 그를 알아야 할 것이니
라.
9 인간 세상에서 인간이 목표를 세우고
그를 위하여 노력하며 거기에 전진하
는 것은 너희가 다 쓰고 이루고 할 수
있는 것을 너희가 임의대로 할 수 있
음이니라.
10 시간이 필요하면 너희가 그 시간을 투
자하며, 물질이 필요하면 물질을 투자
하며,
11 주변 사람의 힘이 필요하며 주변의 조
언이 필요하면 그를 받아 인간은 서로
더불어 살아가며,
12 너희가 마음대로 얻고 쓰고 취하면서
그와 같이 목적을 달성할 수 있으며
계획한 것을 이룰 수 있는 것이니라.
13 그러니 그건 인간 세상에서 이루어지
는 것이며 인간 세속의 삶에서 이루어

지는 것이니라.
14 그러나 나의 법전을 만들어 하늘에 오
르는 길이요, 만백성을 구하는 심판의
나의 법전을 책으로 만들어 내는 것은
너희가 아무리 시간을 내도 이루어지
는 것이 아니요,
15 재물을 아무리 갖다 부어도 되는 것이
아니요,
16 어떠한 인간이요, 너희 스승이요, 선
배에게서 조언을 받는다 해도 이루어
질 수 없으며 조언을 받을 수 없는 것
이 나의 법전을 만드는 것이며,
17 하늘에 오르는 심판의 책을 만들어 내
는 것이니라.
18 새로운 성경을 만드는 것은 그와 같은
것으로도 전혀 도움이 되지 아니하며,
그와 같은 힘으로써도 이룰 수 없느니
라.
19 오로지 나의 아들과 내려보내는 나
창조주와 둘이서 이루어지는 것이니,
20 내가 내려보낼 때, 그를 받아들일 수
있으며 내가 지상으로 기록하여 책으
로 만들고자 하여 내가 나의 아들을
통하여 내렸을 때만 그를 기록하여 책
으로 만들어 냄이니,
21 그것이 너희 마음대로 되는 것이 아니
며, 너희 뜻대로 되는 것이 아니며, 너
희가 힘을 다하여 노력한다고 해서 되
는 것이 아님이니라.
22 그러니 하늘의 뜻을 역사하는 선택된
백성이 얼마나 중요하며 소중한가, 그
리고 너희 책무가 얼마나 중요한가를
너희가 알아야 하거늘,
23 어찌하여 너희 제자들이요, 나의 법전
을 읽고 깨우친 백성이 그 중요하며
소중함을 모르고 산단 말이던가?
24 너희가 그와 같이 소중하고 위대함을
모르기에 나의 법전을 가슴에 안고 정
독하는 것을 게을리하며 나의 법전을
만드는 데 게을리하며 이를 전하는 데
게을리하니,
25 나의 아들이 가는 길이 그가 임의로
하지 아니하며 나의 뜻에 따라 움직
임이니,
26 그가 얼마나 고통스러우며 어렵고 힘
든 길을 가는가, 그것을 너희는 한번
들여다보고 생각할 때가 되었음을 잊
어서는 아니 될 것이니라.
27 그 모두가 서로 오는 것이 있으면 가
는 것이 있고, 오는 정이 있으면 가는
정이 있다는 말이 있듯이,
28 너희가 나로부터 성령을 받으며 나의
법전을 읽고 깨우친다면 과연 나의 법
전이 어찌하여 세상에 나오며 어찌하
여 이루어지는가,
29 그리고 나의 아들은 어떠한 길을 가며
어떠한 역사 속에서 이루어지며 나 여
호와는 어떠한 역사 속에서 이 법전을
만드는가,
30 지금쯤은 너희가 그 세부의 속사정이
요, 그 내부를 들여다보고 생각할 수
있어야 함을 잊어서는 아니 될 것이니
라.
31 한 권의 법전이 세상에 나오는 데 어
떠한 경로요, 어떠한 역사에서 이루어
지나 그를 들여다보도록 그리하라.

5,804 번째 하나님 말씀

2003년 4월 2일 0시 27분

1 사랑하는 나의 아들아!
2 "네, 아버님! 말씀하옵소서."
3 지금 모든 종파가 하늘에 오르는 길
이요, 구원의 길이라 그들이 달려오고
있으나,
4 그들이 한평생 구원의 길이라 달려온
그 길은 구원의 길이 아니요, 저희가
속아서 살아온 길이며 나에게 오르는
길이 아니라 내가 그리 말하였음이니
라.
5 그러니 그들이 구원을 받을 수 없으며
구원의 길을 볼 수 없다 내가 그리 말
하였으니,
6 나의 사랑하는 백성이 잘못된 종교
지도자들에게 한평생 속아 살았으며
속은 믿음을 지금까지 믿어 왔음이니
라.
7 또한, 그를 가르치는 종교 지도자들은
과연 어떠하던가?
8 나의 사랑하는 백성을 한평생 속였으
며 그들을 속여서 이끌어 왔으니, 그
죄가 어떠한 것인가를 저희가 죽어 나
에게 왔을 때 알게 될 것이니라.
9 그러니 지옥 불로 떨어지는 것은 당연
하며, 그 길을 면할 수 없는 것이 지금
의 종교 지도자, 가르치는 자요, 구원
을 받았다 말하는 백성 너희라는 것
을 알아야 할 것이니라.
10 너희가 지금까지 믿어 온 그 모든 것
이 다 잘못된 것이며 속은 믿음이요,
너희가 속아서 믿음을 왔다면,
11 그 가르치는 종교 지도자들이 속였음
이니, 그들은 속임수로써 너희를 가르
쳤으니, 그 죄가 어떤 것인지를 알겠
는가?
12 너희는 지금 나의 아들을 통하여 160
권의 법전을 세상에 내보내며, 이게
하늘에 오르는 길이요, 나의 성령의
글이라 내가 아무리 그리 말하고 가르
쳐도,
13 너희가 이를 보지 아니하려 하며 듣
지 아니하고 있음이니,
14 그러나 너희는 알 날이 머지않았음을
알아야 할 것이니라.
15 너희 후손들은 이를 평가할 것이며 그
들이 이를 옳고 그름을 다 따질 것이
니, 그들을 위하여 내가 지금 이 역사
를 이루는 것을 너희는 알아야 할 것
이니라.
16 내가 너희에게 믿음의 길을 잘못 가며
잘못 가르친다는 뜻이 무엇인 줄 알겠
는가?
17 내가 십자가라는 것이 무어라 말하였
느냐?
18 그게 우상이라 하였음이니라.
19 너희가 십자가를 만들었으니 그것을
나무로 만든 자, 쇠로 만든 자, 그 나
무가 쓰임에 따라 다르며 쇠가 쓰임에
따라서 다르다 내가 너희에게 그리
말하지 아니하였더냐?
20 너희가 만든 십자가의 나무가 십자가
로 쓰이면 십자가요, 그 나무를 다른
연장의 손잡이로 쓰면 그저 연장의 손
잡이요, 관이라는 것을 만드는 데 쓰
면 그 나무는 관에 쓰임이니,
21 쓰이는 데에 따라서 달라지는 그 나무
로써 십자가를 만들어 놓고 울고불고

하며,
22 또 쇠가 쓰임에 따라서 그 쇠의 방향
이 달라지는 것을, 쓰임에 따라 쇠로
십자가를 만들었다 하여 너희는 거기
다 울고불고하며 지금 구원을 받는다
고 광란의 짓을 하고 있음이니,
23 너희는 어디에 쓰이느냐에 따라서 달
라지는 그 모형에, 쓰임에 따라서 달
라지는 그 나무요, 쇠를 놓고 지금 울
고불고하는 것이니, 그러기에 너희가
잘못되었다 함이니라.
24 그리하여 너희가 십자가라는 것을 다
제거해야 하며,
25 그는 오로지 나를 고문하는 역사의 행
위를 지금까지 해 오고 있다는 것을
내가 너희에게 깨우쳐 주고 전하였음
이니,
26 이를 보고 깨우친 백성 너희가 십자
가라는 그것부터 다 제거하고 철거해
야 함을 잊지 말라.
27 그것은 그 당시에 가장 사악한 죄를
지은 자를 벌주는 형틀로써 만들어진
것이며,
28 그리하여 나의 아들이 가장 힘들고 고
통스럽게 형틀에서 죽어 간 그 모습을
놓고 너희가 밤마다 나를 향하여 비
추는 것이 나를 고문하는 것이라 그리
하였음이니,
29 이를 읽고 깨우친 백성 너희는 나를
고문하는 그와 같은 행위를 더 이상
해서는 아니 됨을 알아야 할 것이니
라.
30 그리고 너희는 선택된 백성만이 구원
을 받는다 그리 말하나,
31 나 여호와는 누구든지 나에게 순종하
며 나의 계명을 지키며 내가 지금 내
리는 법전을 지키고 따라 행하는 자,
그 모두는 내가 구원의 길로 인도하니,
32 그들이야말로 정녕 구원을 받는 백성
이라는 것을 잊지 말라.

5,805 번째 하나님 말씀

2003년 4월 2일 0시 37분

1 사랑하는 나의 아들아!
2 "네, 아버님! 말씀하옵소서."
3 나의 아들 예수는 성인군자가 아니며,
창조주 나 여호와의 명을 받고 세상에
내려온 몸이라 너희가 말하느니라.
4 그리고 이 땅에 와서 너희의 죄를 대
속하기 위해 십자가에서 피 흘려 죽었
으며 다시 부활한 자라 그리하며,
5 너희가 구세주라 그리 부르짖으며 너
희가 나의 아들의 이름을 부르짖느니
라.
6 그러면서 너희는 또 뭐라 말하는가?
7 나 여호와가 나의 아들의 몸을 빌려
세상에 내려와 내가 같이 임하였다
그리 말하느니라.
8 그와 같이 앞뒤가 맞지 않는 말을 뒤
범벅으로 가르쳐도 너희는 '아멘!'이
요, '할렐루야!' 찾으면서 구원을 받았
다 말함이니,
9 내가 내려다보기에 너희가 불쌍하고
가련하여 나 여호와가 나의 아들을 통
하여 지금 이 법전을 세상에 내려보냄
이니라.
10 너희는 나의 아들의 몸에 또 내가 임
하여 세상에 내려와 직접 통제한다는
그와 같은 말을 함이니,

11 어찌하여 이를 뒤죽박죽 너희가 그와
같이 생각나는 대로 만백성에게 깨우
쳐 가르친다 그리 말하고 있는가?
12 이와 같은 모든 질서와 형태를 바로잡
아야 함을 너희는 알아야 할 것이니
라.
13 나는 보낸 이요, 나의 아들은 보내진
자라는 것을 너희는 잊어서는 아니 됨
을 알아야 할 것이니라.
14 나의 아들이 너희를 구원하기 위해
십자가에 못 박혀 피 흘려 죽었으나 3
일 만에 부활했다 그리 말하지 않는
가?
15 그리고 나의 아들이 장차 세상을 심판
하러 다시 세상에 내려온다 하여,
16 나의 아들 예수를 부르며, 구세주로
영접하는 사람만이 생명의 부활을 얻
을 것이며, 천국에 들어갈 것이며, 새
로운 생명으로 태어난다 너희가 그리
지금 가르치고 있음이니라.
17 그러나 너희는 들어야 할 것이니라.
18 나의 아들을 그리 고통스럽게 죽게 한
내가 또 그와 같이 세상에 다시 내려
보낸다 너희는 그리 생각하는가?
19 내가 나의 아들을 세상에 다시 내려보
낸다면 무엇 때문에 나의 아들을 십자
가에 그리 죽는 고통스러운 길을 가게
했겠는가?
20 그를 죽지 아니하게 하며 이 세상에
존재하게 하며 영원히 만백성을 깨우
치는 그와 같은 역사를 하지,
21 내가 어찌하여 나의 아들을 죽게 하여
또 세상에 내려보내는 그와 같은 일을
한단 말이던가?
22 세상에 나의 아들을 그와 같이 고통스
럽게 죽도록 내가 그의 뜻을 들어주지
아니한 것은,
23 그가 그 고통스러움 속에서 한 번의
죽음으로써 만백성 너희를 깨우치기
위한 그 역사를 이루고자 했다는 것
을 너희는 알아야 할 것이니라.
24 내가 두 번을 나의 아들을 내려보낸다
면 그와 같이 내가 나의 아들을 고통
스러운 죽음으로써 십자가에 못 박혀
죽는 그 어렵고 힘든 길을 가게 하지
아니하였을 것이며,
25 나의 아들을 숨을 거두게 하여 내가
거두어들이지 아니하였을 것이니라.
26 너희가 기계에서 쓰는 그 '건전지'라
는 것을 충전하여 쓰듯이,
27 나의 아들을 세상에 내보내 죽음으로
써 그를 죽게 하여 그를 재충전하여
다시 세상에 내려보낸다는 그와 같은
착각에서 혼동하지 말라.
28 나의 아들을 내가 그리 무서운 고통
속에서 죽게 한 것은 그가 그 한번으
로써 모든 역사가 끝나며,
29 두 번 다시 그가 세상에 내려오지 아
니함을 증명하는 것을 너희는 알아야
할 것이니라.
30 다시 한 번 내가 너희에게 깨우쳐 줌
이니, 내가 나의 아들 예수를 세상에
다시 한 번 내려보낸다면 그와 같이
고통스러운 죽음으로써 그를 내가 거
두어들이지 아니하였으며,
31 내가 그를 세상에 존재하도록 내려보
낸다면 그때 거둬들이지 아니하고 지
금까지 이 세상을 통제할 수 있도록
그대로 놔두었을 것임을 너희는 알아
야 할 것이니라.

32 어찌하여 그와 같은 나의 뜻도 너희가
모른단 말이던가?
33 나는 나의 아들을 너희가 말하는 충
전을 하기 위해 불러들인 것이 아니
니라.
34 그와 같이 생각하는 너희가 보기에
딱해 내가 너희를 깨우치고자 지금
밤과 낮을 가리지 아니하고 나의 아들
을 통하여 법전을 세상에 내려보내는
것이니라.
35 그러니 너희가 단 한 번이라도 나의
법전을 읽고 깨우쳐 그 법전의 내용이
무엇이며 내가 역사하고자 하는 것이
무엇인가를 연구하며 그를 들여다보
고 깨우치는 길을 정녕 갈 수는 없단
말이던가?
36 너희는 이를 깨달아야 할 것이니라.
37 그를 들여다보고 알아야 할 것이니라.
38 내가 나의 아들 예수를 그와 같이 고
통 속에 죽게 하였으며 그를 내가 숨
을 거두게 한 것은,
39 예수가 단 한 번으로써 그가 사랑을
베푸는 그 역사요,
40 고통스럽고 어려움 속에서도 그가 그
를 죽이는 자를 용서하며 나 여호와의
뜻에 순종하며 따르는 그를 교본으로
삼아 너희를 구원하고자 하는 뜻이
거기에 있었음을 너희는 알아야 할
것이며,
41 그리하여 예수의 그 간절한 기도를 들
어주지 아니하며 십자가에서 고통스
럽게 죽어 가는 것을 내가 바라만 보
고 말았음을 너희는 알아야 할 것이
니,
42 그를 바라보는 나 여호와의 가슴이 얼
마나 찢어지고 아팠겠는가?
43 그러한 아들을 다시 한 번 더 내가 세
상에 내려보내고자 했다면, 그를 그렇
게 고통스럽게 불러들이지 아니했을
것이라는 것을 너희는 깨우쳐야 할
것이니 그리 알라.

5,806 번째 하나님 말씀

2003년 4월 2일 06시 21분

1 사랑하는 나의 아들아!
2 "네, 아버님! 말씀하옵소서."
3 하늘에 오르는 길은 조그마한 틈도
있어서는 안 된다 내가 그리 말하였
음이니라.
4 내가 너에게 내리는 그 명의 뜻을 깊
이 깨우쳐야 할 것이니라.
5 인간 세상에서 살아가는 것은 서로
용서함이 있으며 이해함이 있으며,
6 더불어 너희가 잘못했을 때 그에 대해
보상을 하면서 서로 주고받으며 그와
같은 인생의 살아가는 속에서 서로 얽
힌 가운데 이루어지느니라.
7 그리하여 너희가 못했던 것을 또다시
역사하며, 또 반복하는 훈련 속에서
너희가 깨우치며, 또 너희가 원하는
뜻을 이루고 가면서 사는 것이니,
8 그는 이 세상의 모든 것을 다 너희가
쓰고 활용할 수 있기 때문이니라.
9 그러나 너희가 하늘에 오르는 길이란
조그마한 오차도 있어서는 아니 되며,
10 그 오차가 있어서는 어떠한 것도 이루
어질 수 없는 것임을 알아야 할 것이
니라.
11 내가 너에게 일찍이 말했으니, 그릇에

금이 가면 물을 담을 수 없으며 공기
가 통해도 물을 담을 수 없다 말했듯
이,
12 완벽한 것만이 하늘에 오르는 길이라
는 것을 알아야 할 것이니라.
13 그러기에 하늘에 오르는 길이요, 나에
게 구원을 받는 길이요, 천국에 들어
오는 길이 그리 어렵고 힘든 길이라
내가 너희에게 가르치고 말함이니라.
14 이제 너희는 알아야 할 것이니라.
15 너희 스스로 이것이 옳고 그른 것을
다 평할 줄 알며 너희가 아는 것이니,
그를 아는 대로 행하는 것이 가장 중
요한 삶이라는 것을 알아야 할 것이
니라.
16 지금 모든 백성이 나에게 상을 받을
수 있으며 구원을 받을 수 있는 것은
너희가 깨우치는 그 순간부터이니라.
17 너희가 깨우치지 못한 지난날의 삶에
대하여 나 여호와가 그를 가지고 너희
를 체벌하며 죄의 대가를 명하고자 하
는 것은 아니라 내가 그리 말하였느
니라.
18 나의 법전을 가슴에 안고 정독하는 그
순간에 내가 너희 머리에 손을 얹어
너희 모든 죄를 다 용서한다 하였음
이니,
19 그건 자식이 잘못한 것을 뉘우치고 부
모에게 용서를 비는 것과 같은 행위이
니,
20 자식을 용서치 않는 부모가 어디 있겠
는가?
21 그와 마찬가지의 이치를 깨우쳐라.
22 너희가 나의 법전을 가슴에 안고 정
독할 때 내가 너희 머리에 손을 얹어
너희 죄를 용서해 준다 그리함이니
그와 같은 이치가 거기에 있음이니라.
23 그러니 너희가 깨우치고 깨달은 그
후부터의 삶이 가장 소중한 것이니라.
24 너희가 잘못이라 생각했을 때 그를 고
치며, 너희가 잘못이라 생각할 때 그
를 행하지 아니하고 고쳐 나가는 그것
만이 너희가 나에게 오를 수 있으며
구원을 받는 길이라는 것을 잊어서는
아니 될 것이니라.
25 알면서도 행하며 알면서도 그를 모르
는 것처럼 행하는 것은, 이는 정녕 나
에게 오를 수 없음이니라.
26 너희의 가장 소중한 것을 손에서 놓아
야 하는 그와 같은 애절한 마음, 그 마
음을 놓을 수 있어야 함이니라.
27 가장 소중한 것이 잘못되었을 때, 부
정한 것을 스스로 취했을 때, 불의한
방법으로 취했을 때, 그를 손에서 놓
을 수 있는 것,
28 오죽하면 내가 구원의 길이 뭐라 했느
냐?
29 남을 위해서 제 자식의 손을 놓을 수
있는 그와 같은 인내하기 어려우며 참
기 어려우며 행할 수 없는 그 고통이
바로 너희가 하늘에 오르는 길이라는
그 의미가 거기에 있음을 알아야 할
것이니라.
30 어떠한 아쉬움이 있다 해도, 어떠한
그리움이 있다 해도 그 모두가 잘못되
었을 때 그를 놓을 수 있는 마음, 그것
을 역사하는 마음이 나에게 구원을 받
으며 나에게 사랑을 받는다는 것을 잊
어서는 아니 될 것이니라.
31 아무리 소중한 것이라 해도 그것이 불

의로 취해졌을 때 그를 아낌없이 놓을
수 있는 그 마음이요, 행동이요, 그것
이 나로부터 선택된 백성이며 하늘에
오를 수 있는 백성이라는 것을 알아야
할 것이니라.
32 너희가 잘못이라는 것을 알면서 계속
행하고 또 행할 때, 이는 용서받을 수
없음을 알아야 할 것이니라.
33 그리해서는 너희가 구원의 길을 올
수 없으며 하늘에 오를 수 없는 것이
너희니,
34 가슴이 저려 오는 아픔도 다 인내해
야 하며,
35 너희가 어떠한 상황에서라도, 아무리
소중한 것이라 해도 그것이 정당치 아
니할 때는 그를 취하지 아니하며, 그
를 접하지 않는 용기와 결단, 행동이
바로 너희가 나에게 사랑받는 것이며,
나에게 용서받는 것이며, 나로부터 구
원받을 수 있는 것임을 잊어서는 아니
될 것이니라.
36 완벽한 삶이 너희가 나에게 오르는
길이요,
37 완벽하지 못한 삶은 어떠한 이유든,
어떠한 형태든 그는 통하지 아니하며
이루어지지 아니하며 역사할 수 없다
는 것을 알라.

5,807 번째 하나님 말씀

2003년 4월 2일 06시 41분

1 사랑하는 나의 아들아!
2 "네, 아버님! 말씀하옵소서."
3 너희 인간이 살아가면서 무너진 갱도
안에 갇혀 있는 그와 같은 형국이라
생각해 보라.
4 너희는 무너진 갱도에서 누가 밖에서
구출해 주지 아니하면 구원을 받을 수
없는 그와 같은 형국에 처해 있을 때,
5 과연 너희는 거기에서 누구를 찾겠는
가?
6 너희는 누구에게 기도하겠는가?
7 너희가 어떠한 종파요, 어떠한 미신이
요, 어떠한 믿음의 길을 가든 너희는
나 여호와를 찾을 것이며,
8 나 여호와를 찾는 그 애절한 마음이
요, 나에게 소원하는 그 마음은 그보
다 절실하고 애절한 믿음은 없을 것이
니라.
9 그리하여 너희가 도저히 거기서 살아
나올 수 없을 때 과연 무엇을 하겠는
가?
10 너희는 무릎 꿇고 앉아서 지나온 삶
을 회개하며, 지나온 삶의 죄지은 것
을 용서를 빌 것이며, 그에 대해 회개
를 할 것이니라.
11 그때 너희가 무너진 갱도 안에서 도
저히 살아 나올 수 없는 환경에서 나
를 찾는 그 기도하는 마음이요, 그리
고 지나온 삶을 회개하는 그 기도를
드리는 것보다 더 진실한 기도와 나
를 찾음은 없을 것이니라.
12 그리고 그보다 진실한 회개 또한 없을
것이니라.
13 그러나 위급한 상황에 너희가 처했을
때만이 너희의 그 기도요, 소원함이
진실함이니,
14 너희가 이 지상에 사는 그 삶 속에서
그와 같은 환경에 처해 있다는 생각을
하며 기도하고 생각할 수는 없는가?

15 그리고 너희는 정녕 회개할 수는 없는가?
16 그리고 정녕 너희가 아름답게 살아갈 수는 없는가?
17 그 갱도에 갇혀서 나오지 못하는 백성은 그리 회개할 것이니라.
18 어떠한 일이 있어도 저는 죄를 짓지 아니할 것이라 다짐할 것이며, 죄지은 것을 눈물로써 회개할 것이며,
19 그리고 나 여호와에게 구원을 원할 것이며 기적을 원할 것이니라.
20 그리고 너희가 그곳에서 살아나간다면 죄짓는 행위는 죽어도 하지 아니할 것이며, 오로지 아름답고 천사와 같은 마음으로 살겠다 그리 각오하고 또 각오할 것이며,
21 또 그리 살겠다 나에게 수없이 너희는 진심으로 약속할 것이니라.
22 그러니 그와 같은 형국에 처해 있는 삶이라는 것을 생각하며 그리 살아갈 수는 없으며 그리 살아 줄 수는 없는가?
23 그와 같은 마음의 자세로써 너희가 살아야 할 것이니라.
24 이제 나의 법전을 읽은 백성이요, 그리고 나로부터 선택된 너희는 그와 같은 마음으로, 그와 같은 자세로 세상을 살라.
25 그것이 너희가 하늘에 오르는 빛을 보는 길이라는 것을 잊지 말라.
26 말로써 천 마디, 만 마디 해도 소용없음이니라.
27 너희가 말로써는 세상을 다 이루는 것처럼 말하면서, 추하고 더러운 행위를 계속하고 살아갈 때,
28 그것은 깨달음도 아니요, 나에게 회개함도 아니요, 소원함도 아님을 알라.

5,808 번째 하나님 말씀

2003년 4월 2일 11시 37분

1 사랑하는 나의 아들아!
2 "네, 아버님! 말씀하옵소서."
3 나의 법전을 읽고 정독하며 읽고 또 읽은 백성, 그리고 강론을 들은 백성, 너희가 완벽하게 변화되지 아니한다면, 너희는 변할 때까지 시련과 고통의 길을 가야 함을 잊지 말라.
4 너희가 완벽한 사람으로 살아가고자 너희 마음속에 있는 욕심의 뿌리를 완전히 뽑아내지 아니하면 아니 됨을 알라.
5 너희는 언제라도 사악한 마음이요, 그 욕심의 마음이 준동할 수 있으며 움직일 수 있는 그와 같은 상태이며,
6 너희가 완벽하게 비우지를 못했음이니라.
7 너 또한 완벽하게 가고자 노력하나 아직도 네가 근본의 뿌리를 다 뽑지 못하였음이니,
8 너 자신이 뽑지를 못하였다면 너를 따르는 제자들이 과연 얼마나 뽑았으며 얼마나 변화되어 있겠는가?
9 외형적이요, 남의 생각에 의해 남의 눈치를 보며,
10 이를 해서는 안 되며 이와 같은 행위를 해서는 안 된다고 억제하는 방법이요, 다스리는 훈련의 과정에 있는 백성이 그리하는 것이니라.
11 그러나 훈련된 백성은 어떠한 상황에

서도 정도 외에는 생각할 수 없으며, 바른 판단이 아니면 행할 수 없으며 너희 자신이 그리 살아서는 아니 됨이니,
12 내가 너희에게 뭐라 말하였느냐?
13 너희가 남의 자식과 네 자식 중 하나를 선택해야 할 때, 계산 없이 남의 자식을 둘러업고 나올 수 있는 그 마음이 중요하다 하였으며,
14 그건 오로지 훈련으로써만 역사한다 하였음이니라.
15 과연 너희가 그와 같은 마음이 지금 준비되었는가?
16 그와 같은 마음이 준비되지 아니하였다면 너희는 아직도 형식에 치우쳐 있으며 너희 믿음 또한 진정한 믿음이요, 완벽한 변화의 믿음이 아니라 계산된 믿음이요, 생각된 믿음이니라.
17 너희가 재물과 부귀영화가 따랐을 때, 너희 마음이 동요될 수 있으며 마음이 변화될 수 있으며,
18 언제든지 너희는 무너질 수 있는 그와 같은 나의 백성이라는 것을 알아야 할 것이니라.
19 그와 같은 너희이기에 내가 더 고독하고 힘든 훈련을 더 명함을 알라.
20 너희를 내가 지금 거둬들였을 때 너희는 그와 같은 견디기 힘든 길을 가지 못함이니, 너희 스스로 결정을 하라.
21 너희가 모든 것을 다 버리고 진정한 천사와 같은 마음으로 살아갈 수 있는 그와 같은 마음으로써 변했을 때, 너희의 어렵고 힘든 오늘의 훈련은 끝나는 것이며, 너희의 고통의 역사는 끝나는 것이니라.
22 내가 원하는 수준이요, 그 한계에 도달하지 아니한 백성은 내가 그대로 놔두지 아니함을 너희는 알라.
23 너희를 달구고 또 달구어 내가 훈련을 하고 훈련을 해서 완벽한 나의 백성으로 너희가 마음의 개조요, 정신의 개조요, 개혁의 변화가 이루어졌을 때,
24 내가 너희에게 모든 상을 내리는 것을 알라.
25 아직은 너희가 받을 자격이 없으며 아직은 너희가 변화된 것이 아니니라.
26 아직도 너희는 두 가지 마음 중에 밑에는 사악한 마음이 깔려 있으며, 선한 마음은 그저 위장된 것이며 포장된 것이 지금의 너희 형국이니라.
27 그렇다면 너희는 꽃을 찾아 나는 벌과 나비를 잡되, 속에는 독소를 바르며 위에는 꿀을 발라 그들이 와서 먹으면 죽게 하여 그들을 잡는 그와 같은 그림의 형국이 너희 마음임을 알라.
28 너희가 아직도 마음속에는 악한 마음이요, 모든 악을 뿌리칠 수 있는 그 뿌리를 뽑지 못하였으며,
29 언제라도 부귀영화요, 재물이 따랐을 때는 너희가 육의 삶으로 전락할 수 있으며 변화될 수 있는 것이 너희 마음이니,
30 너희가 겉에는 꿀이요, 속에는 독소를 발라 놓은 그와 같은 마음을 아직도 다 씻지 못했으니,
31 속에 있는 그 독소를 다 걷어내며 꿀로써 충만히 채워지는 그와 같은 변화를 이루라.
32 진정 너희가 그와 같은 변화를 이루

었을 때, 나 여호와가 너희에게 상을
내릴 것이요, 그렇지 아니할 때 너희
는 훈련과 고통의 연속이라는 것을 잊
지 말라.
33 너희가 언제 벗어나고 헤어날지는 너
희 마음 한 가닥에 달렸음을 알아야
할 것이니라.

부 록

【하나님께서 가르쳐 주신 운동】

천재지변이 일어날 때, 동물이나 미물들은 미리 알고 대피하지만, 인간은 알지 못하고 큰 화를 당합니다. 하나님께서 인간에게 가장 높은 지혜를 주시고 완벽하게 창조해 주셨기에 동물들보다 더 잘 알 수 있지만, 욕심으로 마음이 혼탁해져서 한 치 앞을 보지 못하는 것입니다.

마찬가지로, 인간은 누구나 스스로 필요한 운동을 해서 건강을 지킬 수 있도록 하나님께서 만들어 주셨습니다. 우리의 머리에서 우리 몸에 필요한 동작을 해 달라고 끊임없이 신호를 보내지만, 인간이 혼탁하게 살아서 그 신호를 알아채지 못합니다. 그러니 자연스럽게 자기 몸이 원하는 그 신호를 따라서 운동하는 것이 하나님께서 가르쳐 주신 운동 방법입니다. 바로, 우리의 영이 육을 이끄는 운동입니다.

▶ 하나님 운동법

1. 눈을 감고, 발을 어깨너비로 벌리고 바르게 선다.
2. 몸에 힘을 풀고, 허리를 숙이면서 손과 머리를 아래로 내린다.
3. 허리를 펴고 싶을 때, 천천히 펴면서 하고 싶은 동작을 하면 운동이 시작된다. (사람마다 다르다.)
4. 멈추지 말고, 어떤 동작이든지 자기 몸의 느낌대로 계속 이어서 한다.

▶ 참고 사항

① 눈을 감은 상태로 아무 생각 하지 않고, 자기 몸의 느낌대로 움직입니다.

② 마음을 비우고, 욕심을 버리고, 지난날의 잘못을 반성하면서 몇 차례 시도하다 보면, 자기도 모르게 하고 싶은 동작이 끊임없이 생깁니다.

③ 운동 장소는 방 안이든 운동장이든 관계없으며, 걷거나 달리고 싶을 때는 눈을 떠도 됩니다.

④ 매일 40분 이상, 주 4회 이상, 3개월 이상 하면 음식 조절에 들어갑니다.
- 음식으로 생긴 병은 음식으로 치료하게 되며, 어떤 음식을 먹어야 하는지 스스로 알게 됩니다.
(자기 몸에 필요한 음식만 먹고 싶어집니다.)

⑤ 사랑하는 사람과 함께 운동하면 서로 치료해 주기도 합니다.

⑥ 운동을 하다가 몸의 어느 한 부분을 계속 손으로 자극한다면 그쪽에 이상이 있는 것이니, 의사에게 상담을 받고 적절한 치료를 받으면 됩니다.

⑦ 다이어트 및 기타 건강관리에 효과적입니다.

⑧ 꾸준히 운동하여 영이 맑아지면, 자신의 과거와 미래를 스스로 보게 됩니다.

누구나 스스로 하실 수 있습니다.

간 행 사

《새로운 성경》은:

· 새로운 성경은, 하나님께서 선량하고 선한 자를 선택하여 십계명을 암송하도록 하시고, 십계명을 암송한 다음에 음성으로써 들려주시는 말씀을 듣고 그대로 카세트테이프에 녹음해서 받아쓴 책입니다.

· 90분짜리 녹음테이프 700여 개에 달하는 말씀으로, 1999년 8월부터 2004년 7월까지 총 160권(권당 288쪽)을 완성하였으며, 그 이후에도 현재까지 계속 말씀을 내려 주고 계십니다.

· 새로운 성경은 "하늘을 두루마리 삼고 바닷물을 먹물 삼아 쓰고 써도 다 못 쓴다"는, 끝없이 방대한 하나님의 말씀이 두루마리로 직접 내려오는 것입니다. 이러한 새로운 성경은 구약과 신약을 폐하려는 것이 아니라 "인봉된 성서의 비유의 뜻"을 상세히 설명하여 완성하고자 하나님께서 직접 내려 주신 말씀입니다.

《새로운 성경》의 구성:

· 제 목: 2013년, 160권 모음집을 발간하면서, 본 도서의 제목을 "하나님! 말씀하옵소서"에서 《새로운 성경》 으로 명해 주셨습니다.

· 단행본: 각 권당 288쪽(신국판) 책이 160권까지 시리즈로 출판됩니다.
(모음집은 단행본을 16권씩 묶어서, 총 10부로 구성됩니다.)

《새로운 성경》의 성경적 근거:

· 신약 성경 [요한복음] 16장 13절에 "진리의 성령이 오시면 그가 너희를 모든 진리 가운데로 인도하시리니 그가 자의로 말하지 않고, 오직 듣는 것만을 말하며" 하신 말씀처럼 하나님의 음성을 들은 것만 기록하였으며,

· "장래 일을 너희에게 알리시리라" 하신 말씀과 같이 개인, 나라, 인류의 "장래"일을 하나님께서 알려 주시는 것만 기록하여 책으로 만들었습니다.

《새로운 성경》의 기록 방법:

· 1999년 8월부터 하나님께서 저에게 들려주시는 음성을 기록하였습니다. 처음에는 제가 들은 말씀을 불러 주면 저의 아내가 기록하여, 2000년 1월 29일에 1권 초판이 세상에 나왔습니다. 2000년 4월부터는 주시는 말씀을 받아 녹음기에 기록하여 시리즈로 출간하기 시작하였습니다.

· 녹음을 시작하면서 하나님의 말씀을 받는 데 가속도가 붙었고, 2001년 5월 3일에 1부(1~16권까지)를 인쇄하여 출판하였으며, 2004년 7월까지 총160권 분량의 말씀을 받아 기록하였습니다.

하나님께서 저에게 주신 것은:

· 첫째, 만백성을 상대로 내려 주시는 "기도", 둘째, 수시로 내려 주시는 "묵상", 셋째, 개인의 과거, 현재, 미래를 알려 주시는 "개인 기도", 넷째, 개인의 건강을 위해서 내려 주시는 "음식 처방", 다섯째, 하나님께서 가르쳐 주신 "운동"등이 있습니다. 이 중에 첫 번째, "기도"를 책으로 편찬하였습니다. 사람의 생사, 개인의 미래에 관한 천기는 수록하지 말라 하셨습니다.

강론 안내:

· 하나님께서는 지금도 매일 저에게 새로운 하늘의 비밀의 말씀을 내려 주고 계십니다. 수시로 내려 주시는 말씀을 정리해서 제자를 육성하라는 말씀에 따라 매주 강론을 하고 있습니다. 누구나 무료로 들으실 수 있습니다. (book160.com)

《새로운 성경》을 읽는 분들에게 드리는 선물:

· 개인 기도: 개인의 과거, 현재, 미래에 관하여 말씀을 내려 주십니다.

· 음식 처방: 사람은 음식을 먹고살다가 건강을 잃으니, 음식과 운동으로 건강을 되찾는 방법을 알려 드립니다. 단, 하나님이 계심을 믿고, 십계명을 지키겠다고 진실로 서약하는 분들께 알려드립니다.

《새로운 성경》의 은혜와 기적:

· 새로운 성경 전160권은 16권씩 묶어서 총 10부의 모음집으로 구성됩니다. 모음집 한 부를 읽고 깨우치는 자에게 하나님께서 다음과 같은 기적이 있다고 하셨습니다.

· "첫째, 그가 죽어 하늘에 갔을 때 그의 죄를 묻지 아니하며, 구원을 받는 위대한 은혜가 있으며, 둘째, 그의 소원과 소망이 이루어지고, 셋째, 죽은 자(부모, 형제, 자식, 사랑하고 은혜 입은 분)의 이름으로 구입한 책을 읽고 누군가 한 사람이 깨우칠 때, 그 죽은 자가 지옥에서 천국으로 구원을 받게 되며, 넷째, 유산, 중절 수술 등으로 태어나지 못한 아이를 위하여 구입한 책을 보고 한 명이 깨우쳤을 때, 그 아이가 사람으로 다시 한 번 태어나는 은혜를 받는다."

· "새로운 성경"을 3회 이상 정성을 다해 정독하는 자, 성서의 비밀을 알게 되고, 세상의 이치를 알게 되며, 세상을 지배하고 통제할 수 있는 지혜를 다 얻게 된다고 하셨습니다. 이 책은 만백성이 정독하고 이웃에게 전하여, 평생 가슴에 묻은 슬픔과 고통의 짐을 벗고 미래를 위한 힘찬 삶을 살아가도록 하는 책입니다.

끝으로

· 하나님께서는 흰 눈이 세상을 덮듯이 새로운 성경을 온 세상에 전하라고 하셨습니다. 《새로운 성경》을 각국어로 번역해서 온 인류에게 구원의 길을 깨우쳐 주고, 그 수익으로 가난하고 어려운 백성을 구제하여, 만백성의 영과 육을 함께 구원하는 선지자의 임무를 수행하라고 저에게 명하셨습니다.

· 하늘에서 내려 주신 말씀의 보화를 만백성에게 나누어 주는 것이 선지자의 임무라고 하셨습니다. 새로운 성경을 통해서 얻는 재물을 사용할 곳도 하나님께서 일일이 명해 주십니다. 모든 재물은 저의 자의로 쓸 수 없고, 하나님께서 명하시는 대로만 쓰여집니다.

· 어떤 명분으로든 십일조나 각종 헌금을 거두어들이지 말라 하셨으며, 국내뿐 아니라 각국에 성전과 단독 서점을 운영하며, 한국의 많은 젊은이들을 전 세계에 지도자로 내보내라고 하셨습니다.

· 우리는 세계적으로 새로운 성경을 보급하며 어려운 이들을 돕는 역사를 해 나갈 것입니다. 지금까지 비록 몇 명 안 되는 제자들과 함께 이러한 일을 역사했지만, 앞으로도 계속 하나님께서 기뻐하시는 일들을 해 나갈 것입니다. 부족한 저희에게 여러분들의 지혜와 성원을 보내 주시기를 바랍니다. 많은 분들의 참여와 도움을 간절히 기다립니다. 감사합니다.

한국어로 내려온 《새로운 성경》 단행본을 출간하며
2016년 4월 10일

발행인 **김 용 철**

한국어로 내려온

새로운 **성 경** · 5부 · 제78권

지은이 하나님 말씀
대역자 김용철

초판인쇄 1쇄 2017년 4월 3일

펴낸 곳 도서출판 하얀마음
등록번호 제 10-2107호 (2001년 2월 14일)
주소 서울시 노원구 덕릉로86길5, 2층
전화번호 02) 313-1114
팩스 02) 393-5554
전자우편 book160@hanmail.net
편집위원 조나영 김미향 이석교
제작지원 김창현 김지영

도서상담 1600-7527
ISBN 978-89-5875-178-6 (04230)
978-89-5875-100-7 (세 트)

값 10,000원
잘못된 책은 구입하신 곳에서 바꾸어 드립니다.

※이 책은 10부로 제작되며, 각 부 16권씩 총160권으로 구성됩니다.※

1부	2부	3부	4부	5부	6부	7부	8부	9부	10부
1권	17권	33권	49권	65권	81권	97권	113권	129권	145권
2권	18권	34권	50권	66권	82권	98권	114권	130권	146권
3권	19권	35권	51권	67권	83권	99권	115권	131권	147권
4권	20권	36권	52권	68권	84권	100권	116권	132권	148권
5권	21권	37권	53권	69권	85권	101권	117권	133권	149권
6권	22권	38권	54권	70권	86권	102권	118권	134권	150권
7권	23권	39권	55권	71권	87권	103권	119권	135권	151권
8권	24권	40권	56권	72권	88권	104권	120권	136권	152권
9권	25권	41권	57권	73권	89권	105권	121권	137권	153권
10권	26권	42권	58권	74권	90권	106권	122권	138권	154권
11권	27권	43권	59권	75권	91권	107권	123권	139권	155권
12권	28권	44권	60권	76권	92권	108권	124권	140권	156권
13권	29권	45권	61권	77권	93권	109권	125권	141권	157권
14권	30권	46권	62권	78권	94권	110권	126권	142권	158권
15권	31권	47권	63권	79권	95권	111권	127권	143권	159권
16권	32권	48권	64권	80권	96권	112권	128권	144권	160권